古代歷史文化研究輯刊

三一編

王明蓀 主編

第 2 冊

漢宮回眸：兩漢后妃研究

趙妍 著

國家圖書館出版品預行編目資料

漢宮回眸：兩漢后妃研究／趙妍 著 -- 初版 -- 新北市：花木
蘭文化事業有限公司，2024〔民113〕
序 2+ 目 4+212 面；19×26 公分
（古代歷史文化研究輯刊 三一編；第 2 冊）
ISBN 978-626-344-654-0（精裝）
1.CST：后妃 2.CST：宮廷制度 3.CST：漢代
618　　　　　　　　　　　　　　　　　112022517

ISBN-978-626-344-654-0

9 786263 446540

古代歷史文化研究輯刊
三一編　第 二 冊　　　　ISBN：978-626-344-654-0

漢宮回眸：兩漢后妃研究

作　　者　趙妍
主　　編　王明蓀
總 編 輯　杜潔祥
副總編輯　楊嘉樂
編輯主任　許郁翎
編　　輯　潘玟靜、蔡正宣　美術編輯　陳逸婷
出　　版　花木蘭文化事業有限公司
發 行 人　高小娟
聯絡地址　235 新北市中和區中安街七二號十三樓
　　　　　電話：02-2923-1455 ／傳真：02-2923-1452
網　　址　http://www.huamulan.tw 信箱 service@huamulans.com
印　　刷　普羅文化出版廣告事業
初　　版　2024 年 3 月
定　　價　三一編 37 冊（精裝）新台幣 110,000 元

漢宮回眸：兩漢后妃研究

趙妍　著

作者簡介

趙妍，河北邯鄲人，1993 年出生，河北師範大學碩士，華中師範大學博士，碩博期間發表學術論文多篇。現任中共河北省委黨校講師，長期從事秦漢婦女史研究。

提　　要

　　后妃是中國古代社會一個特殊的女性群體，從兩漢后妃群體的構成情況來看，其出身有明顯的差異。西漢后妃不重出身，東漢后妃均出自豪族之家，兩漢皇后，根據各自特點進行分類，西漢嬪妃擅長歌舞技能者多，東漢嬪妃文化素養高。

　　后妃與君主是夫妻，夫妻間首要的是情感上的關係，后妃與君主間的家事，涉及后妃在皇家與婆母、子嗣、妃妾的關係，帝、后間家事問題會多一些，個別皇后憑藉君主的信任和能力參政議政，成為君主的賢內助，有助於自己地位的鞏固；君主信任后族，給予要職，宮中皇后之位也會做得安穩；君主對權盛的后族充滿忌憚與防備，最終皇后及母家的下場唯有淒慘。后妃與母家，在相對平衡的狀態下是一體的，榮辱與共的關係。但在漢代還存在兩種較為特殊的狀況。

　　參與政治是兩漢后妃群體的突出特點。后妃在政治上的活躍度較高，后妃臨朝稱制和參政議政之事自然多有發生。七位女主臨朝稱制，政績或好或壞，即使自身保全，但母家均難避免傾覆的結局，這是因為女主處於權力巔峰，與政治太過密切，卻又缺乏掌權的合法性等導致。本文最後分析了兩漢后妃的地位與影響。兩漢后妃貫穿兩漢王朝始終，因生活在君主身邊，有一定的政治地位和社會地位。隨著王朝的發展，后妃的政治地位，其等級、尊卑愈發鮮明，規格待遇有嚴格規定。兩漢后妃群體是有史以來第一個記載明確的后妃群體，在當世及後世都有深遠的影響。

序

劉固盛

  在中國古代史的研究中，秦漢史是一個大家輩出、成果眾多的領域，有人甚至認為有關秦漢史的問題幾乎都已被涉及，並且研究得比較充分深入，很難再找到有較高價值的新問題進行研究了。這樣的看法當然不準確，正如我的老師熊鐵基先生所指出的，秦漢史仍然可以，而且需要繼續研究，只要有足夠的用心和付出，不僅能夠發現新問題，對已研究的、甚至研究得比較多的問題，也可以重新梳理，重新發現，重新總結、分析。趙妍的博士學位論文《兩漢后妃研究》就是一項具有獨到視角和研究新意的成果。

  后妃是中國古代社會一個特殊的女性群體，兩漢后妃是中國大一統以來的第一個后妃群體，尤其具有鮮明的特點和重要的歷史影響。目前學術界對兩漢后妃的研究，多以政治活動為重點，或從後宮制度、禮儀制度、婚姻等方面進行研究，本文則試圖關注后妃本身，以兩漢后妃群體為中心，運用歷史文獻學、心靈史、政治史與社會史相結合的研究方法，對兩漢后妃自身進行整體性的研究，以期揭示兩漢后妃不同於其他朝代后妃的特點，力圖再現漢代后妃真實的生活面貌，闡述其對兩漢社會的影響及貢獻。論文注重女性史的視角，根據女性自身的特點、女性的主觀能動性和主體意識，以此為切入點對兩漢后妃進行較全面的分析，並探尋相關的政治問題；同時用社會史的相關理論與方法進行考察，將兩漢后妃置於當時社會的大背景下，側重其家庭、婚姻、日常生活等方面，結合當時的社會特點與政治特點等因素進行論述。論文對后妃與君主的關係進行了全面分析。后妃與君主彼此間最直接的是情感關係，感情的好壞不僅關係后妃自身的生存，甚至關係后妃在宮中的一切。后妃日常侍奉皇太后，養育子嗣，與眾妃妾間的相處等等與君主間的家事，影響著后妃的命運走向。

論文討論后妃政治，以掌權女主為中心，外戚即便握有大權，也為女主所用。兩漢后妃政治特點鮮明，漢代多后妃參政議政之事，尤其東漢，六位皇后臨朝稱制，這與當時的社會背景有關。漢代的黃老思想、社會觀念、社會風氣中都有重視女性的因素，故皇帝去世後，后妃得以君主母后身份參政。兩漢七位女主臨朝稱制，多位后妃參政，成為歷史上十分突出的現象。論文還指出，兩漢后妃制度也已經較為完備，並對後世王朝的后妃制度產生極為深遠的影響。

論文在史料運用上具有一定的拓展。本文試圖綜合運用前三史、《東觀漢記》《兩漢紀》《西漢會要》《東漢會要》、古人文集及專論等傳世文獻以及新出土簡帛和相關考古材料等各種史料，對兩漢后妃群體進行較全面系統的探討。論文的主要學術價值有三：其一，豐富了漢代婦女史的研究。如通過對女主或寵妃等較為突出的個體人物的研究，對西漢后妃、東漢后妃群體人物的研究，有利於進一步瞭解漢代后妃整體面貌以及漢代后妃對歷史發展的作用。通過對漢代后妃婚姻生活的研究，可以折射出兩漢帝室婚姻的狀況和特點、上層婦女的婚姻狀況、社會的婚嫁觀。通過對漢代后妃日常生活的研究，有利於瞭解漢代女性的社會真實面貌。其二，有益於漢代政治史的研究。漢代后妃與政治有千絲萬縷的聯繫，論文對女主掌權、后妃參政的影響作用的探討，關於權臣外戚左右皇帝的決策、影響朝政發展的探討，有助於考察外戚權力的演變，進一步認識風雲變幻的宮廷政治，有益於對漢朝政治特點的把握。又如漢代后妃巫蠱問題的研究，雖是巫蠱事件，根源往往落腳在政治處，與政治原因息息相關。其三，對漢代思想史的研究亦有所裨益。西漢后妃和東漢后妃雖都有參政和臨朝稱制之事，但綜合對比，發現兩個朝代后妃治國理政的觀念不一樣，西漢參政后妃多受道家思想影響，東漢參政后妃多受儒家思想的影響，且兩朝尤其是臨朝稱制的皇后，政治手段中多有法家思想，這些都與當時的思想文化背景息息相關。

趙妍在碩士研究生階段即關注漢代婦女問題，打下了較為扎實的研究基礎。2018 年考入華中師範大學歷史文化學院攻讀中國史博士學位，學習非常勤奮，善於思考，結合自己的研究興趣和專長，確定「兩漢后妃研究」為博士論文的選題，於 2021 年春季完成撰寫並順利通過盲審和答辯。本人作為趙妍的博士導師，見證了她的快速成長以及在學術研究上的不斷進步。她的博士論文即將由臺灣花木蘭文化事業有限公司出版，我感到十分欣慰，希望她繼續努力，取得更多有價值的學術成果。是為序。

2023 年 7 月 30 日於武昌桂子山

目次

緒　論

　　有漢一代，氣勢恢宏，中華五千年歷史上留有濃墨重彩的一筆，是中國歷史上第一個大一統且統治時期長達四百年之久的王朝。林劍鳴先生在著作《秦漢史》中寫到：「秦漢時期是中國歷史上特別重要的時代，它對此後的兩千年歷史產生過深遠影響。」〔註1〕漢朝疆域遼闊，經濟空前發展，人民生活水平得到前所未有的提高。兩漢的發展，為後世開啟了新篇章，後人常常將其與唐朝並稱為「漢唐盛世」，稱為盛世的朝代不多，可見在歷史上的重要地位。

　　漢代是一個具有英雄氣質的時代，民風積極進取，銳意開拓，從現存下來的瓦當「長貴富，樂未央」等字，看出當時漢朝人民勇於追求功名富貴，如衛青、霍去病、班超等建功西域，冶鐵致富的卓王孫、冶鑄致富的程鄭等。歷史是研究人的歷史，往往由於慣例、模式等限制，研究男性的成果較多且深入，研究女性人物顯得不夠。而且歷史上對女性的記載寥寥可數，基本分為兩大類，一類是具有高尚品德，值得讚揚的女性，如貞女孝婦；一類是禍國殃民如禍水般女子，如褒姒妲己等。記載女性的品格多有絕對性，全好或全壞，目的是為當世及後世起到弘揚或警示的作用，顯然有誇大成分之嫌，想必與真實歷史有所出入。大部分真實的女性淹沒在歷史長河中，近代女權運動興起，傳入到國內，學術界逐漸注重女性的研究，古代史領域中秦漢女性的研究成果，也逐漸多了起來。但是關於宮廷女性尤其是漢代后妃的研究，往往個案如對女主研究較多，大多屬於政治史領域，即從后妃參政或外戚政治方面著手，或從後宮制度、禮儀制度、婚姻等方面進行研究，對后妃自身的關注，力度不夠。本

〔註1〕林劍鳴：《秦漢史》第一章《緒論》，上海：上海人民出版社，2003年，第1頁。

文致力於兩漢后妃群體的整體性研究，從漢代后妃群體的自身角度進行探尋，試圖對漢代婦女史、漢代政治史的研究有所推進。

一、選題緣由與研究對象

（一）選題緣由及意義

女性，說不盡的話題，歷史上女性做的貢獻不容忽視，封建王朝的后妃，特殊的女性群體，有可能臨危受命，主持朝政，穩定局勢；后妃生育並教導皇家子嗣，使其繼承皇家事業並發揚光大；后妃侍奉婆母，照顧皇帝起居，循規蹈矩，整個後宮井然有序，令皇帝心思安穩於朝政方面。也有后妃利用皇帝擾亂朝政，驕奢淫逸，出現「紅顏禍水」的事件。西漢幾番出現女主掌有大權的現象，東漢「皇統屢絕，權歸女主，外立者四帝，臨朝者六后」〔註2〕。后妃參政、外戚專權的現象屢見不鮮，為後世王朝提供了經驗教訓，使之後的王朝如宋、明等朝代對后妃外戚的行為做到了很好的規範。整體來說，關於兩漢后妃群體，有進一步做整體系統研究的可能性。

讀博初始，出於自己的學術興趣，又由於碩士論文做的是漢代出妻文化研究，對漢代女性研究具有一定的基礎，因此，經過導師指導後，博士階段依然決定從事漢代女性問題的探討。經過思考分析，結合前人的研究成果，最終確定將兩漢后妃群體研究作為博士論文的選題。

本選題具有較為重要的學術價值，具體表現為：

其一，豐富漢代婦女史的研究。后妃是漢代婦女的重要群體之一，貫穿兩漢始終。對漢代后妃人物進行研究，如通過對女主或寵妃等較為突出的個體人物的研究，對西漢后妃、東漢后妃群體人物的研究，有利於進一步瞭解漢代后妃整體面貌，把握漢代后妃命運走向及特點規律，以及漢代后妃對歷史發展的作用。通過對漢代后妃婚姻生活的研究，如從后妃的處境和地位，可以折射出上層婦女的婚姻狀況，整體社會的婚嫁觀，婚姻生活的規律和發展特點，也有利於探索兩漢帝室婚姻的狀況和特點。通過對漢代后妃生活的研究，有利於瞭解漢代女性的社會狀況。總之，關於漢代后妃人物及婚姻生活方面的研究，有利於挖掘兩漢后妃的真實面貌，從而對漢代婦女史的研究有所豐富。

其二，豐富漢代政治史的研究。漢代后妃生活在宮廷中，丈夫是最高統治

〔註2〕（宋）范曄：《後漢書》卷十上《皇后紀上》，北京：中華書局，1965年，第401頁。下引該書省去出版信息。

者皇帝，母家因裙帶關係或軍功等功勞封侯，自己與母家榮辱與共，故漢代后妃與政治有千絲萬縷的聯繫。漢代后妃政治的研究，包括對女主掌權、后妃參政的影響作用的探討，關於權臣外戚左右皇帝的決策、影響朝政發展的探討，有助於考察外戚權力的演變，進一步認識風雲變幻的宮廷政治，有益於對漢朝政治特點的把握。又如漢代后妃巫蠱問題的研究，雖是巫蠱事件，根源往往落腳在政治處，與政治原因息息相關。因此，關於漢代后妃政治及后妃巫蠱等問題的研究，有助於更為全面透徹地研究漢代政治，從而對漢代政治史的研究有所推進。

（二）選題對象

「后」最初指君王，之後逐漸指王后，「后之言後，言在夫之後也。」〔註3〕「后正位宮闈，同體天王。」〔註4〕皇后整肅後宮，是後宮的領導者，在後宮中享有獨尊地位。「妃」，嘉耦曰妃，本意是配偶，先秦時期用來稱呼君主正室，之後逐漸稱呼君主妾群。「古者天子后立六宮、三夫人、九嬪、二十七世婦、八十一御妻，以聽天下之內治，以明章婦順，故天下內和而家理。」〔註5〕《周禮・內宰》記載「王之妃百二十人：后一人，夫人三人，嬪九人，世婦二十七人，女御八十一人」。后妃是周王的妻妾，制度悠久，有所規範。逮至漢朝，「漢興，因秦之稱號，帝母稱皇太后，祖母稱太皇太后，嫡稱皇后，妾皆稱夫人。又有美人、良人、八子、七子、長使、少使之號焉。至武帝制倢伃、娙娥、傛華、充依，各有爵位，而元帝加昭儀之號，凡十四等云。」〔註6〕西漢時期，嫡妻稱皇后，嬪妃數量增多，嫡庶等級逐漸分明，不同等級稱號不同，所享受的規格待遇不同。東漢時期，「六宮稱號，唯皇后、貴人。貴人金印紫綬，奉不過粟數十斛。又置美人、宮人、采女三等，並無爵秩，歲時賞賜充給而已。」〔註7〕東漢簡化了嬪妃名位，但等級依舊鮮明，后妃制度更加規範。

〔註3〕鄭氏注，孔穎達疏《禮記注疏》卷五《曲禮下》載：「天子之妃曰『后』」鄭玄注曰：「后之言後也。」並非如《後漢書》李賢注所言。《毛詩注疏》卷一《關雎》載：「《曲禮》曰：『天子之妃曰后注。』注云：『后之言後也。』執理內事，在夫之後也。」杜氏注，孔穎達疏《春秋左傳注疏》卷二隱公元年載：「鄭玄以為后之言後，蓋執治內事在夫之後也。」

〔註4〕《後漢書》卷十上《皇后紀上》，第397頁。

〔註5〕《禮記・昏義》，《十三經注疏》（下冊），中華書局1980年影印版，第1681頁。

〔註6〕（漢）班固：《漢書》卷九十七上《外戚傳上》，北京：中華書局，1962年，第3935頁。下引該書省去出版信息。

〔註7〕《後漢書》卷十上《皇后紀上》，第400頁。

本文研究的兩漢后妃，包括史書記載的兩漢全部皇后與各個級別的妃嬪，即西漢、東漢在位皇帝的妻妾，不包括王莽建立的新朝后妃以及本為藩王妻妾后因子嗣即皇位而被追尊的后妃。

二、學術史回顧

近代伊始，受西方女權運動以及女性主義思潮的影響，中國逐漸注重女性的研究，其中關於后妃的研究，有通史研究也有斷代史研究，然而相比其他研究成果，薄弱一些。筆者認為大致可分為通論性研究成果與專題性研究成果，其中又可細分為幾類。

（一）通論性研究成果

朱子彥《帝國九重天——中國後宮制度變遷》〔註8〕，認為後宮制度的核心是后妃與後宮體制，皇帝而並非「六宮之主」的皇后是後宮的最高統治者。後宮制度有兩個特徵，一是妃嬪、女官等級與君主專制政治接軌；二是用制度規範后妃的選擇與冊立。全書由九章構成，前三章講述了皇后、妃嬪的等級地位，納后冊妃的不同方式，后妃宮人的來源與命運。第四、五、六章講述了後宮的相關制度，后妃生活中的規章制度。第七章講述了不同朝代的宮闈內幕，後兩章對后妃政治、女主干政與外戚政治進行了相關論述。

陳東原《中國婦女生活史》〔註9〕，論述了不同朝代婦女生活的特點，其中漢代的婦女生活，突出表現為教育的缺略及再嫁的自由。漢朝廷雖開始褒獎貞節，但社會上婦女再嫁，無人制止，有人願娶，西漢時期尤其不重貞節。為此得以理解西漢后妃出現再醮之婦的現象。

羅慧蘭、王向梅《中國婦女史》〔註10〕，運用性別理論，從歷史推進的角度，對婦女問題做了不同方面的研究，包括中國社會性別制度的形成及對婦女的規範，儒家禮法的形成與性別制度的發展等，同時對女子的教育與道德修養及獨特的婦女群體都有所研究。

徐沖《中古時代的歷史書寫與皇帝權力起源》〔註11〕，其中關於「外戚傳」與「皇后傳」書寫類型的論述，認為漢唐間關於后妃書寫形式的明顯區分，

〔註8〕朱子彥：《帝國九重天——中國後宮制度變遷》，中國人民大學出版社2006年。
〔註9〕陳東原：《中國婦女生活史》，北京：商務印書館，2015年。
〔註10〕羅慧蘭、王向梅：《中國婦女史》，北京：當代中國出版社，2016年。
〔註11〕徐沖：《中古時代的歷史書寫與皇帝權力起源》，上海：上海古籍出版社，2017年。

與歷史背景有關：漢代時與親族觀念的重大轉變相關，西漢時母系意識較為強烈，東漢之後父系意識逐漸增長，並取得壓倒性優勢。

　　相關后妃制度問題的研究成果。朱子彥在《中國封建社會后妃制度初探》〔註12〕中，將後宮人員分為皇后、妃嬪和女官三類，對其等級、地位、職位進行論述，認為后妃制度是封建社會皇帝的婚媾家庭制度，是維繫皇統的手段，又使帝王任意佔有天下女子合法化。朱子彥《略論中國皇后制度》〔註13〕，後宮制度等級森嚴，從「后」字來源與皇后職責進行考察，認為皇后享有位同至尊的崇高地位，歷史上偶然出現過虛位與一帝數后的情況。皇后與嬪妃既是妻妾關係，也是君臣關係。然而皇后雖貴為六宮之主，其生死榮辱依然操縱在皇帝手中。毛佩琦《中國后妃制度述論》〔註14〕指出，對不同時代的后妃制度進行考察，論述了后妃對政治的影響，尊貴的后妃有時可能與卑賤的奴隸僅一步之遙。萬靜《論中國古代帝王后妃制度的確立》〔註15〕探討了古代帝王后妃制度淵源於遠古傳說時的五帝時代，周代確立了以帝王為中心、等級森嚴的后妃制度，其制度的本質是為最高統治集團服務的工具。

　　相關后妃政治問題的研究成果。朱子彥《略論中國封建社會的后妃干政》〔註16〕一文，分析后妃干政的出現由皇帝年幼或多病，后妃自身的政治才能等多方因素構成，后妃干政有重用外戚、強烈的權力欲和殘酷的手段，短暫性執政等特點，嚴防后妃干政一事經過歷代逐漸制度化、法律化，同時認為女主執政應以是否有利於國計民生和社會進步作為評價標準。張星久《母權與帝制中國的后妃政治》〔註17〕中，認為在男權文化背景與君主專制政體下，后妃是君主權力和地位的象徵，是為君主傳宗接代的生產工具。名分上后妃與臣民同樣是君臣關係，這使后妃「母權」有某種潛在合法性。后妃作為「母后」聽政，可從孝文化中得到支持。「家天下」的政治屬性等因素，當權力出現真空時，后妃容易干政，同時所謂「女禍」實質是在統治集團各個方面的共同參與下完成的，根源依然是君主專制制度的固有弊端與矛盾。劉筱紅《后妃與政治》〔註18〕指出，后妃可將皇帝作為媒介和以太后身份干政，對政治產生深遠影響，后妃

〔註12〕朱子彥：《中國封建社會后妃制度初探》，《學術月刊》1993年第11期。
〔註13〕朱子彥：《略論中國皇后制度》，《上海大學學報》1997年第4期。
〔註14〕毛佩琦：《中國后妃制度述論》，《中國人民大學學報》1990年第6期。
〔註15〕萬靜：《論中國古代帝王后妃制度的確立》，《成都大學學報》2004年第1期。
〔註16〕朱子彥：《略論中國封建社會的后妃干政》，《上海大學學報》1994年第1期。
〔註17〕張星久：《母權與帝制中國的后妃政治》，《武漢大學學報》2003年第1期。
〔註18〕劉筱紅：《后妃與政治》，《江漢論壇》1995年第6期。

政治成功與失敗都有，應全面進行評價。李政富博士論文《中國古代后妃外戚研究──以二十五史「后妃外戚傳」為中心》〔註19〕，對每一部史書中的后妃外戚傳進行解讀，分析各個朝代的特點，總結相關規律，論述了不同時代的后妃外戚對政治的影響，同時對北方民族與漢族的婚姻形式，古代社會的母權問題進行了分析。米莉博士論文《帝制中國的女主與政治──關於女性統治的合法性探析》〔註20〕，對影響女性參政的因素、女性統治的合法性等進行了分析，對皇后、皇太后、女皇帝的角色進行了重點剖析。

相關后妃婚姻問題的研究成果。陳恩虎在《中國封建社會皇帝后妃問題初探》〔註21〕中，依據散見於史書中的一些史料，分析認為皇帝后妃婚姻上門當戶對是隨宗法等級制度產生而產生的，兩性聯姻更多是其政治效應。高暢的《從君主婚姻看先秦兩漢上層社會對貴族女性的價值評判》〔註22〕，認為統治者以政治獲利作為考量婚姻的第一要素，受特定時代、局勢等影響，女性的家世與德行在貴族男性的價值評判中有主次順序的變化，即男性勢弱需要外援時，注重女方強大的門閥勢力；男性勢強時，注重女方的賢德等品格。

相關后妃其他問題的研究成果。薛瑞澤、王大健在《3──6 世紀后妃變態心理剖析》〔註23〕文中，探究了由於長期的幽閉生活等，使后妃出現嫉妒、自負執拗、冷酷殘忍等變態心理，不僅對自身也對社會造成危害，同時剖析了變態心理的成因。

（二）專題性研究成果

1. 相關漢代后妃人物的研究成果

漢后妃個體方面的研究成果。丁毅華《呂后與戚姬》〔註24〕中，認為呂后與戚姬的後宮爭鬥，具有強烈的政治色彩，並將呂后定義為政治家，戚姬定義為藝術家，呂后獲勝是有原因的。秦瑋《痛苦的壓抑與瘋狂的放縱──

〔註19〕 李政富：《中國古代后妃外戚研究──以二十五史「后妃外戚傳」為中心》，北京大學博士論文 2012 年。

〔註20〕 米莉：《帝制中國的女主與政治──關於女性統治的合法性探析》，中國政法大學博士論文 2008 年。

〔註21〕 陳恩虎：《中國封建社會皇帝后妃問題初探》，《安徽大學學報》1996 年第 3 期。

〔註22〕 高暢：《從君主婚姻看先秦兩漢上層社會對貴族女性的價值評判》，《咸陽師範學院學報》2015 年第 1 期。

〔註23〕 薛瑞澤、王大健：《3──6 世紀后妃變態心理剖析》，《許昌師專學報》1995 年第 2 期。

〔註24〕 丁毅華：《呂后與戚姬》，《華中師範大學學報》1999 年第 3 期。

呂后人物形象分析》〔註25〕，從呂后的社會角色和女性主義角度分析了呂后的人物形象。馮豔秋碩士論文《呂雉人際關係研究》〔註26〕，分別從呂后與母家、功臣、劉邦和審食其的關係進行分析，呂雉複雜的性格，是在政治中找尋安全感所致。金鐵純《眾女師範 母后表儀──東漢明帝馬皇后一生》〔註27〕文裏，從馬皇后的家世、自身、抑制母家等方面，認同《列女傳》中所評馬后「君子謂德后在家則可為眾女師範，在國則可為母后表儀」當之無愧。張雯迪在《孝武李夫人的心態史學分析與史事辨疑》〔註28〕文中，對孝武李夫人進行了個體分析，論述了漢武帝與李夫人的愛情究其實質是畸變的感情，同時對漢武帝為哪位嬪妃招魂做了考證。陳傳勝《小議「怨深文綺」的班婕妤》〔註29〕，從文學方面對成帝的班婕妤進行探討，論證她的寫作風格「辭旨清捷，怨深文綺」。

漢后妃群體方面的研究成果。顧麗華《漢代婦女生活情態》〔註30〕，其中論述了漢后妃群體的生存情態，包括其外在體貌、出身背景、教育狀況、與政治的關係、命運等方面。卞直甫《漢代后妃的歷史作用》〔註31〕一文，論述了漢代后妃對社會分別產生了積極和消極的作用，積極作用表現在后妃參政來穩定統治，撫育和教育皇嗣等方面，消極作用表現在后妃禍亂宮廷，外戚憑藉裙帶關係飛揚跋扈等方面。胡春麗、閆海文《兩漢后妃特點比較研究》〔註32〕，分別從兩漢后妃出身、文化素養、干政等方面進行了比較，得出結論兩漢后妃的異同處源於不同的文化背景和社會現實。唐會霞《漢代后妃面貌考察》〔註33〕中，分別對兩漢后妃的出身、教育、參政等方面進行了考察，認為漢代后妃相比後世具有較高的歷史地位。李芽、陳東傑《漢代后妃形貌考》〔註34〕

〔註25〕 秦瑋：《痛苦的壓抑與瘋狂的放縱──呂后人物形象分析》，《重慶交通大學學報》2018 年第 5 期。

〔註26〕 馮豔秋：《呂雉人際關係研究》，湘潭大學碩士論文 2018 年。

〔註27〕 金鐵純：《眾女師範 母后表儀──東漢明帝馬皇后一生》，《南都學壇》1993 年第 4 期。

〔註28〕 張雯迪：《孝武李夫人的心態史學分析與史事辨疑》，《德州學院學報》2015 年第 3 期。

〔註29〕 陳傳勝：《小議「怨深文綺」的班婕妤》，《江西社會科學》2002 年第 4 期。

〔註30〕 顧麗華：《漢代婦女生活情態》，北京：社會科學文獻出版社，2012 年。

〔註31〕 卞直甫：《漢代后妃的歷史作用》，《歷史教學》1990 年第 10 期。

〔註32〕 胡春麗、閆海文：《兩漢后妃特點比較研究》，《史志學刊》2009 年第 3 期。

〔註33〕 朱子彥：《略論中國皇后制度》，《上海大學學報》1997 年第 4 期。

〔註34〕 李芽、陳東傑：《漢代后妃形貌考》，《南都學壇》2010 年第 6 期。

一文，考證了漢代后妃不僅要求「合法相」，還對身材及身體各個部位有所要求。陳金花《漢武帝和后妃的情感悲歌》〔註35〕，考察漢武帝與后妃們的感情都以悲劇告終，與其之間的不平等關係和功利性、政治問題以及婚姻制度等因素都有關。方芳、俞凌欣《東漢皇后形象淺析》〔註36〕一文，對東漢皇后進行分類，以此分析東漢皇后群體具有的特徵。江海碩士論文《兩漢皇后人生軌跡之管窺》〔註37〕，將兩漢皇后從出身、早期經歷等方面做了對比，考證兩漢皇后的人生軌跡多有政治色彩，其悲劇命運起決定因素的是男權社會的壓抑。高榮茹碩士論文《兩漢后妃選拔、教育及后妃與政治關係問題考述》〔註38〕，關於后妃的選拔與婚姻形式，后妃的教育狀況，以及后妃干政的情況做了論述。王曉芳碩士論文《〈漢書〉、〈後漢書〉中的后妃形象研究》〔註39〕，將《漢書》、《後漢書》中記載的后妃進行了分類論述。馬欣碩士論文《道德文化與秦漢婦女地位》〔註40〕，其中對兩漢后妃的道德與地位有所論述。

漢后妃命運方面的研究成果。宋傑在《漢代的秘密處決與政治暗殺——「隱誅」》〔註41〕中，其中對一些未能自然死亡的后妃的死因及史家的書寫方法進行了論述。馬固鋼《「憂死」當為「幽死」義》〔註42〕指出，相關后妃的「以憂死」死因有特定的原因。陳金花《西漢后妃的悲劇色彩》〔註43〕中，認為西漢后妃群體悲劇色彩濃厚，且其悲劇命運是歷代后妃悲劇命運的縮影。楊麟舒《從〈外戚世家〉看〈史記〉的女性書寫》〔註44〕，認為其書寫方式展現了宮廷女性的傳奇性和悲劇性。

〔註35〕陳金花：《漢武帝和后妃的情感悲歌》，《渭南師範學院學報》2011年第3期。
〔註36〕方芳、俞凌欣：《東漢皇后形象淺析》，《齊齊哈爾大學學報》2017年第10期。
〔註37〕江海：《兩漢皇后人生軌跡之管窺》，南京師範大學碩士論文2008年。
〔註38〕高榮茹：《兩漢后妃選拔、教育及后妃與政治關係問題考述》，吉林大學碩士論文2006年。
〔註39〕王曉芳：《〈漢書〉、〈後漢書〉中的后妃形象研究》，福建師範大學碩士論文2011年。
〔註40〕馬欣：《道德文化與秦漢婦女地位》，山東師範大學碩士論文2013年。
〔註41〕宋傑：《漢代的秘密處決與政治暗殺——「隱誅」》，《史學月刊》2013年第7期。
〔註42〕馬固鋼：《「憂死」當為「幽死」義》，《文獻》1997年第3期。
〔註43〕陳金花：《西漢后妃的悲劇色彩》，《南都學壇》2009年第2期。
〔註44〕楊麟舒：《從〈外戚世家〉看〈史記〉的女性書寫》，《渭南師範學院學報》2015年第19期。

2. 相關漢代宮闈制度的研究成果

漢后妃制度方面的研究成果。保科季子《天子の好述──漢代の儒教的皇后論》〔註45〕一文，論述了皇后的等級地位，「后」字的專用，以及東漢經學相關皇后的問題。衛廣來在《論西漢納妃制度》〔註46〕指出，西漢納妃有招納、選納、獻納三種方式，通過對西漢納妃類型的分析，發現西漢納妃具有不論貴賤、不重貞操、不拘行輩的特點，納妃制度造成了政治影響和社會影響。衛廣來《漢宮夫人疏證》〔註47〕，專門對漢後宮中「夫人」的等級稱謂進行了考證，西漢初年「美人」又稱「夫人」，武帝時期掖庭各品妃妾都稱「夫人」。衛廣來《西漢出宮人制度考實》〔註48〕考察了出宮人制度歷經演變，與先秦時否定妻妾殉葬制及西漢流行的婦女改嫁風俗有關。衛廣來《論西漢的宮闈政治》〔註49〕中，論述了嬪妃制度的發展給西漢社會帶來了深遠的影響，宮闈政治與它的派生體加速了封建社會內部矛盾的激化，導致了西漢王朝的覆滅。葉秋菊《論秦漢時期皇后制度之確立》〔註50〕一文，探討了從漢初的「婦制莫釐」，文景時期的「衽席無辯」到漢武時的「各有爵位」，再到東漢的「權歸女主」，秦漢時期皇后制度確立並逐步完善，對漢代政治產生了深遠的影響。白坤博士論文《漢代后妃制度研究》〔註51〕，採用獨特的視角，從經學的角度對漢代后妃制度以及相關問題進行了論述。劉影影碩士論文《兩漢皇后稱謂初探》〔註52〕，對兩漢皇后不同的身份稱謂，皇后的居所、親屬等相關稱謂，做了較為系統全面的論述。康豔芳碩士論文《西漢后妃制度的歷史考察》〔註53〕，對西漢后妃的制度、西漢后妃的政治參與及其命運進行了考察。楊菲碩士論文《兩漢女性食封制度研究》〔註54〕，其中對兩漢后妃的食封情況作了論述。

〔註45〕保科季子：《天子の好述──漢代の儒教的皇后論》，《東洋史研究》第 61 卷第二號。
〔註46〕衛廣來：《論西漢納妃制度》，《山西大學學報》1990 年第 3 期。
〔註47〕衛廣來：《漢宮夫人疏證》，《晉陽學刊》1991 年第 5 期。
〔註48〕衛廣來：《西漢出宮人制度考實》，《文史哲》2002 年第 2 期。
〔註49〕衛廣來：《論西漢的宮闈政治》，《文史哲》1995 年第 1 期。
〔註50〕葉秋菊：《論秦漢時期皇后制度之確立》，《鄭州大學學報》2019 年第 3 期。
〔註51〕白坤：《漢代后妃制度研究》，武漢大學博士論文 2018 年。
〔註52〕劉影影：《兩漢皇后稱謂初探》，河北師範大學碩士論文 2012 年。
〔註53〕康豔芳：《西漢后妃制度的歷史考察》，陝西師範大學碩士論文 2016 年。
〔註54〕楊菲：《兩漢女性食封制度研究》，蘭州大學碩士論文 2015 年。

漢後宮制度方面的研究成果。彭衛、楊振紅《中國婦女通史·秦漢卷》〔註55〕，對秦漢時期的婦女做了系統性闡述，包括婦女的社會階層、職業，婚姻家庭，日常生活，健康與疾病等方面，其中關於宮廷女子的入宮制度、後宮位秩、宮廷禮儀和宮人出宮方面做了論述。朱子彥《秦漢後宮制度述論》〔註56〕一文，從皇后、妃嬪不同角度論述相關的後宮制度，同時論述了秦漢時期嚴防后妃干政的措施。謝元魯《漢唐掖庭制度與宮廷政治》〔註57〕指出，「掖庭」機構的出現在武帝時期，是為宮廷監獄，之後逐漸轉為選妃的場所，認為由漢代歷魏晉南北朝延續到唐代的掖庭，是這一時期宮廷監獄與籍沒犯罪官吏家屬的機構，也是皇帝后、妃選取和產生之地，形成了一個綿延千年的特殊後宮機構。宋傑的《漢代後宮的監獄》〔註58〕一文，考察了掖庭（暴室）獄是宮闈鬥爭失敗者的歸宿之地，發展過程是漢代宮廷政治演變趨勢的一個縮影，監獄的變化反映出兩漢宮廷矛盾日益激化，后妃姬妾及背後各種勢力之間的鬥爭之劇烈，達到了前所未有的殘酷程度，表現了統治集團逐漸加劇的內部矛盾。姚曉菡碩士論文《秦漢後宮制度及后妃概況述論》〔註59〕，探討了後宮制度的來源及發展狀況，后妃的生存狀況及命運歸宿。郭佳碩士論文《漢代後宮制度研究》〔註60〕，從后妃的選納制度、名位制度、禮儀制度等方面對漢後宮制度進行了考察。

3. 相關漢代后妃政治的研究成果

漢后妃參政方面的研究成果。安作璋《論呂后》〔註61〕中，論述了呂后執政期間，保持了一個相對穩定的局面，上承劉邦草創之局，下啟文景之治，有一定的政治魄力，對呂后進行了公正的評價，是我國歷史上第一個傑出的有貢獻的女皇帝。王鑫義《女政治家：東漢和帝皇后鄧綏》〔註62〕，認為鄧皇后臨朝執政的措施得宜，所起的作用比作為賢內助更大。文愚《西漢后妃干政問題淺析》〔註63〕中，分析了西漢幾度出現后妃干政、預政甚至大權獨攬的局面，與當時經濟基礎、社會思潮、倫理基礎及自身能力等都有關係。沈宏《東漢「干

〔註55〕彭衛、楊振紅：《中國婦女通史·秦漢卷》，杭州：杭州出版社，2010 年。
〔註56〕朱子彥：《秦漢後宮制度述論》，《學術月刊》2000 年第 6 期。
〔註57〕謝元魯：《漢唐掖庭制度與宮廷政治》，《天府新論》1999 年第 3 期。
〔註58〕宋傑：《漢代後宮的監獄》，《中國史研究》2007 年第 2 期。
〔註59〕姚曉菡：《秦漢後宮制度及后妃概況述論》，西北大學碩士論文 2006 年。
〔註60〕郭佳：《漢代後宮制度研究》，吉林大學碩士論文 2004 年。
〔註61〕安作璋：《論呂后》，《山東師範學院學報》1962 年第 1 期。
〔註62〕王鑫義：《女政治家：東漢和帝皇后鄧綏》，《安徽史學》1995 年第 2 期。
〔註63〕文愚：《西漢后妃干政問題淺析》，《史學月刊》2002 年第 12 期。

政」皇后作用初探》〔註64〕一文指出，在東漢特殊的歷史條件下，皇后們的臨朝干政，給予了一定的肯定，對東漢的歷史發展起到了積極的作用，但同時也有消極影響。平松明日香《後漢時代の太后臨朝とその側近勢力》〔註65〕文中，認為多出於功臣之家的皇太后，掌有政治實權，可為皇帝權力的代行者，臨朝稱制。東漢後期由於宦官勢力增強、與新皇帝沒有血緣關係等一系列因素，使嫡母即當朝的皇太后前朝的皇后權力與地位下降，同時論述了皇太后與母家對一些政治觀點的分歧。黃召鳳、朱柏靜的《淺析王政君與西漢後期外戚專權》〔註66〕認為，雖然王政君不斷扶植母家勢力，使其出現外戚專權的局面，但她以微薄之力維持著西漢後期政權的穩定與延續，應受到歷史的肯定。王春燕《論明德馬皇后對明章之治的影響》〔註67〕認為，馬皇后主動抑制外家勢力，自身賢德仁厚的品格等，對「明章之治」起到了促進作用。李彤博士論文《禮教形成中的漢代婦女生活》〔註68〕，其中選取了西漢的呂后和東漢的和熹鄧后，闡述女主稱制對政治及後世所產生的影響。秦安琪碩士論文《論婦女與西漢政治——以西漢三后為例》〔註69〕，論述了西漢的呂后、竇后、元后對西漢政治產生的影響。梁豔麗碩士論文《論西漢婦女的政治參與》〔註70〕，其中對西漢后妃參政的背景、情況、影響做了論述。莊小芳碩士論文《東漢臨朝太后初探》〔註71〕，將東漢臨朝太后作為一個獨立整體進行研究，而未直接歸入到外戚行列中。齊繼偉碩士論文《藩王太后與東漢外戚政治研究》〔註72〕，東漢藩王太后為前朝有子的妃嬪，在藩王太后模式之下，加之一系列因素，使東漢外戚政治常態化。陳曉倩碩士論文《東漢中後期統治階層衍變及社會變遷研究》〔註73〕，

〔註64〕沈宏：《東漢「干政」皇后作用初探》，《首都師範大學學報》1996 年第 1 期。
〔註65〕平松明日香：《後漢時代の太后臨朝とその側近勢力》，《東洋史研究》第 72 卷第二號。
〔註66〕黃召鳳、朱柏靜：《淺析王政君與西漢後期外戚專權》，《綏化學院學報》2017 年第 2 期。
〔註67〕王春燕：《論明德馬皇后對明章之治的影響》，《理論界》2014 年第 5 期。
〔註68〕李彤：《禮教形成中的漢代婦女生活》，浙江大學博士論文 2005 年。
〔註69〕秦安琪：《論婦女與西漢政治——以西漢三后為例》，青海師範大學碩士論文 2013 年。
〔註70〕梁豔麗：《論西漢婦女的政治參與》，內蒙古大學碩士論文 2008 年。
〔註71〕莊小芳：《東漢臨朝太后初探》，廈門大學碩士論文 2006 年。
〔註72〕齊繼偉：《藩王太后與東漢外戚政治研究》，湖南師範大學碩士論文 2015 年。
〔註73〕陳曉倩：《東漢中後期統治階層衍變及社會變遷研究》，重慶師範大學碩士論文 2013 年。

其中認為東漢中後期，后妃政治勢力日益見長，后妃專權導致外家權勢薰天。解濟紅《〈後漢書〉所載知識女性研究》〔註74〕，其中論述了皇室知識女性即東漢太后臨朝稱制的原因和影響。

　　漢外戚研究成果中涉及到的后妃研究成果。朱子彥《漢代外戚集團的形成與擅權》〔註75〕中指出，東漢皇后出自豪強之家，有的更是出自功臣之家，是皇帝有意通過外戚之助來鞏固自己的統治。欒保群《由西漢外戚專政談外戚與皇權的關係》〔註76〕一文，論述了母后預政在保證新君的安全，防止大臣作亂上是一個有力的臨時性措施，在封建統治走向集權化的過程中它是合理的產物。因此女主臨朝或女主專政在特殊時期可以起到維護君權穩定的作用，往往比大臣專權更有利於皇權的維護。秦學頎《西漢外戚何以出身微賤》〔註77〕指出，西漢外戚出身微賤，與當時選妃不論貴賤、不重貞操、不論行輩，以色藝為標準有關。秦學頎《漢初政治格局與諸呂之亂》〔註78〕中，認為呂后在劉邦奪取天下、鞏固政權的過程中起到了極大的作用。呂后稱制，呂氏權勢劇增，也使母后臨朝、外戚干政成為中國封建社會突出的政治現象。秦學頎《漢武帝與外戚政治》〔註79〕，分析漢武帝移愛新歡，政治上是漢武帝欲提拔新外戚壓制舊外戚，以防某個外戚勢力的獨大。陳蘇鎮《論東漢外戚政治》〔註80〕一文中，論述了梁、竇與郭氏家族是一個政治集團，馬、鄧與陰氏家族是一個政治集團，立郭皇后，為了統一戰爭的推進，廢郭皇后立陰皇后，與劉秀和陰麗華間的感情更與當時的局勢相關。章帝分別納竇氏女和梁氏女，是籠絡郭氏集團的一種方式，使陰、郭兩家聯姻。和帝廢陰皇后立鄧皇后，依然是陰氏集團支配後宮的局面。終東漢一世，選立皇后基本上都選於陰、郭兩大外戚集團中。同時認為東漢皇帝對皇后的「寵」，政治色彩濃厚，實是對皇后母族與背後外戚集團的尊寵和依靠。蕭平漢《論西漢的三次外戚專權及其歷史地位》〔註81〕

〔註74〕解濟紅：《〈後漢書〉所載知識女性研究》，魯東大學碩士論文 2014 年。

〔註75〕朱子彥：《漢代外戚集團的形成與擅權》，《歷史教學問題》1996 年第 4 期。

〔註76〕欒保群：《由西漢外戚專政談外戚與皇權的關係》，《天津師院學報》1981 年第 3 期。

〔註77〕秦學頎：《西漢外戚何以出身微賤》，《西南師範大學學報》1993 年第 1 期。

〔註78〕秦學頎：《漢初政治格局與諸呂之亂》，《重慶師院學報》1992 年第 4 期。

〔註79〕秦學頎：《漢武帝與外戚政治》，《西南師範大學學報》1993 年第 3 期。

〔註80〕陳蘇鎮：《論東漢外戚政治》，《北大史學》2010 年輯刊。

〔註81〕蕭平漢：《論西漢的三次外戚專權及其歷史地位》，《大連大學學報》2001 年第 3 期。

一文，其中呂后稱制採取的一系列措施維護了中央皇權，加強了中央集權，因此也穩定了漢初社會。康清蓮《從邊緣到中心——論兩漢皇室女性的地位及外戚專政》〔註82〕指出，兩漢時期尤其是東漢能夠幾次出現女主干政和外戚專權的現象，與時代背景及自身相關，同時剖析了外戚集團罹禍的原因。杭蘇紅《帝室與外家：西漢政治中的家族倫理》〔註83〕，其中認為有些后妃母家得以因功受封，在於后妃受到皇帝的格外尊寵。吳桂美《從豪強宗族到文化士族——東漢馬氏研究》〔註84〕指出，東漢外戚豪族仰仗的皇后或貴人失勢或去世，他們的家族也隨之走出輝煌。鄭先興《東漢桓靈時期的外戚及其政治》〔註85〕，分析認為梁冀弄私的權位仰賴是因為兩任皇后是他的姊妹。陳恩虎《兩漢外戚特點比較研究》〔註86〕文中認為，從西漢外戚出身低賤看出，西漢選納后妃的條件是以色藝取人，對社會地位的要求不太嚴格。楊璐《西漢末年外戚專政的原因》〔註87〕，分析認為西漢後期尤其是成帝一世，外戚權盛，元后王政君起到了推動作用。范鸞碩士論文《東漢西北大族與皇權政治研究》〔註88〕，論述了馬后、竇后干政時西北大族的發展情況。顧凱碩士論文《東漢外戚政治研究》〔註89〕，認為東漢專權外戚不斷重生的原因與選后妃更注重家族的地位、勢力，基本限於豪族有關。王丹碩士論文《東漢竇氏家族研究》〔註90〕，指出章帝冊立竇氏女為皇后，使竇氏家族走出低谷再次登上政治舞臺，家族也由功臣之家轉變為外戚之家。孫晗碩士論文《東漢馬皇后與馬氏家族相互影響研究》〔註91〕，從馬皇后與母家的互動關係中，看出女性在與本家和皇室的親情間參雜著某些權力的交結。程思宇碩士論文《東漢扶風馬氏家族研究》〔註92〕，馬

〔註82〕康清蓮：《從邊緣到中心——論兩漢皇室女性的地位及外戚專政》，《西南民族大學學報》2004 年第 12 期。

〔註83〕杭蘇紅：《帝室與外家：西漢政治中的家族倫理》，《社會》2012 年第 4 期。

〔註84〕吳桂美：《從豪強宗族到文化士族——東漢馬氏研究》，《海南大學學報》2007 年第 3 期。

〔註85〕鄭先興：《東漢桓靈時期的外戚及其政治》，《南都學壇》2017 年第 3 期。

〔註86〕陳恩虎：《兩漢外戚特點比較研究》，《淮北煤師院學報》1997 年第 1 期。

〔註87〕楊璐：《西漢末年外戚專政的原因》，《秦漢研究》第五輯。

〔註88〕范鸞：《東漢西北大族與皇權政治研究》，揚州大學碩士論文 2010 年。

〔註89〕顧凱：《東漢外戚政治研究》，江西師範大學碩士論文 2009 年。

〔註90〕王丹：《東漢竇氏家族研究》，東北師範大學碩士論文 2006 年。

〔註91〕孫晗：《東漢馬皇后與馬氏家族相互影響研究》，河南師範大學碩士論文 2016 年。

〔註92〕程思宇：《東漢扶風馬氏家族研究》，湖南師範大學碩士論文 2013 年。

家女成為皇后，使馬氏家族重新崛起，馬后去世，其家族的政治和社會地位有所下滑。

4. 相關漢代后妃婚姻生活的研究成果

漢后妃婚姻方面的研究成果。彭衛《漢代婚姻形態》〔註93〕，全書對漢代人民婚姻關係的等級狀況、地緣結構、婚齡、婚姻思想與觀念等做了考察。有助於對漢后妃的婚姻問題進行探討。孟華《淺議兩漢皇室婚姻的變遷》〔註94〕中，從西漢時期皇室婚姻不論貴賤、不重貞操、不拘輩分，到東漢時期皇室婚姻審慎、制度化，這一變化與兩漢社會經濟基礎和思想文化背景的變遷有關。彭衛《漢代婚姻關係中婦女地位考察》〔註95〕，其中認為婚姻中男尊女卑現象明顯，秦漢時期后妃數目無定制。彭衛《漢代婚律初探》〔註96〕指出，兩漢婚律禁止諸侯王娶掖庭出女，原因一是她們有可能將宮闈秘事散佈出去；二是限制和約束統治集團成員的行為。陳志《西漢婚姻散論》〔註97〕中認為，西漢后妃多出身微賤，與創漢之主劉邦出身平民，貴賤觀念淡薄，西漢諸帝重美色等原因有關。王貞、郭玉峰《社會階層視閾下兩漢寡婦再嫁現象論析》〔註98〕中，認為兩漢時期社會上層寡婦再嫁呈式微態勢，東漢的后妃中已沒有再醮之婦。薛志清博士論文《秦漢社會流動研究——以官員為中心》〔註99〕，其中認為女子嫁入帝王之家，成為后妃群體中的一員，不僅自身社會地位改變，也可光耀門楣，使家族受益。也有為了達到個人目的，使女兒成為后妃的情況。高彥君碩士論文《漢代政治婚姻研究》〔註100〕，與后妃有關的皇室婚姻政治色彩濃厚，統治者多用來鞏固統治。陳大志碩士論文《東漢豪族婚姻與門閥制度的形成》〔註101〕，論證了從西漢後期開始，對后妃的遴選趨於嚴格，東漢皇

〔註93〕彭衛：《漢代婚姻形態》，北京：中國人民大學出版社，2010 年 9 月。
〔註94〕孟華：《淺議兩漢皇室婚姻的變遷》，《西北大學學報》2001 年第 1 期。
〔註95〕彭衛：《漢代婚姻關係中婦女地位考察》，《求索》1988 年第 3 期。
〔註96〕彭衛：《漢代婚律初探》，《西北大學學報》1985 年第 1 期。
〔註97〕陳志：《西漢婚姻散論》，《福建論壇》1989 年第 12 期。
〔註98〕王貞、郭玉峰：《社會階層視閾下兩漢寡婦再嫁現象論析》，《洛陽師範學院學報》2011 年第 9 期。
〔註99〕薛志清：《秦漢社會流動研究——以官員為中心》，河北師範大學博士論文 2013 年。
〔註100〕高彥君：《漢代政治婚姻研究》，陝西師範大學碩士論文 2017 年。
〔註101〕陳大志：《東漢豪族婚姻與門閥制度的形成》，東北師範大學碩士論文 2009 年。

族最為重視婚嫁關係中的政治及社會地位。高穎飛碩士論文《兩漢帝室婚姻述論》〔註102〕，分析了帝室婚姻變化的原因及對社會政治的影響。董宏義碩士論文《從簡牘材料看秦漢婚姻家庭問題》〔註103〕，其中提及到后妃的婚姻形式。

　　漢后妃生活方面的研究成果。宋傑《漢代后妃「就館」與「外舍產子」風俗》〔註104〕一文中指出，「外舍產子」風俗起源於原始社會後期，漢代后妃就館生育，所就的「館」多設於未央宮外，以上林苑和甘泉宮內分布較多。同時有種情況是讓未有身孕的寵妃先到別館居住，直至懷孕生子。這樣做的目的是為了保障產婦和嬰兒的安全，免受嬪妃妒害，是宮闈政治中的一種防護手段，西漢時期起到了一定的保護效果，東漢時此作用形同虛設，因此魏晉之後后妃在宮內產房生育成為常例。朱艷芹碩士論文《西漢帝王的家庭婚姻生活》〔註105〕，認為皇帝和皇后的關係對政局有重大關聯，皇帝與妃嬪的關係相比之下無關緊要，即便寵愛也不會凌駕於政治利益之上。楊舒眉碩士論文《漢代宮廷女性生活探微》〔註106〕，闡述了后妃的婚姻生活、政治生活與文化生活。

5. 相關漢代后妃巫蠱及其他問題的研究成果

　　漢后妃巫蠱問題的研究成果。孫家洲《漢代巫術巫風探幽》〔註107〕指出，巫術被廣泛應用於宮廷之中，論述了涉及巫術的后妃的命運。徐衛民、劉江偉《西漢巫蠱之禍發生的原因及其影響》〔註108〕一文，發現漢武帝一生中恩澤禮遇后妃和外戚，並在一定時期內培植效忠於自己的后妃和外戚勢力，同時警惕權盛的后妃和外戚勢力，有可能對其採取殘忍的措施。而征和二年發生的巫蠱事件，是漢武帝鎮壓后妃勢力的高峰。陳志《論巫蠱之禍》〔註109〕文中，漢武帝時期的巫蠱之禍，不是單純的后妃爭寵間的傾軋，實是漢武帝與后妃和

〔註102〕高穎飛：《兩漢帝室婚姻述論》，鄭州大學碩士論文 2002 年。

〔註103〕董宏義：《從簡牘材料看秦漢婚姻家庭問題》，鄭州大學碩士論文 2010 年。

〔註104〕宋傑：《漢代后妃「就館」與「外舍產子」風俗》，《歷史研究》2009 年第 6 期。

〔註105〕朱艷芹：《西漢帝王的家庭婚姻生活》，山東師範大學碩士論文 2016 年。

〔註106〕楊舒眉：《漢代宮廷女性生活探微》，曲阜師範大學碩士論文 2005 年。

〔註107〕孫家洲：《漢代巫術巫風探幽》，《社會科學戰線》1994 年第 10 期。

〔註108〕徐衛民、劉江偉：《西漢巫蠱之禍發生的原因及其影響》，《長安大學學報》2011 年第 3 期。

〔註109〕陳志：《論巫蠱之禍》，《福建論壇》1988 年第 6 期。

外戚集團勢力之間一場特殊形式的歷史大搏鬥。

其他漢后妃問題的研究成果。張小鋒《薄太后「配食」高廟與光武晚年政局》〔註110〕認為，光武帝以薄太后代替呂后配食高廟，深意一是告誡外戚切勿擅權亂政，二是杜絕諸王覬覦皇位的念想，從而為太子劉莊順利登臨皇位做鋪墊。張小鋒《呂后出宮人與代王劉恒「獨幸竇姬」發微》〔註111〕一文，竇姬作為呂太后賜給劉恒的五名宮人之一，受到劉恒的寵幸，實際上是劉恒的自我保護，是對呂太后表達自己的忠誠和順從，以此避免其他劉姓諸王的悲慘命運，從而為之後即帝位提供了可能性。孟祥才《撲朔迷離的趙飛燕姊妹謀殺皇子案》〔註112〕，認為漢成帝皇后趙飛燕及其妹一同謀殺皇子事，並無物證，違反帝王渴求子嗣之心，無法逃逸王氏外戚集團的監視，因此是一樁冤案，其幕後導演者是王莽。白坤《西王母與漢皇后——漢代皇后身份變遷管窺》〔註113〕，文中從「傳行西王母籌」事件入手，通過周秦兩漢文獻中的西王母形象，以及讖緯符命與政治運作，考察西王母與漢代后妃建立聯繫的基礎、契機，並結合漢畫像石中西王母圖像的演變，管窺漢代皇后身份的變遷。

綜合現階段漢后妃的研究成果，大概集中以上幾個方面。關於漢后妃人物的研究成果，多集中在掌權或臨朝稱制的女主身上，圍繞政治角度進行研究，也有零星關於寵妃等研究；從后妃群體角度進行研究，多將兩漢后妃進行對比，以此考察后妃群體的面貌，后妃多集中在皇后、寵妃身上，並未囊括兩漢全部后妃；命運方面，多集中於后妃非正常死亡或悲劇命運進行討論。關於漢宮闈制度的研究成果，后妃制度方面側重於后妃的等級，名位制度、禮儀制度等研究，對皇后制度的研究較為深入，相關嬪妃制度的研究有待深入；後宮制度方面對一些後宮機構、所置官吏等做了論述與補充。關於漢后妃政治的研究成果，較之其他問題的研究豐富透徹，漢后妃參政方面的研究，多是探尋對漢代政治產生的影響；外戚研究中涉及到的后妃研究，多從后妃的出身方面，得失寵原因，立后對母家的有益之處以及女主臨朝方面進行探究。關於漢后妃婚

〔註110〕張小鋒：《薄太后「配食」高廟與光武晚年政局》，《清華大學學報》2010年第1期。

〔註111〕張小鋒：《呂后出宮人與代王劉恒「獨幸竇姬」發微》，《晉陽學刊》2009年第1期。

〔註112〕孟祥才：《撲朔迷離的趙飛燕姊妹謀殺皇子案》，《聊城師範學院學報》2000年第6期。

〔註113〕白坤：《西王母與漢皇后——漢代皇后身份變遷管窺》，《人文論叢》2017年第1期。

姻生活的研究成果，漢后妃婚姻方面政治色彩濃厚，多從后妃出身、對政治產生的影響，帝室婚姻的變化反應出的社會背景等方面進行探討；漢后妃生活方面的研究成果有待深入，近年來逐漸重視的人文關懷，使其成為新興領域並逐漸熱門起來。相關漢后妃巫蠱及其他問題的研究成果，漢后妃巫蠱方面，多是將其上升為政治層面進行討論，武帝時期的巫蠱之禍討論得較為充分，其他問題的零星討論多少有其新視角在其中。

　　由此可見，關於漢代后妃的研究成果，如今已有了一定的基礎。然而現有的研究成果所使用的史料多集中於前三史，新出土簡帛及其他相關考古材料、古人文集所涉記載等運用較少。關於掌權女主的研究較為充分，相比之下其他后妃的關注度較少，且不論從哪個角度的探討分析，對漢后妃自身的關注度不足，如在漢后妃婚姻的研究中，最重要的后妃與君主間的情感關係論述甚微。因此，本文著重於對漢后妃自身的關注。

　　此外，其他朝代后妃的研究，姜紅博士論文《唐代後宮婦女宮廷生活研究》〔註 114〕，對唐代後宮制度、婦女的採選、文化生活、娛樂生活、最終歸宿等進行了考察。張宏博士論文《金代後宮制度研究》〔註 115〕，論述了金代後宮制度的發展情況，包括后妃的選納制度、名位制度、禮儀制度等，以此考察金代後宮的特點與作用。崔婧博士論文《明朝后妃研究》〔註 116〕，對明朝各個朝代的后妃進行全面考述，對明朝后妃制度、宮廷生活進行了論述，以此探尋明朝后妃的特點及影響。等等，這些對本文的寫作有所啟發。

三、研究思路與方法

　　目前學術界對漢后妃進行的研究，多圍繞政治或以政治為中心，本文並不立足於「后妃從屬於皇帝」，后妃為政治的附屬品這一傳統的視角，而是試圖關注后妃本身，從后妃自身角度出發，根據兩漢特有的社會背景，揭示兩漢后妃不同於其他朝代后妃的特點，給予人文關懷，力圖再現漢代后妃的生活面貌，闡述其對兩漢社會的影響及貢獻。

　　本文以學界前輩的研究成果為基石，將傳世文獻與出土資料相結合，從女性學、社會學等新角度考察兩漢后妃群體，研究的重點為兩漢后妃群體自身狀況，探討每個后妃的特點和命運，后妃與君主的關係，后妃與母家的關係，對

〔註 114〕　姜紅：《唐代後宮婦女宮廷生活研究》，武漢大學博士論文 2013 年。
〔註 115〕　張宏：《金代後宮制度研究》，吉林大學博士論文 2010 年。
〔註 116〕　崔婧：《明朝后妃研究》，南開大學博士論文 2014 年。

突出的后妃進行個案分析，闡述相關的后妃政治，以及由此反映出的社會大背景。同時對相關資料進行分類、歸納、綜合，在此基礎上進行理論分析，以此總結漢代后妃群體的特點和影響，力求再現漢代后妃群體的真實風貌。本文的難點：由於是對漢代后妃群體的初次探索，史料有限，現存於世的也多是與政治相關的史料，且后妃身居深宮，多數事件不為人知，這對研究漢代后妃自身狀況無疑具有較大的難度。

論文擬採用的研究方法如下：

1. 歷史文獻學的方法。本文採用歷史文獻學的方法，搜集與整理前三史的相關史料、出土文獻資料及古人對相關人物與事件的評價與看法，力求做到史論結合，使相關研究具有翔實的史料依據。

2. 女性史、政治史與社會史相結合的研究方法。關於兩漢后妃的研究，本文欲將政治史與女性史的視角相結合。從女性主義視角出發，根據女性自身的特點、女性的主觀能動性和主體意識，以此為切入點對兩漢后妃進行研究，探尋相關的政治問題；同時將著眼點放在社會整體中，用社會史的相關理論與方法對漢后妃進行分析探討，側重其家庭、婚姻、日常生活等方面的考察，將兩漢后妃置於社會大背景下，結合當時的社會特點等因素進行研究。

3. 群體與個案相結合的研究方法。既注重對兩漢后妃群體的分析研究，也注重對漢后妃個案的探討，力求使漢后妃的研究更加豐滿。

四、創新之處

本文旨在對兩漢后妃群體自身進行整體性的研究，創新點在於：

1. 具有新的研究視角。本文從女性史、社會史、心靈史角度出發進行分析論述，著重於對兩漢后妃自身的關注，以后妃為中心，探討相關的問題，揭示兩漢后妃不同於其他朝代后妃的特點，闡述其對兩漢社會的影響及貢獻。

2. 研究內容具有較多的新意。學界對掌權女主的研究較為充分，相比之下其他后妃的關注度較少。本文討論后妃政治，以掌權女主為中心，外戚即便握有大權，也為女主所用。關於兩漢皇后的考察，不僅側重於與政治相關的一面，也包括與君主丈夫的關係，與母家的關係等，同時將兩漢皇后按照各自的特點，分類型進行介紹，得出相關結論，更細緻入微地瞭解兩漢皇后的面貌。對兩漢嬪妃的關注，除了君主對她們的寵愛一面，也關注到與她們相關的政治等問題。同時對后妃的地位分階段進行分析探討。

3. 史料運用上具有一定的拓展。本文試圖綜合運用前三史、《東觀漢記》《兩漢紀》《西漢會要》《東漢會要》、古人文集及專論所涉記載等傳世文獻以及新出土簡帛和相關考古材料等各種史料，對兩漢后妃群體進行較全面系統的研究。

第一章 兩漢后妃群體的構成

兩漢后妃，具體來說可以分為西漢、東漢兩個時期進行探討，將西漢皇后和東漢皇后按照相關特點分成類別，將兩漢嬪妃以各自的皇帝丈夫作區分，對兩漢后妃做較為整體系統的考察，以此對兩漢后妃進行宏觀把握。

第一節 西漢皇后

皇后，母儀天下，皇帝的嫡妻和賢內助，後宮領導者，管理後宮事務，在後宮中享有重要話語權和尊貴的地位。能夠成為皇后，多是嬪妃最大的心願，真正成為皇后的女子，萬眾矚目，表面風光無限，個中的酸甜苦辣只有自身最清楚。西漢一朝，十六位皇后，根據皇后的出身，自身的特點，與君主的夫妻關係，有無子嗣等，大致將其分為五類，探討西漢皇后的面貌。

一、攜手同行，得意不負

高祖呂皇后，文帝竇皇后，宣帝許皇后，三位皇后出身微渺之家，都為皇帝誕育子嗣，自己的兒子也是皇帝，終保后位，母家也跟著榮耀。帝后結為夫妻時，自己的丈夫未登上皇位，即位後將其冊封為皇后。她們與丈夫共經風雨，一路相伴，丈夫得意後不忘舊情，夫榮妻貴。

高祖呂皇后，劉邦做泗水亭亭長時所娶，時呂后父呂公善於相人，通過劉邦的面相認為劉邦前途無量，將女兒呂雉嫁與他。劉邦未發跡時，呂后與兒女為生計在田中耕作。楚漢戰爭期間，呂后母家為劉邦爭奪天下效力，呂

后本人曾被項羽俘虜，當時困難重重。四年楚漢戰爭結束，劉邦贏得天下，登上帝位，呂雉成為皇后，在前朝政事上有所作為，「佐高祖定天下，所誅大臣多呂后力」〔註1〕，用盡全力幫助劉邦穩定江山，同時自己的政治地位逐漸加強。劉邦成為天子後，良姬美妾無數，疏遠年老色衰的呂后，最愛戚夫人，愛屋及烏，喜愛寵姬戚夫人的兒子如意，認定如意更像自己，因此有易嗣的想法，欲廢掉仁弱的太子而立如意，幸賴大臣齊心協力保住了劉盈的太子之位。值得慶幸的是，劉邦晚年雖無比寵愛戚夫人，呂后母子的地位動搖卻終保住。劉邦臨終之時，二人商討丞相人選等政事，看出呂后在朝政上有一席之位。惠帝劉盈不聽政後，呂后臨朝稱制。呂后確有政治才能，有良史之才的司馬遷評價呂后時期的政治，「高后女主稱制，政不出房戶，天下晏然。刑罰罕用，罪人是希。民務稼穡，衣食滋殖。」〔註2〕呂后在政治上顧全大局，面對匈奴的挑釁時，冷靜下來，分析局勢再做決斷。劉邦去世後，對待劉邦得寵的嬪妃，狠毒一面盡顯無遺，不僅「諸御幸姬戚夫人之屬，呂太后怒，皆幽之，不得出宮。」〔註3〕更是將最受寵的戚夫人做成人彘，丟在廁所。但「高祖後宮唯獨無寵疏遠者得無恙。」〔註4〕呂后對待不同的嬪妃方式不同，看出呂后理性的一面。

文帝竇皇后，以良家子〔註5〕的身份前往代國，到了代國後，受到還是代王的文帝專寵。專寵竇皇后一方面看出昔日年輕的竇漪房聰明美麗，善於承迎文帝意；另一方面是讓猜忌諸侯王的呂后獲知代王劉恒效忠朝廷，支持呂后統

〔註1〕 （漢）司馬遷：《史記》卷九《呂太后本紀》，北京：中華書局，1982年，第396頁。下引該書省去出版信息。
〔註2〕 《史記》卷九《呂太后本紀》，第412頁。
〔註3〕 《史記》卷四十九《外戚世家》，第1971頁。
〔註4〕 《史記》卷四十九《外戚世家》，第1969頁。
〔註5〕 《漢書》卷九十七上《外戚傳上》載：「上家人子、中家人子視有秩斗食云。」顏師古注曰：「家人子者，言採擇良家子以入宮，未有職號，但稱家人子也。斗食，謂佐史也。謂之斗食者，言不滿百石，日食一斗二升。」亦可證良家子是一種身份，而非宮中官職。《漢書》卷九四下《匈奴傳下》載：「元帝以後宮良家子王牆字昭君賜單于。」《後漢書》卷八九《南匈奴列傳》載：「知牙師者，王昭君之子也。昭君字嬙，南郡人也。初，元帝時，以良家子選入掖庭。時呼韓邪來朝，帝敕以宮女五人賜之。昭君入宮數歲，不得見御，積悲怨，乃請掖庭令求行。呼韓邪臨辭大會，帝召五女以示之。昭君豐容靚飾，光明漢宮，顧景斐回，竦動左右。帝見大驚，意欲留之，而難於失信，遂與匈奴。」

治之意。文帝繼承大統後，代王后及所生四子先後去世，竇皇后兒子最長，立為太子，孝順的竇皇后為婆母薄太后滿意，薄太后提議立太子母為皇后。母以子貴，竇皇后成為文帝正妻。之後竇皇后因病失明，文帝寵幸慎夫人、尹姬，也曾出現過竇皇后與慎夫人不分尊卑同席而坐的情況，但竇皇后的地位未曾受到撼動。文帝去世後，景帝即位，竇皇后成為竇太后，「竇太后好黃帝、老子言，帝及太子諸竇不得不讀黃帝、老子，尊其術。」〔註6〕雖是尊母風氣使然，也可看出竇太后手中有一定的權力。竇太后成為太皇太后，手中權力不減，武帝即位初欲將治國政策從黃老之治轉變為「罷黜百家，表章六經」時，因竇太后好黃老，不好儒術，「建元二年，御史大夫趙綰請無奏事東宮。竇太后大怒，乃罷逐趙綰、王臧等，而免丞相、太尉。以柏至侯許昌為丞相，武強侯莊青翟為御史大夫。」〔註7〕竇太后掌握官吏的任免權，同時「使人微得趙綰等奸利事，召案綰、臧，綰、臧自殺，諸所興為者皆廢。」由此可見竇皇后在政治上的地位。

　　宣帝許皇后，宣帝在民間時所娶，宣帝是有罪的衛太子後代，常人唯恐避之不及，無人願與宣帝結為婚姻。唯獨張賀想將自己的孫女嫁與宣帝，遭到時與霍光同心輔佐昭帝的弟弟張安世的反對，張賀無奈只得想方將暴室嗇夫許廣漢的女兒許平君嫁與宣帝。宣帝與許平君在民間有過一段柴米油鹽夫妻好合的時光，宣帝即皇帝位後，大臣欲立權臣霍光的女兒為后，宣帝不願霍氏勢力深入後宮，同時不忘與許平君的情意，故意下詔求故劍，大臣知其意後奏立許平君為皇后。從帝后夫妻情分方面看出，宣帝與許后感情甚深，頂住各方壓力將髮妻立為皇后。許皇后在世時，已成為皇帝的丈夫未移情新愛，許后去世後，宣帝立許后子為太子，宣帝得知太子純用儒術，與自己的「霸王道雜之」的治國理念大不同，也曾「有意欲立張婕妤與憲王，然用太子起於微細，上少依倚許氏，及即位而許后以殺死，太子早失母，故弗忍也。」〔註8〕終是顧及到了自己和許皇后的感情。

　　三位皇后，與自己的丈夫一路同行，同甘共苦，除許皇后在位日淺早逝外，呂皇后和竇皇后陪伴丈夫終老，之後成為皇太后，在政治上有重要的話語權，對政事多有參與，甚而臨朝稱制，與當時的尊母風氣息息相關。

〔註6〕《史記》卷四十九《外戚世家》，第 1975 頁。
〔註7〕《史記》卷一百七《魏其武安侯列傳》，第 2843 頁。
〔註8〕《漢書》卷八十《宣元六王傳》，第 3311 頁。

二、后位有份，恩寵無緣

惠帝張皇后，景帝薄皇后，昭帝上官皇后，哀帝傅皇后，平帝王皇后，五位皇后與自己的丈夫毫無感情可言。能夠成為皇帝的正妻，出自長輩的意願，是長輩為了政治利益所為，但這五位女子是否願意嫁與天子，成了永遠的謎。

惠帝張皇后，惠帝姐姐魯元公主的女兒，與惠帝是甥舅關係。但是否是魯元公主所生，有所爭議〔註9〕。呂后為了重親，鞏固自己的利益，加之漢代婚姻不重行輩，因此選擇自己的外孫女作天下母。「惠帝慈仁」〔註10〕，具有仁愛之心的惠帝，對待自己的外甥女又是自己妻子的張皇后，會有禮節上的情分。張皇后無子，詐取宮人子為己子，此說法，想必是為了加深呂后的罪惡，若真是這樣，宮闈秘事怎會流傳出去？或許有可能像東漢明德馬皇后自身無子，撫養賈貴人的兒子一樣。「又言后無子，太后使佯為有身，取後宮美人子為子，不知后立未久，宮中事皆太后制之。帝將崩，而后無子，乃宣言皇后有身以懼天下，後奉太后命育惠帝子，亦猶後漢馬后之撫章帝耳。」〔註11〕文帝即位，張皇后餘生在北宮度過。文帝承繼大統，大臣誅滅呂氏勢力的情況下，張皇后安然在皇宮一處度餘生，可見張皇后的淡泊性格，想必往昔並未參與政治鬥爭。

景帝薄皇后，西漢史上第一位廢后，「景帝為太子時，薄太后以薄氏女為妃。」〔註12〕薄太后將自家女嫁與時為太子的景帝，一方面拉攏未來的君主，拉近與繼承人的關係，一方面皇后父兄皆封侯，有利於延續母家的榮華富貴。然而薄氏女嫁與景帝始終，從未得到過景帝的寵愛，也沒有子嗣。祖母薄太后去世後，景帝不再顧忌任何，廢黜薄皇后。史家對薄皇后記載僅寥寥數字，不

〔註9〕 清朝人薛福成在《庸庵文編》外編卷二寫道「太后欲其生子萬方，蓋后之入宮年已及笄，則其時之能承帝寵明矣。夫惟審后非公主所生，而其年與容之大略可知。知後年與容之盛則配惠帝時已非幼稚。」從呂后欲令張皇后有眾多子嗣角度推出張皇后的大致年齡，從而認為非魯元公主所生。今人周聘《漢孝惠皇后身份辨》（《中國典籍與文化》，2003年第3期）認為宣平侯之女不等於魯元公主之女，孝惠後的年齡有所出入，在呂后逝後大臣斬草除根除呂氏勢力，並未對張皇后有何動作，因而認為孝惠後為張敖女，但並非魯元公主所生。筆者認為司馬遷的《史記》中記載「呂后長女為宣平侯張敖妻，敖女為孝惠皇后。」並未說是魯元公主女，這一點可說明孝惠後並非魯元公主所生。

〔註10〕《漢書》卷九十七下《外戚傳下》，第3938頁。

〔註11〕（清）薛福成：《庸庵文編》外編卷二《書漢書外戚傳後一癸酉》，清光緒刻庸庵全集本。

〔註12〕《史記》卷四十九《外戚世家》，第1967頁。

如景帝的嬪妃字數多，可見帝后感情淡薄無幾。

　　昭帝上官皇后，能夠成為皇后，是父親上官安為了自家的利益將女兒送進宮。上官安因女兒立后封侯，不知收斂索取更多權力，最後竟妄想取得帝位。有人問他若真廢帝自立，自己做皇后的女兒怎麼辦？上官安說道「逐麋之狗，當顧兔耶！且用皇后為尊，一旦人主意有所移，雖欲為家人亦不可得，此百世之一時也」〔註13〕。上官安冠冕堂皇的話，實質是完全不為女兒考慮，上官皇后只是他的一枚棋子。之後事情敗露，上官一族皆滅。上官皇后因並未與謀，加之是掌權者霍光外孫女，不受影響。上官皇后母親早逝，年僅六歲入宮，十四五歲守寡，自身無子，雖然劉賀即帝位被尊為皇太后，宣帝時尊為太皇太后，尊貴莫比，卻也孤苦淒涼。

　　哀帝傅皇后，哀帝祖母傅昭儀家女，傅昭儀同呂后、薄太后想法一樣，為了重親，娶以配哀帝。哀帝與傅皇后婚後並未夫妻情深，哀帝寵愛的是董賢的妹妹董昭儀，董賢恃寵而驕，令太醫令真欽查傅氏罪證，幸好之前桓譚建議的正家避禍之道為后父傅晏所接受並實行，傅皇后在宮中謹言慎行，因此「傅氏終全於哀帝之世」。哀帝去世後，王莽掌權，因傅氏一族在哀帝時期太過張揚，與王氏外戚積怨，王莽將賬清算時不忘傅皇后，先令她居住在冷清的桂宮，之後廢其為庶人，傅皇后不堪受辱，選擇自殺。

　　平帝王皇后，儒士化外戚王莽之女，「莽欲依霍光故事，以女配帝。」〔註14〕野心家王莽仿照前代霍光將女配宣帝的做法，巧妙施計將自己的女兒嫁與平帝，成為皇后，卻忘了霍皇后及霍氏一族的下場。同惠帝納張皇后故事一樣，王皇后是為納后不是冊后，相比從嬪妃冊封為皇后，地位要高。「后立歲餘，平帝崩。」〔註15〕二人成為夫妻僅一年多，感情未及深入，便陰陽兩隔。王皇后成為王太后，王莽陰謀篡權後欲將其再嫁，王皇后不許。在漢兵誅殺王莽，火燒未央宮時，王皇后道「何面目以見漢家」〔註16〕，投身火海。

　　五位皇后因鞏固母家的勢力或母家欲取得更多的利益，與皇帝結為夫婦，作為小君，榮華富貴，風光無限，然而內心淒涼，孤苦無依。結局即便有幸未

〔註13〕《漢書》卷九十七上《外戚傳上》，第 3959 頁。
〔註14〕《漢書》卷九十七下《外戚傳下》，第 4009 頁。
〔註15〕《漢書》卷九十七下《外戚傳下》，第 4010 頁。
〔註16〕《漢書》卷九十七下《外戚傳下》，第 4011 頁。

遭廢黜，終保后位，也是孤獨終老或被迫了結生命，體現出了后妃群體的悲劇色彩。夫妻間無感情也無子嗣，倘若不曾嫁到皇家，想必會有不同的人生。

三、母憑子貴，善終后位

景帝王皇后，宣帝王皇后，元帝王皇后，三位皇后均因子嗣被冊封為皇后，帝后間感情一般，但在后位終享天年，母家得官封侯，獲得榮寵較為長久。

景帝王皇后，景帝的第二任皇后，相比於與第一任薄皇后間的感情，王皇后是受寵的。景帝原本已立栗姬的兒子劉榮為太子，可惜栗姬不識時務，自身驕貴，拒絕長公主的婚事，同時因景帝寵愛其他嬪妃，栗姬在景帝面前表現出了不滿甚至怨怒的情緒，親手將自己和兒子的前程毀掉。工於心計的武帝母王夫人抓住時機，先是欣然接受長公主的婚姻，使「長公主日譽王夫人男之美，景帝亦賢之」〔註17〕，加之王夫人懷子時有意告訴景帝「夢日入其懷」，這種夢是懷君主的象徵，這些使景帝產生易嗣的想法。王夫人又暗中陷害栗姬，使栗姬「以憂死」，廢太子劉榮為臨江王。終立王夫人為皇后，立其子為太子。王夫人心願達成，與有子嗣密切相關。

宣帝王皇后，結髮妻子許皇后享位日淺遭毒害，繼任霍皇后劣跡種種，霍皇后遭廢黜後，「上憐許太子早失母，幾為霍氏所害，於是乃選後宮素謹慎而無子者，遂立王倢伃為皇后，令母養太子。」〔註18〕宣帝對於第三任皇后的人選，標準是能夠盡心盡力撫養太子。宣帝當時寵幸的有華倢伃、張倢伃及衛倢伃，三位愛妃都有子嗣。宣帝擔心舊事重演，因此冊立少寵無子的王婕好為后。入主中宮後，王皇后「希見無寵」〔註19〕。宣帝和王皇后間夫妻感情一般，得以被扶正，是為了當時的許太子。

元帝王皇后，王政君以偶然的機會受到御幸，一幸有孕，為元帝生下首個皇子，時為太子的元帝「後宮娣妾以十數，御幸久者七八年，莫有子」〔註20〕。元帝父宣帝見到皇孫更是高興，「自名曰驁，字太孫，常置左右。」〔註21〕因兒子的緣故，王政君成為元帝的正妻，「皇后自有子後，希復進見。」〔註22〕

〔註17〕《史記》卷四十九《外戚世家》，第 1977 頁。
〔註18〕《漢書》卷九十七上《外戚傳上》，第 3969 頁。
〔註19〕《漢書》卷九十七上《外戚傳上》，第 3969 頁。
〔註20〕《漢書》卷九十八《元后傳》，第 4016 頁。
〔註21〕《漢書》卷九十八《元后傳》，第 4016 頁。
〔註22〕《漢書》卷九十八《元后傳》，第 4016 頁。

元帝與王皇后間感情很淡，元帝寵幸的是傅昭儀，曾想廢太子而立傅昭儀的兒子，有賴大臣擁護，同時元帝「以皇后素謹慎，而太子先帝所常留意」〔註23〕，最終並未易嗣。王政君能夠成為皇后，與她為元帝生下第一個兒子有很大關係。

三位皇后因子嗣得到后位，皇后自身較為謹慎，但未能與君主情深意切，丈夫皇帝有其他寵愛的嬪妃，這也避免盛極而敗，導致自身地位不保牽連母家的可能。皇后母家都沒有炙手可熱的權力，對君主丈夫沒有太大的影響，有利於她們在后位終其天年。

四、水覆難收，君恩不再

武帝陳皇后，宣帝霍皇后，成帝許皇后，母家權勢在當朝炙手可熱，能夠貴為小君，與母家的勢力密切相關。相比於其他皇后的出身，三位皇后出身高貴，均是王侯之女，嫁入皇家，門當戶對。三位皇后與各自的皇帝丈夫起初伉儷情深，之後感情發生變化，母家亦在朝政上逐漸失勢，光芒黯淡，三位皇后終失去后位。

武帝陳皇后，出身顯赫，母親是館陶長公主，父親是堂邑侯陳午。武帝得以登上皇位，館陶公主功不可沒，「上之得為嗣，大長公主有力焉」〔註24〕。「大長公主」即館陶公主，阿嬌的母親，漢武帝的親姑姑，短短幾字，道出阿嬌娘家強大的力量，二人成為夫妻，親上加親，婚後也曾有過甜情蜜意的日子。陳皇后本應與武帝共白頭，事實並非如此，陳皇后「擅寵驕貴，十餘年而無子，聞衛子夫得幸，幾死者數焉。上愈怒。后又挾婦人媚道，頗覺。元光五年，上遂窮治之……其上璽綬，罷退居長門宮」〔註25〕。陳皇后行為不遵法度，盡失皇家嫡妻風範，加之皇后母館陶公主因擁立之功，索要權力無度，對武帝處理政事有所掣肘，武帝以陳皇后接觸巫術為由，將其廢黜。原本榮華富貴的陳皇后，最終在冷宮中度餘生。而她的兄弟陳須「坐淫亂，兄弟爭財，當死，自殺，國除」〔註26〕。陳融「坐母薨未除服奸，自殺」〔註27〕。母家忘記了謙虛謹慎之道，結局不盡人意。

〔註23〕《漢書》卷九十八《元后傳》，第 4017 頁。
〔註24〕《史記》卷四十九《外戚世家》，第 1979 頁。
〔註25〕《漢書》卷九十七上《外戚傳上》，第 3948 頁。
〔註26〕《漢書》卷九十七上《外戚傳上》，第 3948 頁。
〔註27〕《漢書》卷十六《高惠高后文功臣表》第 538 頁。

宣帝霍皇后，大司馬大將軍博陸侯霍光的女兒，其母暗中指使女醫將分娩後的許皇后毒死，憑藉霍光的權力，將其納入宮，立為皇后。不同於節儉的許皇后，霍皇后「舉駕侍從甚盛，賞賜官屬以千萬計」〔註28〕，又「上亦寵之，專房燕」〔註29〕，何焯為此評價道「孝宣霍皇后上亦寵之，至昌成君者為平恩侯，宣帝深沉如此。」〔註30〕昌成君是許皇后的父親，霍光為了自己利益，並未立許后父為侯，宣帝最終立許后父為侯。可看出宣帝在等待時機，近似韜光養晦，因而當時對霍皇后的寵，其中夾雜了許多政治因素。自幼生長在民間的宣帝，宮中無根基，一時無法完全收回霍光手中的大權，只能慢慢來，首先安撫住掌有大權的霍光，逐漸加強皇權。霍光去世後，宣帝立許皇后的兒子為太子，引起不知天高地厚的霍光夫人霍顯的不滿，霍顯欲舊事重演，教霍皇后毒殺太子，未能成功。謀殺許后的事洩露後，「顯遂與諸婿昆弟謀反，發覺，皆誅滅」〔註31〕。霍皇后「熒惑失道，懷不德，挾毒與母博陸宣成侯夫人顯謀欲危太子，無人母之恩，不宜奉宗廟衣服，不可以承天命」〔註32〕。因此被收皇后璽綬，廢處昭臺宮。

成帝許皇后，「元帝悼傷母恭哀后居位日淺而遭霍氏之辜，故選嘉女以配皇太子。」〔註33〕元帝對許皇后寄予了厚望，願成帝與自己母家女白首不相離。許皇后是大司馬車騎將軍平恩侯許嘉的女兒，「嘉自元帝時為大司馬車騎將軍輔政，已八九年矣」〔註31〕。許嘉位高權重，許氏外戚權傾朝野。此時後宮中許皇后與丈夫成帝琴瑟合鳴，許氏家族可謂內外得意。許皇后「自為妃至即位，常寵於上，後宮希得進見。皇太后及帝諸舅憂上無繼嗣，時又數有災異，劉向、谷永等皆陳其咎在於後宮」〔註35〕。一方面皇太后確實為子嗣著想，另一方面為王、許的外家權力之爭。若許皇后繼續受寵，前朝許氏外戚權力會更加炙手可熱，從而影響王氏外家的政治利益。王氏外戚隊伍的臣子有意將發生的災異現象歸咎於許氏，成帝因此下令減少椒房掖庭用度，

〔註28〕 《漢書》卷九十七上《外戚傳上》，第 3968 頁。
〔註29〕 《漢書》卷九十七上《外戚傳上》，第 3968 頁。
〔註30〕 （清）何焯：《義門讀書記》第六卷，清乾隆刻本，第 224 頁。
〔註31〕 《漢書》卷九十七上《外戚傳上》，第 3968 頁。
〔註32〕 《漢書》卷九十七上《外戚傳上》，第 3968 頁。
〔註33〕 《漢書》卷九十七下《外戚傳下》，第 3973 頁。
〔註34〕 《漢書》卷九十七下《外戚傳下》，第 3974 頁。
〔註35〕 《漢書》卷九十七下《外戚傳下》，第 3974 頁。

「皇后上疏自陳，以為上誠太迫急。」〔註36〕許皇后認為成帝的策略太過急切，未看清當時形勢，憑藉自己的才能上書，「觀后所上書恃寵驕嬌童心而已矣，惡有佗哉？」〔註37〕許皇后的上書並無太多深意，能夠看出許皇后日常並無太多心機，卻更加使自己及母家處於不利之地。許皇后得寵之時未能保全子嗣，之後趙氏姐妹得寵，許皇后逐漸失寵且在宮中無保障。許皇后姐姐等人媚道祝詛後宮有孕者和王鳳，許皇后受牽連，「廢處昭臺宮」〔註38〕，之後又因與淳于長通書有謾詞，「發覺，天子使廷尉孔光持節賜廢后藥，自殺，葬延陵交道廄西」〔註39〕。許后被廢，與自身無子嗣，政治鬥爭的風口浪尖及之後「後宮多新愛」都有關。

　　三位皇后都是王侯有土之士女，出身高貴，嫁進皇家門當戶對，起初帝后恩愛無比，終是夫妻情盡，皇后落入冷宮，未能善終后位，此生不復與君主相見。三位皇后終遭廢黜，自身過錯不是致命原因，是母家炙手可熱的權勢已影響到皇家或他人的利益，政治博弈後強大的母家勢力逐漸消失殆盡。

　　三位皇后的命運體現出了「與母家一榮俱榮一辱俱辱」的現象。

五、是真是幻，都成浮雲

　　武帝衛皇后，成帝趙皇后，二人都曾是公主家的歌女，得以從微賤登至尊，更多的是憑藉君主的寵愛。然花無百日紅，「以色事他人，能得幾時好？」君主最終轉向新愛，二人並未延續最初的輝煌，一切化為泡影。

　　武帝衛皇后，不同於首任陳皇后顯赫的家世背景，之前只是平陽公主家的歌女，能夠成為皇后，有武帝對她的深情，更因她為武帝誕下子嗣，之後被立為太子的劉據，使年齡已二十九歲的武帝后繼有人。當時民間流傳一首歌謠「生男無喜，生女無怒，獨不見衛子夫霸天下」〔註40〕。樸素的語言道出子夫得寵生男後，整個衛氏家族貴震天下的局面。霍去病、衛青相繼去世後，衛氏家族昔日的輝煌不再，逐漸走下坡路。一些小人看到衛太子母家衰落，同時看到武帝將寵愛的趙婕好生子門命名為堯母門，開始妄意揣測武帝

〔註36〕（漢）荀悅：《兩漢紀上・漢紀》卷二十五《孝成皇帝紀二》，北京：中華書局，　　　　2017年，第445頁。
〔註37〕（清）顧景星：《白茅堂集》卷三《奈何妾薄命》序，清康熙刻本。
〔註38〕《漢書》卷九十七下《外戚傳下》，第3982頁。
〔註39〕《漢書》卷九十七下《外戚傳下》，第3983頁。
〔註40〕《史記》卷四十九《外戚世家》，第1983頁。

的心理，挑戰太子的權威。「衛后立三十八年，遭巫蠱事起，江充為奸，太子懼不能自明，遂與皇后共誅充……」〔註41〕衛子夫被裹挾到巫蠱之禍中，與太子一同發兵，實是在不得已而為之。在位三十八年，恪職謹守的子夫，對待武帝寵愛的妃子，有大氣度，未曾有受寵或懷孕的姬妾因她有何閃失的事件。如果說她有錯，就錯在不該和兒子一同矯詔發兵。可當時情況迫不得已，皇后處被遣去問候武帝的宮人，得不到任何消息，加之太子身邊人對太子的奉勸，更有武帝身邊小人江充的作祟，這一切，終上演了一場千古冤案〔註42〕。衛子夫性格剛烈，在武帝派人收她的皇后璽綬時，不堪受辱，選擇了自殺。

　　成帝趙皇后，憑藉曼妙的舞姿贏得成帝的寵愛，與其妹一同貴傾後宮。趙飛燕為了奪得后位，譖告「許皇后、班婕妤挾媚道，祝詛後宮，罵及主上。」〔註43〕使本已失寵的許皇后遭廢黜。成帝欲立趙飛燕為皇后，太后嫌其出身卑賤，淳于長為媚上，從中溝通，成帝先封趙飛燕父為侯，月餘立其為后。趙皇后逐漸失寵，因其妹趙合德寵冠後宮，趙飛燕穩坐后位，無奈無子，趙氏姐妹竟殘忍對待後宮有孕者及皇嗣。成帝暴崩，其妹趙昭儀殘害皇嗣一事被曝出，趙家封侯者被廢為庶人，舉家徙遠方。因擁立哀帝為皇嗣，趙飛燕穩坐太后之位，且趙飛燕與哀帝祖母傅昭儀關係很好，厚恩接遇，為此成帝王太后母家有怨恨。哀帝崩後，趙飛燕被王莽廢為庶人。

　　兩位皇后憑藉美貌與歌舞，贏得君主的寵愛，有幸登上后位。但二位皇后還是有所不同的，衛皇后一生謹慎，身在后位有皇家嫡妻風範，並未有殘害妃妾和子嗣的事件，被動捲入政治鬥爭中，下場令人惋惜；趙皇后用不正當手段奪取后位，在後宮飛揚跋扈，任性而為，最終下場淒涼。

　　西漢一朝，十六位皇后，根據自身的特點及結局等，粗分為五大類型，從中發現，身為小君，後宮的領導者，風光無限，自身或多或少是有苦衷和艱辛的。這是因為前朝母家權勢與後宮勢力相得益彰，榮辱與共，皇后個人關聯著皇后整個家族的興衰。皇后肩負家族使命，處心積慮運籌帷幄於後宮，希冀一勞永逸決勝千里。因此，皇后需要步步謹慎，然而，或因政局變幻莫測，或因自身及家族

〔註41〕《漢書》卷九十七上《外戚傳上》，第3950頁。
〔註42〕關於這場巫蠱之禍，辛德勇在《製造漢武帝》中，認為太子劉據確實施行了這一巫術，加之衛皇后年老色衰，武帝寵愛新歡趙婕妤，其子劉弗陵一出生，武帝便萌生廢立太子之意，此意圖是促成巫蠱之變的重要原因。
〔註43〕《漢書》卷九十七下《外戚傳下》，第3984頁。

修養不夠，缺乏政治智慧；或因仇家陷害命運捉弄，自身墜入深淵殃及家族。太史公認為這與其命運息息相關，更是與多種因素交織在一起的結果吧。

第二節　西漢嬪妃

歷來朝代，皇后作為皇帝的嫡妻，「帝后一體」，善終也好遭廢黜也罷，都會被史家載入史冊，為後人知曉。作為皇帝的嬪妃，「後宮佳麗三千人」，數量很多。有些嬪妃沐浴聖恩，享受榮華富貴，規格待遇甚至堪比中宮；有些嬪妃一生未能見到君主，孤苦淒涼度終生。專制皇權社會，史家多記載男性，宮廷女性記載少之又少，兩漢去今甚遠，史料有限，在史冊留名的嬪妃，多是有自身特點，出眾的嬪妃。

一、漢高祖嬪妃

漢高祖劉邦的嬪妃，史書中記載有九位，分別是戚夫人、薄姬、石美人、趙姬、曹夫人、管夫人、趙子兒、唐山夫人和傅夫人。

高祖戚夫人，劉邦最寵愛的嬪妃，為漢王時得到戚夫人，情起中年，一見傾心。戚夫人年輕貌美，擅長歌舞，《西京雜記》載「夫人善為翹袖折腰之舞，歌《出塞》、《入塞》、《望歸》之曲」，深得劉邦之心，享有殊寵。戚夫人育有趙王如意，想讓自己的兒子承繼大統，但是和正妻呂后相比，缺乏政治頭腦和果斷作風，也沒有兄弟幫劉邦打江山，更無人心所嚮。只想憑著劉邦的寵愛，為自己的兒子奪得太子之位，未免有些異想天開。劉邦死後，呂后秋後算帳，戚姬被囚禁在永巷，身穿囚服，進行舂作。此時已轉換時局，戚夫人不以為然，「舂且歌曰『子為王，母為虜，終日舂薄暮，常與死為伍！相離三千里，當使誰告女？』」〔註44〕不知低頭，認為自己的兒子能救自己，最終不僅自己被做成人彘，也害了兒子如意。

高祖薄姬，文帝生母，眾多嬪妃中並不受寵，魏王豹戰敗，在魏後宮的薄姬被派到織室工作，劉邦到織室見到有幾分姿色的薄姬，召納後宮，卻沒了下文。之後劉邦從兩美人口中得知，薄姬早前曾與她們有「先貴毋相忘」的約定，劉邦心生愛憐，詔幸薄姬，「一幸生男，是為代王」〔註45〕，之後基本上得不到召見。「高祖崩，諸御幸姬戚夫人之屬，呂太后怒，皆幽之，不得出宮。而薄姬

〔註44〕《漢書》卷九十七上《外戚傳上》，第3937頁。
〔註45〕《史記》卷四十九《外戚世家》，第1971頁。

以希見故，得出。」〔註46〕劉邦逝後，呂后將劉邦寵愛的嬪妃們統統幽閉起來，不曾受寵的薄姬卻幸運地與兒子一同前往代國，成為代王太后。呂后逝後，手握重權的大臣議立繼承人，因「呂氏以外家惡而幾危生命，亂功臣。」〔註47〕繼承人的母家成為重點考慮的因素，「太后家薄氏謹良」〔註48〕，且「代王方今高帝見子，最長，仁孝寬厚」〔註49〕。薄姬家仁慈善良，代王自身品格良好，代王劉恒被大臣立為繼承人，是為文帝，薄姬成為皇太后。「趙弼曰：『漢高帝每以詐偽掩襲諸侯而禽之，勃因此懼，故被甲執兵見其守尉，亦可謂之愚也。若果守尉奉詔來禽，亦敢被甲執兵以拒命乎？及人上書告其欲反，下廷尉逮捕治之。向使呂后若存，必夷族矣。幸賴薄太后之賢，孝文仁厚，而得復國全其身家幸而免耳』」〔註50〕。之後發生周勃被甲執兵見守尉一事，最終平安無事出獄，倘若呂后在世，恐怕周勃及其家族都會遭殃，鮮明對比，可看出薄太后的仁善。因「呂后會葬長陵，故特自起陵，近孝文皇帝霸陵」〔註51〕。薄姬深知自己位在劉邦嬪妾之列，無法身後配食高廟，自選陵墓，位於霸陵的西南方向，有「東望吾子，西望吾夫」〔註52〕之意，可看出薄姬淡泊、不爭的性格。

高祖趙姬，本是趙王張敖的美人，「高祖八年，從東垣過趙，趙王獻之美人。」〔註53〕趙姬得幸高祖劉邦，有孕。張敖不敢讓其在自己宮中居住，特意為趙姬建造了一處住宅。懷有君主的子嗣，有可能被納入皇宮，享榮華富貴。然而卻因貫高等人謀反之事，劉邦認為張敖有謀反之心，將張敖及其母兄弟美人統統收治於河內，趙姬亦在其中。趙姬稟報官吏懷有劉邦子嗣一事，此時劉邦心有怒火，並未理會。趙姬弟弟通過審食其告訴呂后，呂后因嫉妒不肯說情，趙姬生下淮南王劉長後，恚恨自殺。趙姬自身無錯，時機不對，被捲入到政治鬥爭中，自身受到牽連。身後葬於真定，「屬王母之家在焉，父世縣也。」〔註54〕

高祖曹夫人，劉邦未發跡時的外婦，生有齊王劉肥。

〔註46〕《史記》卷四十九《外戚世家》，第 1971 頁。
〔註47〕《史記》卷十一《孝景本紀》，第 411 頁。
〔註48〕《史記》卷十一《孝景本紀》，第 411 頁。
〔註49〕《史記》卷十一《孝景本紀》，第 411 頁。
〔註50〕（清）葉澐：《綱鑒會編》卷十二，清康熙劉德芳刻本。
〔註51〕《史記》卷四十九《外戚世家》，第 1972 頁。
〔註52〕《史記》卷四十九《外戚世家》，第 1972 頁。
〔註53〕《史記》卷一百一十八《淮南衡山列傳》，第 3075 頁。
〔註54〕《史記》卷一百一十八《淮南衡山列傳》，第 3075 頁。

高祖石美人，石奮的姐姐，擅長鼓瑟。石奮曾為小吏，侍奉高祖，高祖「愛其恭敬」，為使石奮一心跟隨自己，納石奮的姐姐為美人，並將其家遷到長安戚里。

高祖管夫人、趙子兒，受到劉邦寵幸，與劉邦坐在河南宮成皋臺時，將曾與薄姬的約定當做趣事來談，此兩美人後來如何，不知所終。

高祖唐山夫人，擅長音樂，曾作房中祠樂。

高祖傅夫人，生前無記載，元帝朝時，司隸解光上奏中，提及「臣謹案永光三年男子忠等發長陵傅夫人冢。」〔註55〕發生盜發長陵傅夫人陵墓一事，長陵為劉邦的陵墓，后妃葬於同一個墓園內，由此知劉邦有位傅夫人。

二、漢惠帝嬪妃

漢惠帝在位年數不長，加之其母呂后的因素，史書中無明確嬪妃記載。從孝惠皇后「無子，取後宮美人子名之以為太子」〔註56〕中，文帝時「出孝惠皇帝后宮美人，令得嫁」〔註57〕，說明惠帝的後宮中有嬪妃，應該為數不少。

三、漢文帝嬪妃

漢文帝的嬪妃，史書中記載的有慎夫人和尹姬，均是文帝的寵妃。

漢文帝為代王時，有正妻代王王后，文帝即位前不幸病逝。

文帝慎夫人，文帝甚是寵愛。宮中日常起居，常與竇皇后平分秋色，不分尊卑等級。一次在上林中，布置的席位依然是慎夫人與竇皇后同坐，袁盎引慎夫人坐到別處，文帝和慎夫人為此很生氣，袁盎以「人彘」解釋，慎夫人轉怒為喜，賞賜袁盎，看出慎夫人識大體，明事理。慎夫人有才藝，隨從文帝在霸陵時，「鼓瑟，上自倚瑟而歌。」〔註58〕文帝倡導節儉，「上常衣綈衣，所幸慎夫人，令衣不得曳地，帷帳不得文繡，以示敦樸，為天下先。」〔註59〕文帝自身節儉，要求慎夫人在日常生活中以身作則，為天下婦人作表率，側面看出慎夫人的受寵程度，普天之下都知道文帝有位妃妾是慎夫人。

文帝尹姬，文帝寵愛的一位嬪妃。

〔註55〕《漢書》卷九十七下《外戚傳下》，第3996頁。
〔註56〕《漢書》卷三《高后紀》，第95頁。
〔註57〕《漢書》卷四《文帝紀》，第123頁。
〔註58〕《漢書》卷五十《張釋之傳》，第2309頁。
〔註59〕《史記》卷十《孝文本紀》，第433頁。

四、漢景帝嬪妃

漢景帝嬪妃，史書中記載的有栗姬、王夫人、程姬、賈夫人和唐姬。

景帝栗姬，育有景帝長子劉榮，河間獻王劉德，臨江哀王劉閼。劉榮曾被立為繼承人。景帝的姐姐館陶公主劉嫖想將自己的女兒嫁與劉榮，成為太子妃。栗姬生性好妒，長公主曾向景帝進獻過很多美人，得寵在栗姬之上。為此栗姬拒絕了長公主的聯姻提議。栗姬婦人之見，缺乏政治眼光，不懂得與長公主聯姻，是一道很好的政治保障，有利於穩固兒子的太子之位。長公主之後欲與王夫人聯姻，王夫人欣然同意。兩位嬪妃不同的態度，使長公主對栗姬大有看法，在景帝面前訴說栗姬的不好。景帝生病時，「屬諸子為王者於栗姬，曰：『百歲後，善視之』」〔註60〕景帝希望自己身後，栗姬善待諸皇子。景帝這樣做，一方面是試探栗姬的反應，看是否有他人說的問題；另一方面是給栗姬機會，此時薄皇后已被廢黜，后位虛懸，栗姬子為太子，多少有立栗姬為后之意。但栗姬對景帝話的反應是「怒，不肯應，言不遜。」〔註61〕發怒，不肯答應，更是出言不遜，令景帝大為失望。景帝對栗姬的態度牽連到太子，加之王夫人暗地裏故意讓大臣立其為后，理由是「子以母貴，母以子貴」，景帝心中本已對栗姬不滿，一怒之下廢太子為臨江王，「栗姬愈恚恨，不得見，以憂死」〔註62〕。

景帝王夫人，景帝王皇后之妹，與王皇后先後進入太子宮，生有四位皇子，皆封王，自身不幸早卒。

景帝程姬，育有三子，在景帝的諸位嬪妃中較為受寵。

景帝賈姬，所幸妃妾之一。與景帝在上林時，賈姬入廁，一隻野豬也隨著進去，景帝擔心賈姬的安危，想讓郅都去救，郅都不去，景帝便打算親自持兵器去救，看出景帝是愛護賈姬的，但景帝最終被郅都勸了下來，「亡一姬復一姬進，天下所少寧賈姬等乎？陛下縱自輕，奈宗廟太后何！」〔註63〕景帝止步，認同郅都的說法，江山社稷確比一個姬妾重要，尊貴的身份也不容為此輕視自己，雖愛護賈姬，但要排在自己的政治利益之後，所幸野豬並未傷害賈姬。

景帝唐姬，本是程姬的侍女，景帝召幸程姬時，因為生理期的緣故，程姬裝扮侍女唐兒，讓其服侍景帝。景帝醉酒，誤認為是程姬，一幸而有孕，生長

〔註60〕《史記》卷四十九《外戚世家》，第 1976 頁。
〔註61〕《史記》卷四十九《外戚世家》，第 1976 頁。
〔註62〕《史記》卷四十九《外戚世家》，第 1977 頁。
〔註63〕《史記》卷一百二十二《酷吏列傳》，第 3132 頁。

沙定王劉發。其子「以其母微無寵，故王卑溼貧國」〔註64〕。

五、漢武帝嬪妃

　　漢武帝嬪妃，史書中記載的有王夫人、李夫人、趙婕妤、尹婕妤、邢夫人和李姬。

　　武帝王夫人，與衛皇后同時受寵於武帝，育有齊王劉閎。劉閎被分封於齊地，「關東之國無大於齊者。齊東負海而城郭大，古時獨臨淄中十萬戶，天下膏腴地莫盛於齊者矣。」〔註65〕武帝將劉閎封在地大物國之處，加之與其他王的封號相比，看出齊王劉閎的優厚待遇，與母親王夫人受寵有關。王夫人不幸因病早逝，身後被封為齊王太后。

　　武帝李夫人，與武帝演繹了一段深宮愛戀。其兄李延年在為武帝演奏時唱到「北方有佳人，絕世而獨立，一顧傾人城，再顧傾人國。寧不知傾城與傾國，佳人難再得！」〔註66〕如此讚美一位佳人，武帝問是否有此人，平陽公主趁機進言李延年妹妹。武帝召見，即之後的李夫人，確實貌美善舞，受到寵幸，育有昌邑王劉髆。武帝曾因頭癢，隨手取李夫人頭上的玉簪搔頭，這一動作可看出如尋常夫妻般。李夫人沐浴聖恩，母家隨之雞犬昇天，武帝希望得以軍功封侯，令其兄李廣利伐大宛。卻因實際情況「道遠，多乏食，且士卒不患戰而患饑。人少，不足以伐宛。」〔註67〕加之自身缺乏軍事才能，終未能以軍功起家，像衛青、霍去病般戰功赫赫。不管怎樣，因李夫人的緣故，「李廣利為貳師將軍，封海西侯，延年為協律都尉。」〔註68〕漢家皇后父兄皆封侯，嬪妃母家封侯的情況罕見，從李夫人兄弟的冊封情況看出武帝對李夫人的寵愛之深。李夫人貌美有心計，臨終時與武帝抱憾不見，使武帝更加追念。不見武帝最後一面，深知自己「以容貌之好，得從微賤愛幸於上。夫以色事人者，色衰而愛弛，愛弛則恩絕。上所以孿孿顧念我者，乃以平生容貌也。今見我毀壞，顏色非故，必畏惡吐棄我，意尚肯復追思閔錄其兄弟哉！」〔註69〕彌留之際思慮周全，盡力為母家保留榮華富貴。之後，以皇后葬禮規格下葬。武帝死後，因衛皇后以

〔註64〕《漢書》卷五十三《景十三王傳》，第 2426 頁。
〔註65〕《史記》卷六十《三王世家》，第 2115 頁。
〔註66〕《漢書》卷九十七上《外戚傳上》，第 3951 頁。
〔註67〕《漢書》卷六十一《張騫李廣利傳》，第 2699 頁。
〔註68〕《漢書》卷九十七上《外戚傳上》，第 3952 頁。
〔註69〕《漢書》卷九十七上《外戚傳上》，第 3952 頁。

巫蠱之禍遭廢黜，霍光以李夫人配食，上尊號為孝武皇后。相比武帝其他嬪妃，李夫人是幸運的，「死後留得生前恩」。

武帝趙婕妤，又稱鉤弋夫人，武帝巡狩途徑河間時，望氣者稟告此處有奇女子，得鉤弋夫人。武帝已處於晚年，對趙婕妤甚是寵幸。武帝七十歲時，趙婕妤妊娠十四月為武帝生下一子，即後來的昭帝。昭帝「年五六歲，壯大多知」〔註70〕，武帝認為幼子與眾不同，加之衛太子因巫蠱一事喪命，其他皇子多不如意，武帝有立幼子為繼承人之意。擔心「主少母壯，女主獨居驕蹇，淫亂自恣，莫能禁也」〔註71〕，呂后掌權一事再度上演，找藉口將趙婕妤賜死。寵愛的趙婕妤與武帝的江山社稷相比，輕如鴻毛。

武帝邢夫人，武帝尹婕妤，李夫人之後受到武帝寵幸。由於同時受到寵幸，為防止爭風吃醋等事件發生，下令二人不得見面。尹婕妤親自請求武帝，見邢夫人一面，看到邢夫人容貌身材後，自歎不如。正如那句諺語「美女入室，惡女之仇」〔註72〕。

武帝李姬，育有燕剌王劉旦，廣陵屬王劉胥。不知李姬的嬪妃等級，史書上僅記載寥寥幾字，恐怕在宮中不是很受寵。

六、漢昭帝嬪妃

漢昭帝幼年即位，霍光輔佐，上官皇后是霍光的外孫女，「光欲皇后擅寵有子，帝時體不安，左右及醫皆阿意，言宜禁內，雖宮人使令皆為窮絝，多其帶，後宮莫有禁者。」〔註73〕掌權者霍光希望自己的外孫女受寵有子嗣，對後宮嬪妃進行防範，加之漢昭帝英年早逝，在位時間短，嬪妃記載缺失。

七、漢宣帝嬪妃

漢宣帝嬪妃，史書中記載的有華婕妤、張婕妤、衛婕妤、公孫婕妤、戎婕妤和梁美人。

宣帝華婕妤，受到宣帝寵幸，育有館陶公主。

宣帝張婕妤，在廢黜霍皇后之後，有意立張婕妤為皇后，因前發生過霍皇后謀害皇太子一事，為皇太子安危著想，特意選立後宮無子且素來小心謹慎的

〔註70〕《漢書》卷九十七上《外戚傳上》，第 3956 頁。
〔註71〕《史記》卷四十九《外戚世家》，第 1986 頁。
〔註72〕《史記》卷四十九《外戚世家》，第 1984 頁。
〔註73〕《漢書》卷九十七上《外戚傳上》，第 3960 頁。

王婕妤為皇后。即便如此，「后無寵，希御見，唯張婕妤最幸。」〔註74〕張婕妤雖未能入主中宮，依然是宣帝最寵愛的嬪妃。其子淮陽憲王劉欽「壯大，好經書法律，聰達有材，帝甚愛之」〔註75〕。劉欽身材偉岸，聰明好學有才能，受到宣帝的賞識，加之張婕妤最得帝心，宣帝幾番有改立太子之意，但是宣帝不忘舊情，自己年少時依靠許氏，髮妻許后即位不久慘遭毒殺，太子很早失去生母，因此種種，未忍心改立太子，張婕妤終無緣后位。

宣帝衛婕妤，受到宣帝寵愛，育有楚孝王劉囂。

宣帝公孫婕妤，育有東平思王劉宇。宣帝逝後，元帝即位，隨子前往藩國，成為藩王太后。「久之，事太后，內不相得，太后上書言之，求守杜陵園。」〔註76〕劉宇驕傲放縱，不遵法度，與自己生母有矛盾，公孫婕妤一氣之下上書請守護宣帝的陵墓，經元帝調和後，有所緩解。

宣帝戎婕妤，育有中山哀王劉竟，其子年少去世，未留下子嗣，葬於杜陵。戎婕妤在宣帝逝後，歸居母家終老。

宣帝梁美人，成帝許皇后因成帝減少椒房掖庭用度一事的上疏中提到「故杜陵梁美人歲時遺酒一石，肉百斤耳。」〔註77〕可知宣帝有位嬪妃是梁美人。

八、漢元帝嬪妃

史書中記載的漢元帝嬪妃，有司馬良娣、傅昭儀、馮昭儀和衛婕妤。

元帝司馬良娣，元帝為太子時寵愛的妃妾，元帝即位前病逝。死前認為是眾嬪妃共同祝詛致自己死亡。

元帝傅昭儀，初為上官太后的身邊人，元帝為太子時受到御幸，元帝即位後，立為婕妤，大受寵愛，育有平都公主和定陶恭王劉康。傅昭儀善於為人處世，在宮中人緣很好。元帝為「殊之於後宮」〔註78〕，更為「昭儀」，級別位於婕妤之上。劉康很受元帝賞識，曾有更立太子之意，因王皇后素來謹慎，太子為宣帝所愛，最終作罷。成帝即位，因無子嗣，立定陶恭王劉康的兒子為皇太子。成帝逝後，定陶恭王子即位，是為哀帝。由於祖母傅昭儀親自養育哀帝，

〔註74〕《漢書》卷八十《宣元六王傳》，第3311頁。
〔註75〕《漢書》卷八十《宣元六王傳》，第3311頁。
〔註76〕《漢書》卷八十《宣元六王傳》，第3320頁。
〔註77〕《漢書》卷九十七下《外戚傳下》，第3977頁。
〔註78〕《漢書》卷九十七下《外戚傳下》，第4000頁。

衝破重重阻礙，被尊立為皇太后，母家跟著封侯封爵，一時尊貴無比。「傅太后既尊，後尤驕，與成帝母語，至謂之嫗。」〔註79〕忘記應有的尊卑等級，去世後配食元帝，上尊號孝元傅皇后。哀帝逝後，王莽掌權，貶傅昭儀為共王母，開棺取璽綬，遷葬藩國。

元帝馮昭儀，受元帝寵愛，育有中山孝王劉興。元帝與眾嬪妃一同觀看鬥獸時，一隻熊攀爬欄杆，有可能傷及元帝，嬪妃們嚇得四散而逃，唯有馮昭儀擋在熊的面前，左右侍衛將熊處決。元帝問何原因使其如此勇敢，馮昭儀答到「猛獸得人而止，妾恐熊至御坐，故以身當之。」〔註80〕受到元帝敬重。元帝逝後，馮昭儀隨子到藩國，成為藩王太后，哀帝即位後，因被派去為馮昭儀孫子治病的醫生，畏罪而誣陷馮昭儀祝詛哀帝和傅太后，得勢的傅太后本對馮昭儀有宿怨，昔日馮昭儀以身擋熊，表現太過突出，令同時受寵的傅昭儀慚愧，正反對比招致傅昭儀的記恨，迫使其飲藥自殺。「馮昭儀之當熊非欲見勇也，非欲求媚也，非以高左右也，惻怛於心將以救上，而傅昭儀以為隙皆至於死，其可痛乎！」〔註81〕馮昭儀死在未廢前，以諸侯王太后之禮下葬。

元帝衛婕妤，育有平陽公主。其父「子豪，中山盧奴人，官至衛尉。」〔註82〕

九、漢成帝嬪妃

漢成帝嬪妃，史書中記載的有班婕妤、趙昭儀、衛婕妤、許美人、兩位馬婕妤，王美人和張美人。

成帝班婕妤，成帝登臨大統初選入後宮，初是少使等級，受到成帝寵幸，晉升為婕妤，生有皇子，不幸早夭。成帝曾想與班婕妤同車遊後宮，班婕妤以「賢聖之君皆有名臣在側，三代末主乃有嬖女」〔註83〕為由拒絕。得寵時不忘禮節，與皇帝相處時依照古禮，通詩書，會作賦，有才華，是位賢德的嬪妃。君恩短暫，後宮新寵增多，班婕妤失寵。遭趙飛燕譖告祝詛後宮及君主，班婕妤無奈以「修正尚未蒙福，為邪欲以何望？使鬼神有知，不受不臣之愬；如其

〔註79〕《漢書》卷九十七下《外戚傳下》，第4002頁。
〔註80〕《漢書》卷九十七下《外戚傳下》，第4005頁。
〔註81〕（明）賀復徵《文章辨體彙選》卷三百九十七《王商論》，清文淵閣四庫全書本。
〔註82〕《漢書》卷九十七下《外戚傳下》，第4007頁。
〔註83〕《漢書》卷九十七上《外戚傳上》，第3948頁。

無知，愬之何益？故不為也」〔註84〕辯白，成帝憐憫，賞賜黃金。為避免類似事情再度發生，班婕妤請求去長信宮服侍太后，得到允准。成帝崩後，班婕妤主動去奉守陵園，身後葬入園中。

成帝趙昭儀，成帝最寵愛的嬪妃，沒有之一。因為所得盛寵，在後宮的規格待遇獨一無二。所居住的宮殿昭陽舍，「其中庭肜朱，而殿上髹漆，切皆銅沓黃金塗，白玉階，壁帶往往為黃金釭，函藍田璧，明珠、翠羽飾之，自後宮未嘗有焉。」〔註85〕富麗堂皇，奢侈莫比，規格遠遠超過當時的中宮。趙昭儀恃寵而驕，自身無子，為長久計，殘害皇子。成帝身體健康，素來無疾病，卻在一日凌晨，毫無徵兆暴斃，「民間歸罪趙昭儀。」〔註86〕太后召人責問趙昭儀，自知難逃其咎，選擇自殺。

成帝衛婕妤，本是班婕妤侍女，成帝擴充內寵時，班婕妤向成帝進獻自己的侍女。李平得幸，成為婕妤，成帝認為「始衛皇后亦從微起」〔註87〕，賜李平衛姓。

成帝許美人，元延二年產子，其子被趙昭儀殺害。

成帝兩位馬婕妤，是東漢馬援的姑姊妹。

成帝王美人，成帝許后被廢的原因中，有一條是「許后姊平安剛侯夫人謁等為媚道祝詛後宮有身者王美人及鳳等」，可知成帝有位王美人。

成帝張美人，王鳳小妻的妹妹，本已嫁人，王鳳以宜子為由將其納入後宮。

十、漢哀帝嬪妃

漢哀帝嬪妃，史書中僅記載董昭儀。

哀帝董昭儀，寵臣董賢的妹妹，所居宮殿「更名其捨為椒風，以配椒房云。」〔註88〕皇后居住的宮殿為椒房殿，董昭儀居住的宮殿為椒風殿，一字之差，可見倍受重視。

十一、漢平帝嬪妃

漢平帝嬪妃在史書中未有明確記載，只知平帝逝後，「其出媵妾，皆歸家

〔註84〕《漢書》卷九十七下《外戚傳下》，第3984～3985頁。
〔註85〕《漢書》卷九十七下《外戚傳下》，第3989頁。
〔註86〕《漢書》卷九十七下《外戚傳下》，第3990頁。
〔註87〕《漢書》卷九十七下《外戚傳下》，第3984頁。
〔註88〕《漢書》卷九十七上《外戚傳上》，第3733頁。

得嫁，如孝文時故事。」〔註89〕

西漢嬪妃，多出身卑微，因美貌、歌舞出眾等選入宮中，有子嗣者較多，選妃方式隨意，沒有明確的規章制度，文化素養多不高，富有詩書才華者屈指可數。妃嬪命運各不相同，與性格、為人處世、所處時代等原因息息相關。

西漢后妃整體上並不注重出身，皇后有幾位出身高貴者，相比之下，嬪妃出身卑微者更多。與當時進宮方式較為隨意，皇帝召納進宮，如趙飛燕姐妹，進獻方式入宮，如衛子夫，這也與漢初的布衣卿相格局有關，西漢統治階層出身多不高，因而並未重視后妃的出身。

第三節　東漢皇后

「后正位宮闈，同體天王。」〔註90〕皇后的身份地位在東漢進一步提高，制度化、規範化，皇家遵循「春秋之義，娶先大國」〔註91〕的原則，選於東漢豪族之女，門當戶對。時人認為「皇后天下母，德配坤靈」〔註92〕，比之前世重皇后的容貌、子嗣、受君主寵愛等因素，東漢更注重皇后的出身、德行。東漢一朝，十五位皇后，除何皇后出身屠者之家外，其餘均出自豪門之家，且多是功臣之後，然而命運各不相同，根據她們自身相關特點，將東漢皇后大致分為以下幾類。

一、得失后位，因緣母家

光武郭皇后，獻帝曹皇后，取得后位，得益於母家手中掌握的大權。她們與皇帝丈夫的婚姻，政治色彩更加濃厚，即使後來失去后位，因母家強大的勢力，有所保全並得以善終。

光武郭皇后，光武帝劉秀的首位皇后，母親是真定恭王的女兒，舅父是真定王劉揚，擁有舉足輕重的河北勢力，本率眾起兵依附王郎，光武派遣劉植說服劉揚，約為鞏固聯盟，結為婚姻，娶其外甥女郭聖通，此聯姻有利於光武擊敗王郎，穩定河北，統一天下。光武即位的第二年，立郭聖通為后，立其長子為繼承人，封后弟郭況為綿蠻侯，郭氏一門寵盛。光武十七年，詔廢后，「既

〔註89〕《漢書》卷十二《平帝紀》，第 360 頁。
〔註90〕《後漢書》卷十上《皇后紀上》，第 397 頁。
〔註91〕《後漢書》卷十下《皇后紀下》，第 439 頁。
〔註92〕《後漢書》卷五十七《李雲列傳》，第 1851～1852 頁。

無關雎之德，而有呂、霍之風。」〔註93〕郭皇后從小跟母親長大，后母「郭主雖王家女，而好禮節儉，有母儀之德。」〔註94〕郭皇后母親與前世歹毒的霍皇后母親有天壤之別，懂禮重德的郭主怎會培養出心胸險惡的女兒呢？且郭皇后從做小君之日到被廢之時，並沒有殘害皇子等出格事件發生，廢后雖說是因寵愛減少心有怨言，想必遭廢黜更多是出於政治層面的考慮。若光武逝後，郭皇后成為皇太后，其子劉彊承繼大統，母家權力更加炙手可熱，外戚權勢過盛，會影響皇權的正常運轉。郭皇后廢為中山王太后，以藩王太后身份善終。家族勢力不減，光武數次去郭況家，賞賜財物豐盛莫比，后母郭主去世，光武親自送最後一程。史家贊道「郭后以衰離見貶，恚怨成尤，而猶恩加別館，增寵黨戚。……使後世不見隆薄進退之際，不亦光於古乎！」〔註95〕其子劉彊雖失去太子之位，然「憂以大封，兼食魯郡，合二十九縣。賜虎賁旄頭，宮殿設鐘虡之縣，擬於乘輿。」〔註96〕享有諸侯王最優厚的待遇，並未如前世廢太子一樣丟掉性命。郭皇后廢黜後，兒子、母家都未受到牽連，與郭皇后無太大過錯有關，更與強大的母家勢力、君主仍需依賴有關。

獻帝曹皇后，東漢末權臣曹操的女兒。曹操在鎮壓黃巾起義時，頗有政績，之後逐步積累力量，勢力越發變大，上朝「如蕭何故事」，封為魏公後，「建魏社稷宗廟」〔註97〕，地位在諸侯王之上。依然征戰，為獻帝保有一方江山。曹氏女能夠被立為皇后，與母家一手遮天的權力密切相關。在其兄曹丕繼承爵位後，獻帝無奈禪讓帝位，使者去曹皇后處去尋玉璽，曹皇后發怒責怪使者，將璽綬擲到闌板下。改朝換代者雖是自己的娘家兄弟，當時的強烈反對看出她對自己身份的認同，嫁與獻帝，是皇家的成員，理應維護皇家的利益。只是母家羽翼已滿，夫家大勢已去，曹皇后無回天之術。獻帝退位，封山陽公，曹皇后為山陽公夫人，「魏景元年薨，合葬禪陵，車服禮儀皆依漢制。」〔註98〕曹皇后雖失去后位，因是母家改易正朔，不會受到苛待。

兩位皇后，分別是東漢的首位皇后和末位皇后，起初輕而易舉擁有后位，

〔註93〕《後漢書》卷十上《皇后紀上》，第 406 頁。
〔註94〕《後漢書》卷十上《皇后紀上》，第 402 頁。
〔註95〕《後漢書》卷十上《皇后紀上》，第 405 頁。
〔註96〕《後漢書》卷四十二《光武十王列傳》，第 1423 頁。
〔註97〕（晉）陳壽：《三國志》卷二《魏書·文帝紀》，北京：中華書局，1982 年，第 42 頁。下引該書省去出版信息。
〔註98〕《後漢書》卷十下《皇后紀下》，第 455 頁。

是因為母家的強盛，最終失去后位，是母家太過強盛。廢后是皇帝削弱妻黨勢力的一條有效途徑，亦或母家早已大權在手，江山易主成為必然，顯然自身會失去后位，即使丟掉后位，因了母家的緣故，善終餘生。

二、入主長秋，光耀門楣

光武帝陰皇后，明帝馬皇后，和帝鄧皇后，三位皇后同樣出身豪族，相比之下，母家沒有薰天的權勢，三位女子登上后位，更多是緣於自身，個人良好品質突出，且與丈夫感情良好，封后給母家帶來了榮耀，同時主動檢敕母家，抑制母家勢力。

光武陰皇后，光武未娶時，聽聞陰后的美貌，心嚮往之，「仕宦當作執金吾，娶妻當得陰麗華」〔註99〕。光武帝與陰皇后的結合，有更多的感情色彩在其中。光武即位後，有意將皇后之位給予性格寬容仁愛的陰氏，「上以后性賢仁，宜母天下，欲授以尊位。」〔註100〕陰氏以郭氏有子為由拒絕，實是明白光武坐穩皇位，需要強大的妻黨做後盾，可見陰皇后識大局。劉秀對陰麗華寵愛很深，作戰時曾帶著她，封其父兄為侯。考慮到政治形勢與陰皇后間的情分，終廢郭皇后立陰皇后。陰「后在位恭儉，少嗜玩，不喜笑謔」〔註101〕，陰皇后節儉，也無偏好的娛樂之事，以身作則，陰氏外家謙卑謹慎。光武因軍功打算增封陰識時，陰識推辭道「天下初定，將帥有功者眾，臣託屬掖庭，仍加爵邑，不可以示天下。」〔註102〕弟弟陰興同樣不受加封，深知「富貴有極，人當知足，誇奢益為觀聽所譏」〔註103〕之道。當時還是貴人的陰皇后將其聽入心中，不為宗族求官位，且「卒使陰就歸國，徙廢陰興賓客。」〔註104〕陰皇后善終后位，母家也未重蹈「后門多毀」的覆轍。

明帝馬皇后，伏波將軍馬援的小女兒，家庭慘遭變故，「后時年十歲，干理家政，敕制僮御，內外諮稟，事同成人」〔註105〕。馬皇后年僅十歲的時候，如成人般管理家族事物，一切處理得井然有序。馬皇后本與竇氏家族

〔註99〕 《後漢書》卷十上《皇后紀上》，第405頁。
〔註100〕 （東漢）劉珍等撰，吳樹平校注：《東觀漢記校注》卷六《光烈陰皇后》，北京：中華書局，2008年，第188頁。下引該書省去出版信息。
〔註101〕 《後漢書》卷十上《皇后紀上》，第406頁。
〔註102〕 《後漢書》卷三十二《樊宏陰識列傳》，第1130頁。
〔註103〕 《後漢書》卷三十二《樊宏陰識列傳》，第1131頁。
〔註104〕 《後漢書》卷四十下《班彪列傳》，第1398頁。
〔註105〕 《後漢書》卷十上《皇后紀上》，第407頁。

的某個適婚男子有婚約，在譖告馬援一事上，竇氏一族中的竇固表現積極，馬、竇兩家當時是有矛盾的，因此從兄馬嚴上書「求進女掖庭」，主動獻納自家女。馬氏女進入太子後宮，自身品德優良，被立為皇后，同陰太后一樣，馬「后袍衣疎粗，反以為綺縠」，「常衣大練，裙不加緣，」「遊娛之事希嘗從焉」〔註106〕。「太官上飯，累肴膳備副，重加幂覆，輒撤去，譴敕令與諸捨相望也。」〔註107〕馬皇后同樣在生活方面節儉樸素，不好娛樂之事。對待妃妾寬容大度，後宮風平浪靜。明帝子嗣不多，馬皇后為此憂傷，多引進嬪妃，優待受寵者。馬皇后在撰寫顯宗起居注中，有意刪去其兄馬防侍疾的相關記錄，其母墳墓微高便令外家及時削減，看出在身體力行規制母家。因此馬氏宗族在全盛之時，也未如後世竇氏、梁氏外戚般飛揚跋扈，恨不能一手遮天，這與馬皇后的嚴厲督查有很大關係。馬皇后在位期間自身做得很好，是後世良好的典範。

和帝鄧皇后，祖父是開國大將鄧禹，光武建立東漢後，鄧禹主動歸權，「修整閨門，教養子孫，皆可以為後世法。」〔註108〕整肅家族，注重對後代的教育，以權勢薰天且囂張的竇氏一族為戒。其父鄧訓同樣「於閨門甚嚴，兄弟莫不驚憚，諸子進見，未嘗賜席接以溫色。」〔註109〕鄧氏一族家教嚴格，從未出現飛揚跋扈的子孫，鄧騭子鄧鳳有罪，鄧騭親自「髡妻及鳳以謝」，可見鄧氏外戚小心謹慎，克己有度。鄧皇后從小一心在書籍上，待諸子嚴格的父親感到詫異，有事會與鄧皇后商量，可見其父對她多有看重。進入掖庭後，備列妃妾之位，敬重陰皇后，在和帝面前，不敢先陰后發言，陰皇后因動作舉止失儀態，被左右取笑時，唯有鄧貴人不笑且為其隱晦，猶如自己的過失。彼時的鄧貴人年輕貌美，禮儀俱備，深得和帝寵愛。恰逢陰皇后因愛寵減少接觸巫術，遭到廢黜。和帝將小君之位屬意鄧貴人，「皇后之尊，與朕同體，承宗廟，母天下，豈易哉！唯鄧貴人德冠後庭，乃可當之。」〔註110〕和帝逝後，鄧皇后臨朝稱制，政治上有所作為，自己雖善終后位，身後母家獲罪，全族遭殃，是因為鄧皇后遲遲不肯交權於安帝，加之奸人陷害吧。

三位皇后自身規範，以身作則，做到了盡善盡美，與自己的丈夫感情良好，

〔註106〕《後漢書》卷十上《皇后紀上》，第 409 頁。
〔註107〕《東觀漢記校注》卷六《明德馬皇后》，第 192 頁。
〔註108〕《後漢書》卷十六《鄧寇列傳》，第 605 頁。
〔註109〕《後漢書》卷十六《鄧寇列傳》，第 611 頁。
〔註110〕《後漢書》卷十上《皇后紀上》，第 421 頁。

即便馬皇后、鄧皇后遺憾沒有自己的子嗣，但對待皇嗣有慈母之心，馬皇后和鄧皇后為廣繼嗣多引進嬪妃，彰顯皇家嫡妻大度的風範。三位皇后母家成為君主的妻黨，地位提高，顯赫一時，但懂得「月滿則虧」的道理，謙卑為懷。馬皇后將陰皇后的節儉、不好娛樂之事視為榜樣，並去踐行，鄧皇后將馬皇后教授諸小王，防範外家的舉措遵守並進一步實踐，從不假借權勢與外家，不容許外家胡作非為，為外家的長久之計考慮。三位皇后善終后位，都是東漢史上賢德的皇后。

三、中宮臨朝，母家妄行

　　章帝竇皇后，順帝梁皇后，因受寵或出身得以冊封為皇后，做皇太后時以嫡母名義掌權，母家跟著盡享榮耀，卻不知收斂，於權力貪得無厭，又胡作非為，自身善終，母家下場淒慘。

　　章帝竇皇后，出自西漢文帝竇皇后的家族，曾祖竇融跟隨光武征戰有功，光武甚為看重。明帝時期，「竇氏一公，兩侯，三公主，四二千石，相與並時」〔註111〕。竇氏一門富貴而極卻不懂得謙卑，竇家人多不法，竇皇后的祖父、父親因罪死在獄中。竇家女自身聰明機敏，懂得承君主之意，得到章帝的殊寵，被冊封為皇后。竇皇后自身無子也無寬容大度的胸懷，向章帝進讒言，廢掉太子，太子母宋貴人鬱鬱而終；奪子害母，主動養育梁貴人的兒子，陷害梁貴人姊妹及其梁氏外家。成為皇太后，臨朝參政，母家恃尊而驕，竇太后放任不管，「兄憲，弟篤、景，並顯貴，擅威權，後遂密謀不軌。」〔註112〕竇憲等人過於驕傲自大，打起了皇位的主意，終被迫自殺謝罪。竇皇后逝後，謀殺和帝生母一事被揭曉，大臣認為宜貶尊號，不與章帝合葬，和帝因竇皇后生前「常自減損，深惟大義」〔註113〕，令其與章帝合葬敬陵。

　　順帝梁皇后，從小好讀史書，擅長女工，將前代列女視作榜樣，其父梁商猶為看重此女，認為「我先人全濟河西，所活者不可勝數。雖大位不究，而積德必報。若慶流子孫者，倘興此女乎？」〔註114〕先祖若有福報，會發生在此女身上。從貴人被立為皇后，並不是因為自身得到的愛寵有多深，是源於自己出身良好。當初順帝本欲用探籌之法選立皇后，因大臣上疏，立后「宜參良家，

〔註111〕《後漢書》卷二十三《竇融列傳》，第808頁。
〔註112〕《後漢書》卷十上《皇后紀上》，第416頁。
〔註113〕《後漢書》卷十上《皇后紀上》，第416頁。
〔註114〕《後漢書》卷十下《皇后紀下》，第438頁。

簡求有德，德同以年，年鈞以貌，稽之典經，斷之聖慮」〔註115〕。梁家女符合出身良家，有德行等標準，因此冊封為皇后。梁皇后聰明賢惠，正位中宮不曾恃尊而驕，曾向順帝進諫對待後宮應雨露均霑。順帝逝後，梁皇后成為皇太后，臨朝稱制，起初本勤政，選用忠良之臣，政治較為清明。之後其兄梁冀所行多不軌，鴆殺質帝，殘害良臣，以歪理邪說迷惑梁太后，梁太后偏聽偏信又寵溺宦官，朝政由明轉暗。梁氏外戚權盛不知收斂，梁皇后從未抑制外家勢力，在梁皇后逝後，梁氏一族終遭覆滅。

　　兩位皇后自身無子，在新帝年幼的情況下，以嫡母身份臨朝稱制，但無突出政績。她們出身世代外戚之家，家族在東漢初已是豪族，從冊立為皇后始，母家跟著享榮華富貴。母家前世已有違法之事，不思前過，不懂得謙卑謹慎的處世之道，自家女掌權時，家族權力愈發炙手可熱，倚勢欺人，不知收斂，終上演「權族好傾，后門多毀」〔註116〕的結局。

四、恩寵消逝，風光不再

　　和帝陰皇后，桓帝梁皇后，桓帝鄧皇后，三位皇后起初得到丈夫皇帝的恩寵，甚至是專房之寵。時間推移寵愛減少，身為中宮不懂職責所在，自身缺乏嫡妻風範，結局令人遺憾。

　　和帝陰皇后，與光烈陰皇后同一家族，聰明伶俐，初入宮時，甚得和帝寵愛。「陰后時諸家四時貢獻，以奢侈相高，器物皆飾以金銀。（鄧）后不好玩弄，珠玉之物，不過於目。諸家歲時裁供紙墨，通殷勤而已。」〔註117〕陰皇后相比來說，在位奢侈，享受榮華富貴。和熹鄧皇后入宮後，陰皇后恩寵不復往昔，心懷不滿，在和帝生病時，出言道「我得意，不令鄧氏復有遺類！」〔註118〕陰皇后自身確有問題，和帝「陰有欲廢陰后之意」〔註119〕，有意將后位給予鄧貴人。之後與外祖母挾巫蠱道，欲害寵盛的鄧貴人。因此事遭廢黜，遷於桐宮，以憂死，母家受牽連獲罪。

　　桓帝梁皇后，丈夫本為蠡吾侯，能夠承繼大統，因梁冀鴆殺質帝，掌權的

〔註115〕《後漢書》卷四十四《胡廣列傳》，第1505頁。
〔註116〕《後漢書》卷三十二《樊宏陰識列傳》，第1133頁。
〔註117〕（東晉）袁宏：《後漢紀》卷十三《孝和皇帝紀下》，北京：中華書局，2017年，第285頁。
〔註118〕《後漢書》卷十上《皇后紀上》，第420頁。
〔註119〕《後漢書》志十四《五行二》，第3308頁。

梁氏外戚考慮皇位人選時，蠡吾侯剛好要迎娶梁太后之妹，因而成為皇位的繼承人。桓帝即位後，迎娶梁皇后，「悉依孝惠皇帝納后故事，聘黃金二萬斤，納采雁璧乘馬束帛，一如舊典。」〔註120〕嫁娶場面風光無限。因了其姊梁太后，其兄梁冀的勢力，梁皇后恃寵而驕，日常生活奢侈無度，妒心鮮明，殘害後宮有孕者，有孕嬪妃很少能夠保全。一個奢靡、心胸狹隘、無母儀風度的皇后，令桓帝逐日厭惡。梁太后去世，胡作非為的哥哥梁冀仍在，桓帝不敢發怒，只得逐漸冷落梁后，見她的次數逐漸減少，專寵之日一去不復返。最終梁后「以憂死」，安葬懿陵，誅滅梁氏家族後，「廢懿陵為貴人冢焉」〔註121〕，追廢梁皇后為貴人。

桓帝鄧皇后，與和熹皇后同一家族，權臣梁冀妻孫壽見鄧皇后容貌美麗，便讓其進宮。為采女時，已受到桓帝的殊寵，梁皇后逝後，立其為皇后，鄧皇后恃尊而驕，與得寵的郭貴人互相譖告，與嬪妾斤斤計較，有失皇家嫡妻風度。《後漢書‧五行志》中記載「鄧皇后本小人，性行無恆，苟有顏色。」鄧皇后的品德值得推敲，行為欠缺禮法，終「詔廢后，送暴室，以憂死」〔註122〕。鄧皇后母家自然也受到了牽連。

三位皇后出身高貴，進宮前生活環境優越，輕易得到后位，想必認為后位於已高枕無憂。她們起初承歡受寵，在丈夫皇帝移向新愛後，缺少母儀天下的風範，不是優待受寵的嬪妃，是心懷妒忌，做出出格之事，甚至觸碰皇家底線，自身確有過錯，未能善終，母家昔日風光消失殆盡。

五、小君性強，晚年不保

安帝閻皇后，桓帝竇皇后，靈帝何皇后，三位皇后性格強勢近殘忍，做皇后時較風平浪靜，在太后位上缺乏政治才能，沒能善終，母家下場亦是慘淡。

安帝閻皇后，進入掖庭初承恩受寵，生性妒忌，讒言廢太子為濟陰王，鴆殺其母李氏。為母家極力爭取榮華富貴，甚至閻皇后兄弟「顯、景諸子年皆童齔，並為黃門侍郎。」〔註123〕安帝崩後，幼童承繼大統，閻皇后臨朝掌權，閻皇后的政治才能與和熹鄧皇后相差甚遠，政治上無所作為，專門清除異己力

〔註120〕《後漢書》卷十下《皇后紀下》，第443頁。
〔註121〕《後漢書》卷十下《皇后紀下》，第444頁。
〔註122〕《後漢書》卷十下《皇后紀下》，第445頁。
〔註123〕《後漢書》卷十下《皇后紀下》，第436頁。

量，少帝在二百多天後病重，謀立他子時，中黃門孫程等搶先立濟陰王為順帝，閻氏一族頃刻覆滅，閻皇后被迫遷往離宮，第二年鬱鬱而亡。

桓帝竇皇后，因出自有名的竇氏家族，成為桓帝的第三任皇后。竇皇后雖貴為六宮之主，卻得不到桓帝的寵愛，見到桓帝的機會屈指可數。桓帝寵愛的是出身卑微的采女田聖等。桓帝駕崩，梓宮尚停放在前殿時，一向隱忍的竇皇后爆發，即刻除掉了田聖，打算繼續除掉其他寵姬時，中常侍管霸、蘇康極力勸諫才住手。竇皇后成為皇太后，其父竇武欲盡誅宦官時，竇皇后認為僅誅有罪者即可，意見不一，竇武猶豫未決，反為宦官所害。竇皇后被遷於南宮雲臺，鬱鬱而終。

靈帝何皇后，出身屠者之家，育有皇子劉辯，極受丈夫靈帝的寵幸，卻「性強忌，後宮莫不震懾」〔註124〕，何皇后的性格威震後宮。王美人生下皇子後，何皇后將其鴆殺，靈帝因而欲廢黜何皇后。宦官極力為何皇后說情，才得不廢，想必何皇后與宦官的關係很好，這也是出身屠者之家卻能登上后位的原因之一吧。靈帝崩後，其子劉辯即位，何皇后成為皇太后，其兄何進欲誅除宦官，何皇后不同意，事情反覆，何進失敗被害。董卓率兵入洛陽，廢劉辯為弘農王，藉口何皇后曾逼迫婆母永樂太后自殺一事，將何皇后酖殺。

三位皇后性格強勢，對待嬪妃嚴苛，威懾後宮，成為皇太后，手中有實權，政治才能欠缺，少權謀，沒有政治靠山，也不懂得籠絡人心，做決斷時猶豫不定，無法掌握當時的政治形勢，更不會有何政績。母家成員雖身居高官，缺乏魄力與官位匹配的實力，對朝廷也無太大貢獻，在政治鬥爭中傾沒，也令身在太后位上的自家女未能善終。

六、峨眉薄命，哀弦誰訴

靈帝宋皇后，獻帝伏皇后，兩位皇后無寵也無強勢的母家，因牽扯宮廷鬥爭，遭到廢黜，未能善終。

靈帝宋皇后，身在后位而無寵，遭到得寵姬妾們的一同譖毀。嬪妃敢譖毀六宮之主，側面看出在位的宋皇后沒有強勢的性格，想必日常生活中待人接物較為和善。中常侍王甫枉殺了宋皇后的姑姑、勃海王妃宋氏，擔心宋皇后報復，便與程阿誣陷宋皇后「挾左道祝詛」〔註125〕。靈帝不查明青紅皂白，輕易信

〔註124〕《後漢書》卷十下《皇后紀下》，第449頁。
〔註125〕《後漢書》卷十下《皇后紀下》，第448頁。

為事實。史書中也未看到宋皇后辯白的記載，在策收皇后璽綬後，無辜的宋皇后「自致暴室，以憂死」〔註126〕，同時「父及兄弟並被誅」〔註127〕。昔日桓帝竇皇后與其父在選立繼承人時，劉脩稱靈帝為「國中王子侯之賢者」〔註128〕，可惜在宋皇后被廢一事上，靈帝表現出的不是賢明而是昏庸。

　　獻帝伏皇后，東漢政權此時已日薄西山，丈夫獻帝雖是一國之君，權力在大臣曹操手中。父親伏完封輔國將軍後，為避鋒芒主動辭官。伏皇后看不清當時的形勢，因曹操誅殺董承，同時誅連其女，有孕在身的董貴人，獻帝請救不得一事，伏皇后妄想讓其父除掉曹操。伏氏家族「世傳經學，清靜無竟，故東州號為『伏不鬥』云」〔註129〕。伏完哪裏會是一代奸雄曹操的對手呢？東窗事發，曹操大怒，不僅逼迫獻帝廢黜伏皇后，且將其幽殺，所生的兩個皇子也被殺害，母家受牽連獲罪。

　　兩位皇后身在后位並未有大過失，因捲進宮廷鬥爭，喪失后位，君主丈夫未出手相救或無能為力，看出當時皇權式微，宦官或身邊大臣掌有大權，作為小君的她們，因觸碰其他集團的利益，丟掉后位，喪失性命，靈帝宋皇后的廢黜是無辜的，有悲情色彩在其中，伏皇后因自己陳年的一封信，遭到曹操的清算，二者相比，伏皇后自身有主動參與宮廷鬥爭的色彩。

　　東漢一朝，皇后基本都出自豪族之家，多功臣之後，從小得到良好的教育，容貌端莊，行為舉止合乎法度，文化素養高。東漢皇后的人選，皇家從政治等因素進行考慮，注重后妃品德。東漢皇后多無子嗣，想必與帝、后間的感情有關，東漢皇帝對皇后的寵，多帶有政治色彩。然而「妃后之家少完全者」，母家終獲罪甚至傾沒，是因為她們在丈夫皇帝去世後，幼帝即位，她們以母后身份臨朝稱制，掌有實權，不論政績與否，即便她們自身得到善終，因與政治過於密切，母家或因奸人陷害或因自身問題遭殃。

第四節　東漢嬪妃

　　東漢嬪妃，等級簡化，沒有爵位品秩，「六宮稱號，唯皇后、貴人。貴人金印紫綬，奉不過粟數十斛。又置美人、宮人、采女三等，並無爵秩，歲時賞

〔註126〕《後漢書》卷十下《皇后紀下》，第448頁。
〔註127〕《後漢書》卷十下《皇后紀下》，第448頁。
〔註128〕《後漢書》卷六十九《竇何列傳》，第2241頁。
〔註129〕《後漢書》卷二十六《伏湛列傳》，第898頁。

賜充給而已。」〔註130〕整體比西漢武元時期節儉。此時選妃有明確制度,「漢法常因八月筭人,遣中大夫與掖庭丞及相工,於洛陽鄉中閱視良家童女,年十三以上,二十以下,姿色端麗,合法相者,載還後宮,擇視可否,乃用登御。」〔註131〕關於嬪妃的遴選,對家世、年齡、容貌都有要求,也注意嬪妃品德,嚴格規範的標準使東漢嬪妃整體素質比西漢高。

一、漢光武帝嬪妃

漢光武帝嬪妃,載入史冊中的,僅有許美人。

光武帝許美人,育有楚王劉英。因「母許氏無寵,故英國最貧小。」〔註132〕許美人自身無寵,母家實力相對遜色,因而其子劉英的封地最為貧瘠狹小。明帝為太子時,劉英便依附明帝,明帝即位,「特封英舅子許昌為龍舒侯。」〔註133〕之後劉英犯大逆不道之罪,遭流放,明帝開恩,「楚太后勿上璽綬,留住楚宮。」〔註134〕劉英自殺後,明帝依然加恩於楚太后和楚王劉英妻子。楚太后逝後,「復遣光祿大夫持節弔祠,因留護喪事,賻錢五百萬。」〔註135〕許美人在藩國以藩王太后身份終老。

二、漢明帝嬪妃

漢明帝嬪妃,史書中記載的有賈貴人、陰貴人和兩位閻貴人。

明帝賈貴人,章帝生母,「建武末選入太子宮。」〔註136〕明帝將所生子令馬皇后撫養,章帝長大後,專以馬氏為自己的外家,「故貴人不登極位,賈氏親族無受寵榮者。」〔註137〕章帝未給予賈貴人尊位,也未給予賈家爵位或封侯。養母馬太后去世,章帝提升了自己生母賈貴人的待遇。但「諸史並闕後事,故不知所終」〔註138〕。賈貴人最終的結局不得而知。

明帝陰貴人,受到明帝寵愛,育有梁節王劉暢,「暢尤被愛幸,國土租入

〔註130〕《後漢書》卷十上《皇后紀上》,第 400 頁。

〔註131〕《後漢書》卷十上《皇后紀上》,第 400 頁。

〔註132〕《後漢書》卷四十二《光武十王列傳》,第 1428 頁。

〔註133〕《後漢書》卷四十二《光武十王列傳》,第 1428 頁。

〔註134〕《後漢書》卷四十二《光武十王列傳》,第 1429 頁。

〔註135〕《後漢書》卷四十二《光武十王列傳》,第 1430 頁。

〔註136〕《後漢書》卷十上《皇后紀上》,第 414 頁。

〔註137〕《後漢書》卷十上《皇后紀上》,第 414 頁。

〔註138〕《後漢書》卷十上《皇后紀上》,第 414 頁。

倍於諸國。」〔註 139〕陰貴人未能如光烈陰皇后正位中宮，是陰氏家族在明帝朝時權勢炙手可熱，若繼續在此族中選女立后，勢力從前朝伸向後宮，或許有一手遮天的趨勢，基於政治因素的考慮，明帝終未立陰貴人為皇后。

明帝兩位閻貴人，安帝閻皇后的祖姑。

三、漢章帝嬪妃

漢章帝嬪妃，史書中記載的有竇貴人，兩位宋貴人，兩位梁貴人和申貴人。

章帝竇貴人，章帝竇皇后的妹妹，與其姐一同選入宮中。

章帝宋貴人，父親宋楊，宋楊的姑姑是明德馬皇后的外祖母，「馬后聞楊二女皆有才色，迎而訓之。永平末，選入太子宮，甚有寵。肅宗即位，並為貴人。」〔註 140〕宋家與馬家有親，馬皇后聽說宋楊的兩個女兒有才有貌，將她們接來並給予教導，寄予厚望，進入太子後宮，受到時為太子的章帝寵愛。章帝即皇位後，宋氏姐妹並封為貴人。宋大貴人育有皇子劉慶，起初被立為皇太子。「貴人長於人事，供奉長樂宮，身執饋饌，太后憐之。」〔註 141〕宋大貴人會為人處世，供奉婆母，深得馬太后之心。丈夫寵愛，婆母疼愛，自己的兒子是儲君，未來本應是一條坦途。在馬太后去世後，竇皇后看到宋貴人姐妹的寵榮，自己無子而宋大貴人的兒子又是太子，工於心計的竇皇后在章帝面前詆毀她們，使章帝逐漸疏遠兩位宋貴人，之後與母親一同陷害宋貴人姐妹，「外令兄弟求其纖過，內使御者偵伺得失。」〔註 142〕竇皇后讓自家兄弟在外尋求宋氏的過錯，在內讓侍者細心留意兩位宋貴人的失誤之處，終尋機誣陷其挾邪媚道，章帝廢太子為清河王，兩位宋貴人飲藥自殺。安帝即皇位後，追尊祖母宋大貴人為敬隱皇后。

章帝兩位梁貴人，「建初二年俱選入掖庭為貴人。」〔註 143〕梁小貴人生有皇子，即後來的和帝。竇皇后無子，主動撫養和帝，「欲專名外家而忌梁氏，」〔註 144〕想要自家成為和帝的母家，忌憚梁家，加上梁家得知梁小貴人的皇子是竇皇后親自撫養時，家中私下慶賀。竇皇后加深了對梁氏的防範，之後陷害

〔註 139〕《後漢書》卷五十《孝明八王列傳》，第 1675 頁。
〔註 140〕《後漢書》卷五十四《楊震列傳》，第 1799 頁。
〔註 141〕《後漢書》卷五十四《楊震列傳》，第 1799 頁。
〔註 142〕《後漢書》卷五十四《楊震列傳》，第 1799 頁。
〔註 143〕《後漢書》卷十上《皇后紀上》，第 416 頁。
〔註 144〕《後漢書》卷十上《皇后紀上》，第 416 頁。

梁家，對兩位梁貴人也有所動作，終「貴人姊妹以憂卒」〔註145〕。竇皇后去世後，梁貴人姊梁嫕上書和帝，陳述和帝生母梁貴人當年的冤枉之情，和帝動容。「以貴人酷殁，殯葬禮闕，乃改殯於承光宮，上尊諡曰恭懷皇后，追服喪制，百官縞素，與姊大貴人俱葬西陵，儀比敬園。」〔註146〕和帝為生母梁小貴人重新舉辦規模宏大的葬禮，上「皇后」尊號，以補先前的遺憾。

章帝申貴人，十三歲時選入掖庭，其家「世吏二千石」，育有濟北惠王劉壽，河間孝王劉開。

四、漢和帝嬪妃

漢和帝嬪妃，史書中明確記載的有周貴人和馮貴人。

和帝葬禮結束後，「宮人並歸園，」和帝妃妾遷往別宮居住〔註147〕和熹鄧皇后感離別傷懷，賜周、馮二貴人財物。

五、漢安帝嬪妃

漢安帝嬪妃，史書中記載的只有宮人李氏。

安帝寵幸宮人李氏，李氏育有皇子，即後來的順帝。安帝閻皇后擔心影響自己的地位，將李氏鴆殺。順帝即位後，「感悟發哀，親到瘞所，更以禮殯，上尊諡曰恭愍皇后，葬恭北陵，為策書金匱，藏於世祖廟」〔註148〕。順帝為生母李氏改葬並上尊號，李氏身後享有殊榮。

六、漢順帝嬪妃

漢順帝嬪妃，史書中記載的有梁貴人、竇貴人、虞美人和伏貴人。

順帝梁貴人，順帝梁皇后的姑姑，二人一同選入掖庭。

順帝竇貴人，與章德竇皇后同一家族，「年十二，能屬文，以才貌選入掖庭，有寵，與梁皇后並為貴人。」〔註149〕竇貴人才貌雙全，十二歲便會做文章，得到順帝的寵愛，母家因之升遷。其父竇「章為羽林郎將，遷屯騎校尉。」竇貴人不幸早逝，順帝思念無比，下詔令史官為貴人樹碑頌德，父親竇章親自

〔註145〕《後漢書》卷十上《皇后紀上》，第 416 頁。
〔註146〕《後漢書》卷十上《皇后紀上》，第 417 頁。
〔註147〕《後漢書》卷十上《皇后紀上》，第 421 頁。
〔註148〕《後漢書》卷十下《皇后紀下》，第 437～438 頁。
〔註149〕《後漢書》卷二十三《竇融列傳》，第 822 頁。

作辭。「貴人歿後，帝禮待之無衰。」〔註150〕竇貴人去世後，順帝待其父如往昔，可見對竇貴人的思念和寵愛。

順帝虞美人，「以良家子年十三選入掖庭，」十三歲以良家子身份進入後宮〔註151〕育有沖帝和舞陽長公主。順帝未曾給虞美人加封號，其子沖帝夭折後，外戚權臣梁冀防範他族，虞美人僅稱「大家」。桓帝時，大臣上疏「沖帝母虞大家，質帝母王夫人，皆誕生聖皇，而未有稱號。夫臣子雖賤，尚有追贈之典，況二母見在，不蒙崇顯之次，無以述尊先世，垂示後世也。」〔註152〕桓帝感此言，拜虞美人為憲陵貴人。

順帝伏貴人，與獻帝伏皇后同一家族。

七、漢桓帝嬪妃

漢桓帝嬪妃，史書中記載的有郭貴人、田采女和馮貴人。

桓帝郭貴人，受到桓帝寵愛，與鄧皇后曾互相譖訴，郭貴人在這場后妃爭寵鬥爭中取勝，鄧皇后遭廢黜，以憂死。

桓帝田采女田聖，很受桓帝寵愛，曾有立其為后之意，因出身卑微，遭到大臣的阻攔，最終作罷。桓帝病情加重後，封田聖等為貴人。桓帝崩逝，棺材在前殿停放時，竇皇后因往昔對田聖的妒恨將其殺掉。

桓帝馮貴人，桓帝竇皇后去世後，宦官不欲令其配食，提議以馮貴人配食，可知桓帝有位馮貴人。但馮貴人去世後，「冢墓被發，骸骨暴露」。〔註153〕馮貴人的陵墓不幸遭破壞。

八、漢靈帝嬪妃

漢靈帝嬪妃，留於史冊的僅王美人。

靈帝王美人，「豐姿色，聰敏有才明，能書會計，以良家子應法相選入掖庭。」〔註154〕王美人聰慧美麗有才能，受到靈帝的寵愛。得知自己懷孕，因畏懼性格強勢的何皇后，主動服藥墮胎，未能成功。生下皇子後，王美人遭到何皇后的毒殺。靈帝思念王美人，親自作追德賦、令儀頌。其子獻帝即位後，

〔註150〕　《後漢書》卷二十三《竇融列傳》，第 822 頁。
〔註151〕　《後漢書》卷十下《皇后紀下》，第 440 頁。
〔註152〕　《後漢書》卷十下《皇后紀下》，第 441 頁。
〔註153〕　《後漢書》卷五十六《陳球列傳》，第 1832 頁。
〔註154〕　《後漢書》卷十下《皇后紀下》，第 450 頁。

「追尊王美人為靈懷皇后，改葬文昭陵，儀比敬、恭二陵。」〔註155〕

九、漢獻帝嬪妃

漢獻帝嬪妃，史書中記載的有兩位曹貴人，董貴人和宋貴人。

獻帝兩位曹貴人，曹操的女兒。「建安十八年，操進三女憲、節、華為夫人，聘以束帛玄纁五萬匹，小者待年於國，十九年，並拜為貴人。」〔註156〕之後二女兒曹節成為皇后，大女兒和小女兒終是貴人。

獻帝董貴人，獻帝的舅舅董承的女兒，董承是靈帝母太后的侄子。因董承得罪了曹操，被殺害，董貴人也因而遭到殺害。獻帝曾因董貴人有孕在身，多次向曹操說情，卻無濟於事。

獻帝宋貴人宋都，常山太守宋泓的女兒。

終東漢一世，東漢嬪妃基本上出自名門望族，從小受到良好的教育，通曉詩書，知書達禮，整體素養高。比之西漢，少了嬪妃覬覦后位之事，因為東漢皇后出自權盛之家，有外家做倚靠，加之嬪妃自身有所規範。但有子嗣的情況不如西漢嬪妃，想必與選妃範圍局限且有血緣關係有關。

兩漢后妃相比，東漢后妃比西漢后妃出身好，文化素養高，但子嗣情況西漢好些。兩漢后妃在歷史上留下的筆墨不同，有后妃被史家一筆帶過，也有后妃留下濃墨重彩的一筆，這與后妃在歷史上的地位、影響、貢獻有關。

〔註155〕《後漢書》卷十下《皇后紀下》，第452頁。
〔註156〕《後漢書》卷十下《皇后紀下》，第455頁。

第二章　后妃與君主

　　后妃嫁進皇家，與君主結為夫妻，二人間有情感在其中，后妃若能與君主間有深厚的感情，在宮中勢必順風順水，但大多數后妃與君主的感情以悲劇告終。后妃在日常生活中需要照料皇帝起居，侍奉婆母，撫育子嗣等，因之會涉及到皇家許多關係的處理，從而影響到后妃與君主在家事上的關係。彼時家國一體，君主丈夫是最高統治者，后妃尤其是皇后與君主間，最為重要的關係是政治關係。

第一節　后妃與君主間的情感

　　情感，夫妻間首要的基本關係。君主「後宮三千人」，嬪妃之多，雨露之恩很難均澤，如平民夫妻般朝夕相處，對身在皇家的后妃來說是一種奢望。與君主間的情感，於后妃是道重要的保障。帝后、帝妃間感情良好，情深意篤，后妃在宮中也是一帆風順；帝后感情平淡，皇后無子嗣，尤其在西漢，於后位有坐不穩的可能；帝妃間無感情可言，妃妾多孤苦淒涼度餘生。

　　「君恩似水如東流，得寵憂移失寵愁。」嫁進皇家，能夠得到君主的寵幸，與君主濃情蜜意，是后妃們的祈盼，君恩似水，轉瞬即逝，很難留住，她們與君主感情良好時誠惶誠恐，失去君主的感情後無比憂愁。后妃與君主間的感情是不平等的，后妃將所有情感傾注在君主身上，君主卻做不到，君主與有些后妃的感情從始至終保持一個良好狀態，與有些后妃起初情深隨著時間暗淡，與有些后妃從未有感情可言。

一、后妃與君主情深意篤

兩漢后妃，其中有后妃幸運地與君主間的感情一直保鮮，並未隨著時間的流逝而改變，直至一方的死亡，依然保有最初的深情。這其中有漢高祖和戚夫人，武帝和王夫人、李夫人，成帝和趙昭儀，光武帝和陰皇后，順帝和竇貴人，桓帝和田貴人等。

漢高祖與戚夫人，二人日常都喜愛歌舞，劉邦善歌，戚夫人善舞。戚夫人當時寵冠後宮，生有皇子如意，愛屋及烏，「母愛者子抱」，劉邦認為其子如意更像自己，日後必會有所作為，加之所立太子劉盈雖然仁愛卻有些軟弱，並不是繼承人最好的選擇。因而高祖揚言「終不使不肖子居愛子上」〔註1〕，表明改易太子的態度。這實是源於對戚夫人的寵愛，想將最好的一切給予戚夫人。二人間感情一直很好，劉邦深知呂后的性情，煞費苦心安排自己逝後戚姬母子的出路，一時找不到好的對策，劉邦為此一度悶悶不樂，近臣趙堯問道「陛下所為不樂者，非以為趙王年少，而戚夫人與呂后有隙，萬歲之後不能自全也？」〔註2〕提議周昌任趙相。周昌耿直，曾為保太子與劉邦進行廷爭，呂后為之跪謝，經此事後，呂后多少要禮讓周昌三分。因而任命周昌為趙相，輔佐趙王如意，更有保護之意在其中。在劉邦生命垂危時，「人有惡噲黨於呂氏，即上一日宮車晏駕，則噲欲以兵盡誅滅戚氏、趙王如意之屬。高帝聞之大怒，乃使陳平載絳侯代將，而即軍中斬噲。」〔註3〕樊噲是呂后的妹夫，自然看不慣戚姬的受寵，被人告發打算在劉邦去世後，對戚姬母子等相關人員斬草除根。劉邦聽說此事後，異常憤怒，令陳平即刻去軍中將樊噲斬殺。此事前人多有注意：

> 老泉論漢高帝命平勃斬噲一事，謂帝不以一女子斬天下功臣，但欲除呂氏之黨亦未必然。

> 戚夫人寵冠後宮，又生子如意，豈尋常比邪？雖以呂氏結髮之妻，亦由此見疏，以太子正名東宮，尚欲易之。夫帝之寵愛戚氏如意，如虎之乳子，犯之者立見靁粉。今乃聞噲黨於呂氏，欲俟其晏駕，盡誅戚氏如意之屬，宜乎發怒而立欲斬噲，當時若聞呂氏太子

〔註1〕《漢書》卷四十《張良傳》，第2034頁。
〔註2〕（漢）荀悅：《兩漢紀上·漢紀》卷四《高祖皇帝紀》，北京：中華書局，2017年，第50頁。
〔註3〕《史記》卷九十五《樊噲列傳》，第2659頁。

　　有此謀，恐亦不能保也，況樊噲乎？〔註4〕

　　劉邦欲斬殺樊噲一事，蘇老泉即蘇洵認為不是為了戚姬，目的是除呂氏黨羽。李賢持不同觀點，戚夫人所得盛寵又有子嗣，為之疏遠呂后，太子之位有所動搖，高祖對戚氏母子的愛，猶如猛虎對幼子的偏愛，倘若呂后太子對戚氏有陰謀，都會遭殃，何況樊噲呢？

　　樊噲跟隨劉邦南征北戰，危險的鴻門宴中也有功勞，是劉邦重要的軍功臣，在未查清事實真相的情況下，只是聽說，擔心此事會發生，便要將其斬殺。劉邦對此事的反應，筆者認為是對戚姬母子的寵愛和在乎，斬殺樊噲是為了戚姬母子日後的安全，同時給予強勢的呂后及其集團以警告。只是劉邦有時候也是無奈，看到商山四皓追隨太子後，深知張良出謀劃策，大臣擁護太子，太子之位已穩固不可動搖，用歌聲表達出自己無可奈何的心情，「鴻鵠高飛，一舉千里。羽翮已就，橫絕四海，當可奈何！雖有矰繳，尚安所施！」〔註5〕為此羅大經在《自警詩》中寫道「高帝非天人歟？能決意於太公呂后，而不能決意於戚夫人。杯羹可分則笑嫚自若，羽翼已成則欷歔不止，乃知尤物移人，雖大智大勇不能免。」〔註6〕昔日高祖因形勢所迫，狠心捨下父親和髮妻，如今因無法令愛子為繼承人而悲傷，可見高祖對戚姬用情至深，無關乎自身的智慧和勇猛。高祖生前想將最好的給予戚夫人，身後為她安排好一切事宜，這是帝王家最深沉的愛了吧。

　　武帝與王夫人，衛子夫的弟弟衛青聽取別人的建議，做長久之計，將「五百金為王夫人之親壽」〔註7〕。衛青專門分黃金予王夫人，是重視王夫人，側面看出王夫人深得武帝寵愛，二人感情很好。可惜王夫人沒能陪伴武帝終老，武帝分封諸子時，在考慮關於王夫人的兒子劉閎封地時，親自去詢問王夫人的意見，細節處看到對王夫人的在意。雖然王夫人提議封在雒陽，因有武庫敖倉並不合適，但武帝為劉閎選的齊地，土地富饒，物產豐富，「關東之國無大於齊者。天下膏腴地莫盛於齊者矣。」〔註8〕比之其他皇子的封地，齊地最為廣

〔註4〕（明）李賢：《古穰集》卷二十八《雜錄》，《景印文淵閣四庫全書》，臺北：商務印書館，1986年，第1244冊，第777～778頁。

〔註5〕《史記》卷五十五《留侯世家》，第2047頁。

〔註6〕（宋）羅大經撰，劉友智校注《鶴林玉露》卷之六《自警詩》，濟南：齊魯出版社，第407頁。

〔註7〕《史記》卷一百二十六《滑稽列傳》，第3208頁。

〔註8〕《史記》卷六十《三王世家》，第2115頁。

闊富饒，可見武帝是經過深思熟慮的。武帝對兒子劉閎的優待，源於與王夫人間的感情。「王夫人死而帝痛之。」〔註9〕王夫人病逝，武帝悲痛不已。「賜夫人為齊王太后，」封王夫人為齊王太后〔註10〕王夫人以齊王太后之禮下葬，這是西漢首次夫君猶在，妃妾以藩王太后之禮下葬的事件。死後享有的殊榮，是武帝對王夫人最後的愛，二人間的感情延續到王夫人的生命盡頭。

武帝與李夫人，後世白居易將二人間的感情寫成一首詩《李夫人》，詩末將君主們的薄命紅顏放在一起，「傷心不獨漢武帝，自古及今皆若斯。君不見穆王三日哭，重璧臺前傷盛姬。又不見泰陵一掬淚，馬嵬坡下念楊妃。縱令妍姿豔質化為土，此恨長在無銷期。」將歷代君主因愛妃早逝的傷感合在一起進行描寫，烘托武帝失去李夫人的痛心。李夫人貌美善歌舞，一進宮便受到武帝的寵幸，家人也得到恩惠，其兄「延年繇是貴為協律都尉，佩二千石印綬。」〔註11〕同時「欲侯寵姬李氏，乃以李廣利為將軍，伐宛」〔註12〕武帝想封侯李夫人家人，因而以其兄李廣利為將軍，征伐大宛。卻由於缺乏糧食，路途遙遠等一系列原因，戰功平平，未能如衛氏外戚戰功顯赫。李夫人從進宮到病逝，與武帝感情一直良好。李夫人生命垂危之際，蒙被不見武帝，深知「以色事人者，色衰而愛馳，愛弛則恩絕」〔註13〕的道理，自己因美貌贏得武帝的感情，如今容顏衰敗，若因此失去武帝的愛，如何會顧念自己的兒子和兄弟呢？李夫人選擇不見，武帝無奈，只好說道「夫人弟一見我，將加賜千金，而予兄弟尊官。」〔註14〕武帝認為愛一個人，便要給予榮華富貴，也能看出帝王家的感情總是與權力、利益糾纏在一起，無法分開。李夫人依然拒絕，驚世不見讓武帝更加思念不已。李夫人逝後，以皇后之禮下葬，所用墓地原本是皇后衛子夫身後下葬之處，之後「圖畫其形於甘泉宮，」〔註15〕在甘泉宮畫李夫人的像，令方士為李夫人招魂，武帝親自作詩「是邪，非邪？偏何姍姍其來遲！」〔註16〕可見漢武帝對李夫人一片深情。

漢成帝與趙昭儀，漢成帝自從遇見趙合德，直到成帝崩逝那天，二人如膠似漆。趙合德的姐姐是成帝的第二任皇后趙飛燕，能在寵愛與日俱減、無

〔註9〕 《史記》卷六十《三王世家》，第2115頁。
〔註10〕 《史記》卷六十《三王世家》，第2115頁。
〔註11〕 《漢書》卷九十三《佞倖傳》，第3725～3726頁。
〔註12〕 《漢書》卷六十一《張騫李廣利傳》，第2698頁。
〔註13〕 《漢書》卷九十七上《外戚傳上》，第3952頁。
〔註14〕 《漢書》卷九十七上《外戚傳上》，第3951頁。
〔註15〕 《漢書》卷九十七上《外戚傳上》，第3951頁。
〔註16〕 《漢書》卷九十七上《外戚傳上》，第3952頁。

子、又無強大外家作後盾的情況下，依然穩坐后位，因了其妹趙合德的盛寵。趙昭儀所居住的宮殿，奢侈莫比，前世無有，「自後宮未嘗有焉。」〔註17〕皇后的宮殿都不及此，這都源於成帝對趙昭儀的寵愛。趙氏姐妹無子嗣，為了固寵，謀害其他皇子。為此王夫之認為「昭儀之惡，宗廟所不容。」「淫妒之孽妾，操刃以絕祖宗之胤胄，而曲為之覆，天子之子，不死於妖孽者，其餘幾何哉！」〔註18〕在成帝暴崩後，「民間歸罪趙昭儀，」〔註19〕民間將成帝的死歸罪到趙昭儀身上，皇太后派人去責問。趙合德選擇自殺，一方面自知自己有罪，另一方面是與成帝感情深厚，與其孤苦淒涼度餘生，不如追隨成帝而去吧。

　　光武帝與陰皇后，劉秀未見其人先聞其美貌，光武帝因貌美喜歡上陰麗華，在之後的日常相處中，陰皇后性格寬宏仁愛，隨著時間變化，沒了乍見之歡，卻有了久處不厭。光武帝即皇位後，將后位屬意於陰麗華，陰皇后明悉當時形勢，母家強大又有子嗣的郭聖通，是皇后的最佳人選。後宮中每個女人夢想的后位，陰麗華卻拒絕，這是為了劉秀可以穩坐皇位考慮。雖不是小君，劉秀依然給予陰麗華母家任官封侯。經年穩坐皇位後，考慮到相關的政治因素，不忘與陰麗華的情分，廢郭皇后立陰麗華為皇后。詔書中稱「陰貴人鄉里良家，歸自微賤。『自我不見，于今三年。』宜奉宗廟，為天下母。」〔註20〕陰麗華成為小君，與自己攜手看天下的人，是劉秀傾注最多感情的人，劉秀最初的心願達成。在光武帝、陰皇后相繼去世後，其子明帝曾「夜夢先帝、太后如平生歡，」〔註21〕夢到光武帝和陰皇后在一起的尋常場景，可見他們二人從始至終相知相許，光武帝從未冷落過陰皇后，也未曾改變對陰皇后的愛。

　　順帝與竇貴人，竇貴人才貌雙全，得到順帝的寵愛。其父竇章升為「羽林郎將，遷屯騎校尉。」〔註22〕竇章管理軍隊，手中有軍權。「是時梁、竇並貴，各有賓客，多交構其間，章推心待之，故得免於患。」〔註23〕從其父竇章待人

〔註17〕《漢書》卷九十七下《外戚傳下》，第3989頁。
〔註18〕（清）王夫之：《讀通鑒論》卷五《哀帝》，北京：中華書局，2013年，第118頁。下引該書省去出版信息。
〔註19〕《漢書》卷九十七下《外戚傳下》，第3990頁。
〔註20〕《後漢書》卷十上《皇后紀上》，第406頁。
〔註21〕《後漢書》卷十上《皇后紀上》，第407頁。
〔註22〕《後漢書》卷二十三《竇融列傳》，第822頁。
〔註23〕《後漢書》卷二十三《竇融列傳》，第822頁。

接物的謹慎用心，竇貴人在宮中也不會飛揚跋扈。竇貴人不幸早逝，順帝無比思念，「詔史官樹碑頌德，」〔註24〕順帝下詔讓史官為竇貴人豎立石碑歌頌品德。對竇貴人來說，是身後殊榮，是漢後宮中為數不多的妃妾才能享有的。漢武帝的李夫人雖「死後留得生前恩」，但母家不知收斂，最終獲罪。竇「貴人歿後，帝禮待之無衰」〔註25〕，順帝待竇貴人母家如初，母家也小心謹慎，得以善終。順帝禮待竇貴人母家，也是緣於與竇貴人間的感情。

桓帝與田貴人，田聖是東漢后妃中為數不多的出身卑微者，卻幸運地得到桓帝的愛。桓帝廢黜鄧皇后，屬意后位於田聖，無奈出身是硬傷。大臣應奉以史為鑒，上疏「臣聞周納狄女，襄王出居於鄭；漢立飛燕，成帝胤嗣泯絕。」〔註26〕前世君王在立后上，並未選擇門當戶對之女，為此引發禍患。陳蕃也「以田氏卑微，竇族良家，爭之甚固」〔註27〕。田聖的出身，令桓帝的立后提議遭到大臣的阻攔，終未能成為小君，但是不影響與桓帝的感情。田聖一直是嬪妃最低級別的采女，在桓帝病重彌留之際，將其升為貴人，桓帝的做法，想必是希望自己身後，寵妃田聖有一個良好的待遇和保障。卻未預料到桓帝的棺材尚在前殿停放時，一向隱忍的竇皇后爆發，結束了田聖的性命。

由此可見，能夠與君主丈夫琴瑟和鳴，感情從始至終未發生改變，這樣的情感多出現在帝妃之間，相比之下帝后間感情摻雜較多政治因素，因而感情也會變得錯綜複雜。帝妃間一往情深，若愛妃因病去世，君主往往追思不已，給予其家人優待；若君主丈夫先她們而去，她們往日的恩寵會招致禍患，遭到皇后的清算，亦或為其他勢力所不容。這是因她們昔日所得恩寵，自身較為放肆，或想憑藉此獲得更多的權力與利益，從而影響到了他人的利益。

帝妃間情深意濃，多會招來皇后的不滿甚至是嫉妒，加之寵妃欲憑藉君主的寵愛，索取更多，如戚夫人，不分尊卑，僭越禮制，如趙昭儀，會招致各方的不滿，自身無子嗣，如田聖，在君主逝後更是少了一道保障。當時嫡庶分明，自古以來便有紅顏禍水、妃妾誤國之事，帝妃間感情過於歡好，大臣們會擔心皇帝因此耽誤朝政之事等，寵妃會招致大臣的不滿，不得人心。寵妃又不像皇后，掌管六宮，手中有權力，在丈夫君主逝後，她們便如一株稻草般，無依無靠，甚至未來生死未卜。如若妃妾自身性格仁厚，不爭不搶，如陰皇后般，終

〔註24〕《後漢書》卷二十三《竇融列傳》，第822頁。
〔註25〕《後漢書》卷二十三《竇融列傳》，第822頁。
〔註26〕《後漢書》卷四十八《應奉列傳》，第1608頁。
〔註27〕《後漢書》卷六十六《陳王列傳》，第2169頁。

得到后位，自己的兒子又是繼承人，這在君主丈夫去世後，自身有很好的保障，不用擔心任何。

二、后妃與君主情分消逝

后妃與君主間的感情，自始至終情深意切，感情從未隨著時間而改變，是后妃們的祈盼。然而有些后妃與君主的感情，尤其是帝后間的感情，因了諸多政治因素的摻雜，從最初的情真意和，有可能走向最終的形同陌路。

武帝與陳皇后，首位皇后陳阿嬌，是漢武帝后妃中出身最高貴的一位，母親館陶公主，父親堂邑侯陳午，武帝為太子時所娶。「立為帝，妃立為皇后。」〔註28〕陳皇后是漢武帝的結髮妻子，「金屋藏嬌」美談的女主角，武帝與阿嬌結為夫婦前後，恩愛情深。史書雖未明確記載兩人相差的年齡，而館陶公主起初打算將女兒嫁與時為太子的劉榮，據《史記・五宗世家》推測出，廢太子劉榮比武帝年長十幾歲，陳阿嬌的年齡應和劉榮差得不多；又陳皇后曾經「與醫錢凡九千萬，然竟無子」〔註29〕，花費重金看醫求子，終未能所願，有近親的原因，也有年紀大的緣故。種種現象，推測出二人年齡相差不少，不會只有兩三歲的年齡差。因此可知，武帝與陳皇后情意綿長之時，武帝是懵懂的少年，當時更多的是戀姐成分，迷戀溫婉可人的表姐，隨著武帝涉世加深，阿嬌容顏逐漸衰老，不再迷戀表姐，對阿嬌的愛與日俱減。但陳皇后的母家有援立之功，「上之得為嗣，大長公主有力焉，以故陳皇后驕貴。」〔註30〕陳皇后的母親館陶公主在武帝即位一事上立下汗馬功勞，因此使陳皇后在武帝面前較為放肆，不懂得應對丈夫武帝有充分的尊重。武帝即天子位後，翩翩少年，意氣風發，妻子陳皇后因母親的擁立之功更加驕貴，認為武帝在自己面前應該時刻保持感恩的態度，不是一副至尊的模樣。二人在日常相處中都不會去謙讓包容，時不時的劍拔弩張，積攢久了，矛盾愈發嚴重，影響了二人間的感情。「陳后太驕，卒尊子夫」〔註31〕。陳后的驕貴害了自己，在無力改變境遇後，挾婦人媚道，寄託漢家最忌諱的巫蠱事，只為重新奪回武帝的寵愛。此事觸碰了武帝的底線，「皇后所為不軌於大義，不得不廢。」武帝與陳皇后，終是「君情與妾意，各自東西流」〔註32〕。

〔註28〕《史記》卷四十九《外戚世家》，第 1979 頁。
〔註29〕《史記》卷四十九《外戚世家》，第 1980 頁。
〔註30〕《史記》卷四十九《外戚世家》，第 1980 頁。
〔註31〕《史記》卷一百三十《太史公自序》，第 3311 頁。
〔註32〕《全唐詩》卷一百六十四《妾薄命》，北京：中華書局，1999 年，第 1699 頁。

漢武帝與衛皇后，漢武帝的第二位皇后衛子夫，能夠從卑賤的歌女成為尊貴的皇后，更多是憑藉武帝的寵愛。武帝與衛子夫的感情，相比於陳阿嬌而言，少了功利色彩，更多是發自內心的喜歡。衛子夫出身卑微，從小的生存環境使衛子夫逆來順受，性格多是謙卑、忍讓，她在武帝面前只是柔弱女子，而不是如陳皇后般飛揚跋扈。武帝與子夫初遇之時，子夫貌美如花，武帝是威風凜凜的大漢天子，柔弱女子對大漢天子的尊重與崇拜，使武帝感到滿足，這種滿足在陳阿嬌那裏永遠無法得到。衛青因衛子夫受寵，被陳皇后母館陶公主囚禁，欲殺害衛青來傾泄對衛子夫的憤怒。武帝得知此事後，「召青為建章監，侍中。」〔註33〕武帝對衛子夫家人的優待關懷，源於武帝對衛子夫深寵。《後漢書‧桓譚傳》中道「昔武帝欲立衛子夫，陰求陳皇后之過，而陳后終廢，子夫竟立」。清人薛福成在《庸庵文編》外編卷二中同樣認為「陳后實無大過，而武帝以子夫故，必欲廢后。」武帝寵愛衛子夫，便想將后位給予她，且此時武帝已坐穩皇位，有能力選自己心儀的皇后。冊立衛子夫為皇后時，詔書中稱「朕聞天地不變，不成施化；陰陽不變，物不暢茂。易曰『通其變，使民不倦。』」〔註34〕相比光武帝改立陰皇后時的詔書中稱「異常之事，非國休福，不得上壽稱慶。」〔註35〕武帝在立衛子夫時，認為是件好事，寄予厚望。史家在記載武帝一生所寵愛的后妃時，所用的描述詞彙不同，衛子夫為「尊寵，大幸」，王夫人為「幸」，李夫人為「有寵」，尹婕妤之屬「更有寵」，趙婕妤「得幸」。從所用詞彙中發現，受寵程度最高的是衛子夫。衛子夫成為皇后，時民間流傳歌謠「生男無喜，生女無怒，獨不見衛子夫霸天下」〔註36〕。衛氏家族封侯者五人，衛青尚武帝姐姐平陽公主，一時貴震天下。武帝給予衛子夫和母家的尊寵，其他嬪妃無法企及。後來隨著歲月的流逝，子夫容顏衰老，年輕貌美的女子源源不斷湧入後宮，武帝移向新愛，二人感情逐漸轉淡。衛子夫素來謹慎，生有子嗣，兒子是太子，武帝「每行幸，常以後事付太子，宮內付皇后。」〔註37〕出門在外將後宮事物託付衛皇后，看出武帝對衛皇后的信任。衛皇后在後宮的地位，比較穩固。若不是小人江充作祟，衛皇后不會自殺，含恨而死，終落得「妾命何偏薄，

〔註33〕《史記》卷一百一十一《衛將軍驃騎列傳》，第 2922 頁。
〔註34〕《漢書》卷六《武帝紀》，第 169 頁。
〔註35〕《後漢書》卷十上《皇后紀上》，第 406 頁。
〔註36〕《史記》卷四十九《外戚世家》，第 1983 頁。
〔註37〕《資治通鑑》卷二十一《漢紀十三》，第 727 頁。

君王去不歸」〔註38〕的境地。

宣帝與霍皇后，霍皇后從進宮之日起，便得到專房之寵。二人沒有任何感情基礎，也沒有起初的一見傾心，能夠得到君主的深情，是因霍皇后父親是大司馬大將軍博陸侯霍光，手握大權的霍光將本在民間的宣帝扶上皇位，宣帝久在民間，朝中無根基，霍氏姻戚黨羽遍布朝廷，宣帝必然會忌憚三分。「宣帝始立，謁見高廟，大將軍光從驂乘，上內嚴憚之，若有芒刺在背。」〔註39〕宣帝剛即位時，霍光跟隨宣帝拜謁高廟，霍光站在宣帝身後，令宣帝彷彿後背有刺，非常不自在。此時的霍光已然是「威震主者」〔註40〕。在髮妻許皇后不明而亡後，「人有上書告諸醫侍疾無狀者，皆收繫詔獄，劾不道。」〔註41〕有人上書狀告當時在許皇后身邊的醫生有罪，醫生們被逮捕入獄，遭到彈劾。其實是霍光夫人顯令女醫淳于衍毒殺的許皇后，霍顯向霍光坦白，希望不要追究女醫淳于衍的責任。霍光雖然驚訝，「其後奏上，署衍勿論。」〔註42〕霍光最終選擇為妻子掩蓋罪行，使淳于衍逃脫了法律的制裁。許皇后去世不久，霍光便將女兒送入宮中，顯然是補皇后之位的空缺。與一切從簡的許皇后相反，霍皇后一切奢侈，「舉駕侍從甚盛，賞賜官屬以千萬計，與許后時懸絕矣。」〔註43〕霍皇后生在官宦之家，從小嬌生慣養，不知民間疾苦，自然不懂得節儉。宣帝礙於霍光，不會去責備，只會給予霍皇后更多寵愛。霍光去世後，宣帝立許皇后子為太子，霍顯教其女霍皇后毒殺許太子，霍皇后不辨是非，聽從安排，這次不如上次那麼順利，最終未能得逞。在謀殺許后之事被發現，霍氏一族欲謀反，下場可想而知。霍皇后也因參與謀害皇太子一事遭廢黜，在小君之位僅五年，餘生便在冷宮中度過。帝后間的情分，昔日的恩寵，煙消雲散。霍皇后起初與宣帝的感情，便有許多政治因素摻雜在其中，霍后不自知，仗著自己的家世，自身驕貴，加之其母的教唆，越發肆意妄為。與宣帝沒有感情基礎，身在后位卻德不配位，又有一系列的政治因素，帝后間的感情最終走向暗淡。

成帝與許皇后，門當戶對，許皇后的父親許嘉是元帝朝的輔政重臣，許皇后自身通曉經書，知明大義，是元帝特意為成帝選的自己母家女，元帝令

〔註38〕 《全唐詩》卷二百零二《長門怨》，北京：中華書局，1999年，第2116頁。
〔註39〕 《漢書》卷六十八《霍光金日磾傳》，第2958頁。
〔註40〕 《漢書》卷六十八《霍光金日磾傳》，第2958頁。
〔註41〕 《漢書》卷九十七上《外戚傳上》，第3966頁。
〔註42〕 《漢書》卷九十七上《外戚傳上》，第3966頁。
〔註43〕 《漢書》卷九十七上《外戚傳上》，第3968頁。

自己親近的侍從送許皇后入太子宮，希望二人情深意篤。元帝看好的許家女，時為太子的成帝若與其情深，討元帝歡心，許后母家位高權重，也是成帝繼位的砝碼，從而有利於成帝登臨大統。起初二人感情確是融洽，恰逢成帝寵臣張放娶許皇后的妹妹，時「上為放供張，賜甲第，充以乘輿服飾，號為天子娶婦，皇后嫁女。大官私官並供其第，兩宮使者冠蓋不絕，賞賜以千萬數。」〔註44〕「甚為貴寵。」〔註45〕婚事規模壯大，帝后夫妻共同張羅婚事，側面看出當時成帝與許皇后的感情很好，這也是許皇后一生中最好的時光。因成帝對張放甚是寵幸，「上諸舅皆害其寵，白太后。太后以上春秋富，動作不節，甚以過放。時數有災異，議者歸咎放等。」成帝母舅們對成帝寵愛張放極為不滿，擔心成帝誤政，更是擔心自己家的權力遭到損害，因而太后對張放也有所看法。張放所娶的是許皇后妹妹，婚禮場面如此壯闊，勢必引來太后及太后家對許皇后的不滿。雖說「故事后父重於帝舅」〔註46〕，但成帝一心願以其舅王鳳掌權，賞賜許嘉黃金，「以特進侯就朝位」〔註47〕，實是將許嘉手中的權力交予舅父王鳳。許皇后不合時宜地上疏，引來成帝的不滿。「自鴻嘉後，上稍隆於內寵。」〔註48〕「皇后寵亦益衰，而後宮多新愛。」〔註49〕成帝坐穩皇位後，增加後宮嬪妃的數量，成帝注意力轉移，對許皇后的寵愛逐漸減少。之後趙氏姐妹入宮，成帝更是迷惑了雙眼，趙飛燕憑藉寵愛譖告許皇后挾媚道，成帝已厭倦了許皇后，欲將后位給予趙飛燕，此事未經徹查便廢黜了許皇后，帝后間昔日的恩情蕩然無存。

和帝與陰皇后，陰皇后聰敏有才能，因是光烈陰皇后的親屬，進入掖庭後，便是嬪妃最高級別貴人，受到和帝特別的關注。四年之後，冊封為皇后。帝后間的感情隨著新人鄧貴人入宮變淡。和帝此時寵愛鄧貴人，對陰皇后多有怠慢，感情不容許分享，陰皇后為此產生不滿。相比陰皇后的心胸，鄧貴人心胸寬廣，「時帝數失皇子，後憂繼嗣不廣，恍垂涕歡息，數選進才人，以博帝意。」〔註50〕鄧貴人還不是皇后時，擔憂皇子夭折的問題，主動為和帝選進妃妾，稱

〔註44〕《漢書》卷五十九《張湯傳》，第2654~2655頁。

〔註45〕（漢）荀悅：《兩漢紀上·漢紀》卷二十六《孝成皇帝紀三》，北京：中華書局，2017年，第456頁。

〔註46〕《漢書》卷九十七下《外戚傳下》，第3974頁。

〔註47〕《漢書》卷九十七下《外戚傳下》，第3974頁。

〔註48〕《漢書》卷九十七下《外戚傳下》，第3984頁。

〔註49〕《漢書》卷九十七下《外戚傳下》，第3982頁。

〔註50〕《後漢書》卷十上《皇后紀上》，第420頁。

和帝心意。二人相比，鄧貴人彷彿更有母儀天下的風度，是小君之位的合適人選。「是時和帝幸鄧貴人，陰有欲廢陰后之意，陰后亦懷恚怨。」〔註51〕和帝對鄧貴人多寵愛，又看到其良好品德，相比陰皇后此時因自己愛寵減少，生發怨恨等情緒，和帝有改立皇后之意。陰皇后「不知所為，遂造祝詛，欲以為害。」〔註52〕陰皇后不知所措，寄託於祝詛，對鄧貴人有所傷害，以此贏回和帝與自己昔日的感情。在和帝生病未好轉時，陰皇后在思考如何處置鄧貴人，已然為自己日後做打算，不太顧及丈夫病情，帝后間的感情早已轉淡，再也回不到當初了。陰皇后接觸了皇家最忌諱的巫蠱，因而在發覺後，「帝遂使中常侍張慎與尚書陳褒於掖庭獄雜考案之。」〔註53〕和帝令官員徹查此事，陰皇后不僅自身遭廢黜，母家受牽連獲罪。

　　桓帝與梁皇后，桓帝「悉依孝惠皇帝納后故事，聘黃金二萬斤，納采雁璧乘馬束帛，一如舊典。」〔註54〕梁皇后有別於其他皇后的冊封，按照皇后之禮進行迎娶，是因為本為蠡吾侯的劉志能夠成為皇帝，「梁太后徵，欲與后為婚，未及嘉禮，會質帝崩，因以立帝。」〔註55〕順烈梁皇后令劉志與自己的妹妹成婚，舉行婚禮前，質帝崩逝，梁氏一族經過考慮後，決定立劉志為皇帝。「時太后秉政而梁冀專朝，故后獨得寵幸，自下莫得進見。」〔註56〕梁皇后得到桓帝的獨寵，其他妃妾連見面的機會都沒有，梁皇后得此待遇，並不是帝后間一往情深，是因為梁皇后的姐姐，桓帝朝的梁太后掌權，哥哥梁冀也是手攬大權，梁家權勢炙手可熱，「諸梁姻族滿朝」〔註57〕，滿朝皆是梁氏家族的黨羽和勢力。劉志初即位，手中無實權，對梁氏一族自是多禮讓，梁皇后順理成章所得專房之寵。梁皇后自身恃寵而驕，知道有姐姐梁太后和哥哥梁冀的庇護，衣食住行方面，「恣極奢靡，宮幄雕麗，服御珍華，巧飾制度，兼倍前世。」〔註58〕奢侈莫比，前世未有。同時自身無子嗣，迫害有子嗣的妃妾，她的自身缺點，桓帝都看在眼裏，由於母家強大的勢力，桓帝只好隱忍不發。梁太后逝後，桓帝對梁皇后寵愛減少，昔日得到的寵愛一去不復返，終以憂死。誅掉梁冀後，

〔註51〕《後漢書》志十五《五行三》第 3308 頁。
〔註52〕《後漢書》卷十上《皇后紀上》，第 420 頁。
〔註53〕《後漢書》卷十上《皇后紀上》，第 417 頁。
〔註54〕《後漢書》卷十下《皇后紀下》，第 442 頁。
〔註55〕《後漢書》卷十下《皇后紀下》，第 443 頁。
〔註56〕《後漢書》卷十下《皇后紀下》，第 444 頁。
〔註57〕《後漢書》卷五十六《張晧列傳》，第 1817 頁。
〔註58〕《後漢書》卷十下《皇后紀下》，第 444 頁。

追廢梁皇后為貴人。此後，桓「帝多內幸，博採宮女至五六千人。」〔註59〕身為一代君主的桓帝，後宮妃妾同樣不在少數，相比先前對梁皇后的獨寵，哪裏會是帝后間的深情使然呢？更是當時政治形勢所迫，加之梁皇后恃寵而驕，自身問題多，帝后間本就無太多真情的感情只會越來越淡。

桓帝與鄧皇后，鄧皇后起初進入掖庭，雖然只是采女，卻受到桓帝極大的寵幸。相比梁皇后，桓帝對鄧皇后更多是有自發的感情在其中。能夠被立為皇后，與桓帝間的寵愛有很大關係。二人間的感情卻隨著鄧猛女成為皇后之後，發生變化，「后恃尊驕忌，與帝所幸郭貴人更相譖訴。」〔註60〕從昔日卑微的采女成為後宮之主，鄧皇后恃尊而驕，加入到嬪妃爭寵鬥爭中，實在有失小君的風範。史書載「鄧皇后本小人，性行無恆，苟有顏色，立以為后」〔註61〕。鄧皇后自身品行不佳，在重后妃德行的東漢，徒有美貌的鄧皇后，並不是皇后的最佳人選。從桓帝寵愛的后妃中，可以看出，桓帝不是很注重后妃的出身和品行，多憑自己的喜好罷了。後宮總有新人進，鄧皇后的容顏會隨著時間發生變化，帝后間的感情僅靠皇后最初的美貌沒有之後的深入，加之其自身品德不好，並未維持太久。帝后間終以「詔廢后，送暴室，以憂死」〔註62〕結束，帝后間的感情隨著新人進入等，再也不復當年模樣。

與君主的感情起初歡好最終走向暗淡，后妃得寵復失寵，牽連母家，結局令人失望。「寵妻愛妾，幸矣，其為災，也深矣。災與幸同乎？曰得則幸，否則災。」〔註63〕后妃得寵時是幸事，失寵時災患往往隨之而來。

史書中記載的此種與君主的情感類型，多出現在帝后之間。帝后間的感情，相比帝妃間的感情，政治色彩濃厚。若皇后母家權勢不容小覷，皇帝需有幾分禮讓，帝后間起初的情真意切摻雜了太多政治因素，皇后憑藉母家的權勢在後宮肆意妄為，對待妃妾盛氣凌人，如武帝的陳皇后，宣帝的霍皇后，桓帝的梁皇后等，本就因政治因素結合的帝后，感情如何會逐日加深呢？皇后母家權勢薰天又不知收斂，不懂「月滿則虧」的道理，君主坐穩皇位後，逐漸收回皇后母家的權力。宮中的皇后依然驕橫跋扈，君主於此沒有了往昔的包容，帝

〔註59〕《後漢書》卷十下《皇后紀下》，第 445 頁。
〔註60〕《後漢書》卷十下《皇后紀下》，第 445 頁。
〔註61〕《後漢書》卷八十一《匡衡傳》，第 3331 頁。
〔註62〕《後漢書》卷十下《皇后紀下》，第 445 頁。
〔註63〕（漢）荀悅撰，龔祖培點校《申鑒》卷四《雜言上》，瀋陽：遼寧教育出版社，2001 年，第 17 頁。

后間的感情逐日走下坡路，君主終會廢黜皇后。帝后間也有起初擁有真情實意的感情，只是君主「後宮佳麗三千人」，人數眾多，新人不斷湧入，色衰愛弛同樣會發生在皇后身上，皇后容顏不再光鮮亮麗，即便自身素來小心謹慎，無過錯，因政治因素，也可能遭到丈夫皇帝的猜忌，如武帝的衛皇后，帝后間的感情因宮廷鬥爭，終蕩然無存。也有帝后間感情因後宮多新寵、皇后自身等問題逐漸暗淡，如成帝的許皇后，和帝的陰皇后，桓帝的鄧皇后等，帝后間的感情隨著時間出現了諸多問題，未能有效解決，感情只能越來越差。

三、后妃與君主情淡如水

　　不論是愛寵經久不衰，還是得寵之後再失寵，總之后妃也有過風光的時刻。最落寞的后妃，從未與君主產生過感情，進宮伊始，即便貴為皇后，也未能得到丈夫皇帝的心，與丈夫無感情可言，雖享受榮華富貴，表面風光無限，內心卻是淒涼孤苦，或許不如做尋常人家的妻子。

　　景帝與薄皇后，薄皇后是西漢史上第一個遭廢黜的皇后。薄皇后先是太子妃，景帝即位，薄氏女成為皇后。不知是何原因，薄皇后從未與君主產生過感情，始終不受寵愛，也沒有子嗣。立其為皇后，祖母薄太后的意願在其中。景帝坐穩皇位後，立長子栗姬的兒子為太子，直接立嬪妃的兒子，想必景帝對薄皇后是否有子嗣不抱任何希望。薄太后去世，景帝不再有何顧慮，將薄皇后廢黜，帝后夫妻始終貌合神離。

　　昭帝與上官皇后，昭帝八歲即皇位，大權掌握在輔政大臣霍光手中。上官皇后是霍光的外孫女，年僅六歲被立為皇后。立后禮隆重，「立皇后上官氏。赦天下。辭訟在後二年前，皆勿聽治。夏六月，皇后見高廟。賜長公主、丞相、將軍、列侯中二千石以下及郎吏宗室錢帛各有差。」〔註64〕冊封皇后，赦免一部分罪犯，皇后拜見宗廟，對不同等級的人員分別進行了賞賜。可見皇家對上官皇后的重視。然而從立后到昭帝崩逝的七年中，昭帝會因霍光，在禮節上很好的待霍皇后，於內心就不得而知了。「光欲后有子，因上待疾醫言，禁內後宮皆不得進，為皇后專寢。」〔註65〕霍光知道子嗣對皇后的重要性，為了上官皇后生有子嗣，恰逢昭帝生病，以此為由令後宮妃嬪不得御幸，給上官皇后創造機會。只是直到昭帝崩逝，上官皇后遺憾沒有子嗣。帝后相處十多年，史家未記載二人間青梅竹

〔註64〕《漢書》卷七《昭帝紀》，第 221 頁。
〔註65〕《漢書》卷二十七上《五行志上》，第 1335 頁。

馬，兩小無猜的時光，想必上官皇后未太受昭帝的寵愛，二人間無太多感情。

宣帝與王皇后，最初宣帝將王皇后召進後宮，是因宣帝在民間時與其父親關係很好，「奉光有女年十餘歲，每當適人，所當適輒死，故久不行。」〔註66〕王皇后此先要嫁的人，婚前總是不明原因去世，因而遲遲未嫁。宣帝得知此事，念在與其父往日的情誼，將王氏女召進宮中，逐漸將其晉升為婕妤。繼許皇后、霍皇后之後，能夠成為宣帝的第三任皇后，不是因為與宣帝間的感情，主要是宣帝為許太子的安危考慮，「乃選後宮素謹慎而無子者，遂立王倢伃為皇后，令母養太子。」〔註67〕宣帝看重王皇后的小心謹慎，仁愛寬宏的品格，自身無子，是撫養太子的最佳人選。然而宣帝寵愛的嬪妃另有其人，與王皇后間的感情一直很平淡，「自為后後，希見無寵。」〔註68〕

光武帝與許美人，許美人是光武帝唯一有子嗣的嬪妃，雖育有皇子，帝妃間感情平淡，其子因母親不受寵愛，封地最是貧瘠狹小。往往君主在世，寵愛的皇子會留在中央，不遣之國，許美人的兒子劉英在光武帝在世時，已去往封地。從劉英的相關待遇上，能看出光武帝對許美人沒有太多重視，帝妃間也無太多感情。

桓帝與竇皇后，竇皇后出自東漢有名的竇氏家族，憑藉出身成為桓帝的第三任皇后，桓帝心中的皇后人選是采女田聖，無奈出身卑微，大臣共同擁立竇貴人為皇后。「立為皇后，而御見甚稀。」〔註69〕竇皇后有幸入主中宮，卻得不到桓帝的感情。相比與妃妾爭風吃醋，因而丟掉后位的鄧皇后，竇皇后懂得隱忍，多少在桓帝面前保持了一個較好的形象，但是自始至終二人間無感情可言。

靈帝與宋皇后，宋皇后貴為小君，「無寵而居正位，後宮幸姬眾，共譖毀。」〔註70〕後宮寵妃們對宋皇后的時常譖毀，導致靈帝對宋皇后的印象變差。之後由於宮廷鬥爭、宦官掌權等原因，被誣以「挾左道祝詛」〔註71〕，靈帝偏聽偏信，「策收璽綬。后自致暴室，以憂死。」〔註72〕宋皇后自己明白，即便自身

〔註66〕《漢書》卷九十七上《外戚傳上》，第 3969 頁。
〔註67〕《漢書》卷九十七上《外戚傳上》，第 3969 頁。
〔註68〕《漢書》卷九十七上《外戚傳上》，第 3969 頁。
〔註69〕《後漢書》卷十下《皇后紀下》，第 445 頁。
〔註70〕《後漢書》卷十下《皇后紀下》，第 448 頁。
〔註71〕《後漢書》卷十下《皇后紀下》，第 448 頁。
〔註72〕《後漢書》卷十下《皇后紀下》，第 448 頁。

清白，在當時的情況下也百口莫辯，只能接受不公平的安排。帝后間從來沒有什麼夫妻情分，最終結局可想而知。

后妃與君主間，自始至終未有感情，對於一個女子來說，此生從未得到過丈夫的感情，是悲情的；對於后妃來說，與君主間沒有感情，後宮中少了很重要的一道保障。帝后間無感情，君主寵愛其他妃妾，皇后於后位坐得艱辛，若皇后無子，慘受事情牽連，有可能遭到廢黜，如景帝的薄皇后，靈帝的宋皇后。即使皇后有子，或有幸保住后位，內心卻是孤苦的，如昭帝的上官皇后，宣帝的王皇后，桓帝的竇皇后。若帝妃間無感情可言，妃妾的境遇會更加慘淡，若幸運的育有皇子，待遇多少會好些，晚年光景相對也會不錯。

后妃與君主間的感情，情深意篤是少數，情分消逝和情淡如水，這近似成為一種常態。這是由於一夫一妻多妾制的婚姻形式造成，後宮嬪妃眾多，雨露之恩無法均澤，同時帝王家的感情摻雜了太多的政治因素，純粹感情少之又少，加之其他勢力的干涉，后妃與君主間的感情多以悲劇收場。

第二節　后妃與君主間的家事

后妃，生活在特殊的皇家家庭中，皇家家庭較之平民家庭，有更多禮節需要遵守，有更多職責需要履行，對后妃們要求更高，她們需要做得更好，以此作天下婦人的表率，皇家也為天下家庭做典範。后妃與君主間的家事，不只是與丈夫皇帝的日常相處，包括與婆母間的關係，眾子嗣間的關係，妃妾間的關係，幾多關係的微妙變化，會影響到后妃與君主間的家事，從而影響后妃的命運走向。

一、帝、后間的家事

皇帝是皇室大家庭的男主人，在皇家事務中有不容置疑的話語權，皇后身為皇家嫡婦，是這個大家庭的女主人，手中有一定的權力，責任重大，照料皇帝的日常生活，侍奉婆母，撫養子嗣，管理後宮，和諧妃妾間的關係。皇家家庭間因素的些許變化，關乎帝后在家事上是否和諧融洽，從而會影響到帝后間的關係。

（一）帝、后間融洽的家事

漢武帝與衛皇后，衛皇后在宮中不像陳皇后有外家庇護，所能依靠的只

有丈夫武帝。衛氏外戚靠軍功起家，然而立功邊塞的機會也是武帝給予的。衛子夫無權無勢，母家卑微，其得以立為皇后，與她為武帝誕下子嗣，使年已二十九歲的武帝后繼有人密切相關。衛子夫「元朔元年生男據，遂立為皇后」〔註73〕。衛皇后在武帝面前從不咄咄逼人，不爭不搶，性格坦然，對待受寵的嬪妃會善待，盡顯大度。李夫人因病而逝，以皇后之禮安葬，當時衛子夫身在后位，並未如後世成帝許皇后上疏表達不滿之情，想必是理解武帝對心愛之人的死別之痛，能夠感同身受吧，將自己的委屈，隱忍了下來。武帝一生中寵妃不斷，新人應接不暇，在衛子夫領導後宮的三十八年間，沒有后妃傾軋事件，整個後宮井井有序，這些都是衛子夫的功勞。此外，衛子夫與武帝姐姐的關係也很好，平陽公主將願嫁衛青的想法告訴衛皇后，衛皇后轉而告訴武帝，武帝同意且下詔令衛青尚平陽公主，衛皇后充當了漢武帝姐弟間的溝通者。基於家庭層面而言，衛皇后生有子嗣，治理後宮井然有序，作為男、女主人之間，多年來一直是和諧的，本當善其終老。然多年後的巫蠱之禍，衛太子慘死，衛皇后自殺，衛氏一族滅亡。

漢宣帝與許皇后，宣帝在民間時二人已是夫妻，宣帝即位，許平君入主中宮。許皇后生有子嗣，利於穩固后位。「初許后起微賤，登至尊日淺，從官車服甚節儉，五日一朝皇太后於長樂宮，親奉案上食，以婦道共養。」〔註74〕許皇后初即后位，以身作則，崇尚節儉，多少會改變鋪張浪費的風氣，恪守奉養皇太后之道，按時按日盡心盡力進行供養，是為後宮的表率，為後宮妃妾做榜樣，也為天下婦女做榜樣。有利於家庭的和諧，有利於社會風氣向好的方向發展，從而使社會穩定。許皇后作為皇家女主人，遺憾在后位三年慘遭毒殺，但自身育有子嗣，身在后位節儉樸素，盡心供養皇太后，在位期間沒有嬪妃傾軋的血雨腥風事件，在家事上盡到了女主人的責任，有助於加深與宣帝間的感情。正因如此，許皇后逝後，「諡曰恭哀皇后」〔註75〕，這是少見的皇帝丈夫親自為逝去的皇后上諡號，許皇后去世五年後，「立皇太子，乃封太子外祖父昌成君廣漢為平恩侯，位特進。後四年，復封廣漢兩弟，舜為博望侯，延壽為樂成侯。……宣帝以延壽為大司馬車騎將軍，輔政。」〔註76〕宣帝雖和許皇后天人永隔，依然立他們的兒子為繼承人，為使太子地位牢固，封許皇后家人為

〔註73〕《漢書》卷九十七上《外戚傳上》，第3949頁。
〔註74〕《漢書》卷九十七上《外戚傳上》，第3968頁。
〔註75〕《漢書》卷九十七上《外戚傳上》，第3967頁。
〔註76〕《漢書》卷九十七上《外戚傳上》，第3967～3968頁。

侯，並任用其輔政。在選立第三任皇后時，首要考慮的因素是許太子的安危，能看出宣帝與許皇后二人間的情分，也能看出昔日許皇后在皇家盡職盡責，因而身後受到宣帝的掛念。

漢元帝與王皇后，王皇后「婉順得婦人道」〔註77〕，溫婉順從懂得做婦人之道，王皇后生下時為太子的元帝的首位皇子。宣帝有了皇孫，「愛之，自名曰驁，字太孫，常置左右。」〔註78〕王皇后所生之子受到宣帝的喜愛，親自為之起名，讓其常在身邊。母以子貴，因了兒子的緣故，此時的王政君在太子後宮很有優勢。「宣帝崩，太子即位，是為孝元帝。立太孫為太子，以母王妃為婕妤，封父禁為陽平侯。後三日，婕妤立為皇后，禁位特進，禁弟弘為長樂衛尉。」〔註79〕元帝即位後，很快確立太子人選，封王政君父親為侯，隨即立王政君為后。任用王政君的叔父為長樂衛尉，只有親信人員才能在宮中擔任守衛要職，側面看出元帝對王皇后家族的信任。成年之後的太子劉驁好酒，好燕私之樂，元帝為此不滿，元帝寵愛的傅昭儀，其子定陶共王多才多藝，因而有改立太子之意。妃妾甚是得寵，有動搖自己及兒子地位，危及自家利益的可能，此時的王皇后並未如後漢竇皇后、安帝閻皇后般憑藉自身權力，想辦法暗害妃妾，只是與其兄共同擔憂，自保而已。幸好有史丹等大臣擁護太子，王皇后母子地位終得以保全。元后歷來小心謹慎，正位中宮，妃妾間相處較為和諧。王皇后盡心侍奉婆母邛成太后，邛成太后逝後，她親自下詔「邛成共侯國廢祀絕，朕甚閔焉。其封共侯曾孫堅固為邛成侯」〔註80〕。王奉光孫王勳因罪失侯，王皇后下詔為其家續封。「侍中王林卿坐殺人埋冢舍，使奴剽奪門鼓，……成帝太后以邛成太后愛林卿故，聞之涕泣，為言哀帝。」〔註81〕邛成太后家人王林卿犯罪，元后記得邛成太后生前對王林卿的偏愛，因而親自去向哀帝求情。邛成太后逝後，元后能做到如此善待婆母的家人，可見邛成太后在世時，元后會是盡心盡力侍奉。元帝逝後，兒子成帝即位，王皇后成為王太后，寵妃傅昭儀的兒子「定陶共王來朝，太后與上承先帝意，遇共王甚厚，賞賜十倍於它王，不以往事為纖介」〔註82〕。相比呂后在劉邦逝後，對劉邦愛子如意鴆殺不同，

〔註77〕《漢書》卷九十八《元后傳》，第4015頁。
〔註78〕《漢書》卷九十八《元后傳》，第4016頁。
〔註79〕《漢書》卷九十八《元后傳》，第4016頁。
〔註80〕《漢書》卷九十七上《外戚傳上》，第3970頁。
〔註81〕《漢書》卷七十七《何並傳》，第3267頁。
〔註82〕《漢書》卷九十八《元后傳》，第4019頁。

王皇后與成帝同元帝偏愛定陶共王一樣，對他的賞賜待遇優於其他諸侯王，對往昔定陶共王有可能取得太子之位一事，並無纖芥。可見元后的大度，定能善待諸皇子。身為皇家的女主人，盡心侍奉婆母，善待諸位皇子，家事上，元帝是滿意元后的。帝、后二人家事上的和諧，有利於王皇后地位的穩定。

漢明帝與馬皇后，馬皇后十三歲時進入時為太子的明帝后宮，「奉承陰后，傍接同列，禮則修備，上下安之。遂見寵異。」〔註83〕短短幾句，看出馬皇后的賢德，孝順有加地侍奉婆母陰太后，與妃妾相處融洽，進止有禮，行為符合法度。明帝「登建嬪后，必先令德」〔註84〕，尤為注重后妃的品德。有司請立皇后時，婆母陰太后先於明帝開口「馬貴人德冠後宮，即其人也。」立后一事上，婆母陰太后傾向馬氏女，認可馬皇后的品德，是後宮之主的不二人選。得到陰太后的支持，在皇家深得皇太后的歡心，無疑為自己增加了一道重要的保障。馬皇后關心丈夫明帝的日常生活，明帝去苑囿離宮時，「輒以風邪露霧為戒，辭意款備，多見詳擇」〔註85〕，告訴明帝應注意的事項，言語中透露著對丈夫的關愛。馬皇后在生活方面節儉樸素，不鋪張奢侈，不好娛樂之事。在當時是後宮的榜樣，也利於為後世做典範。對待妃妾沒有盛氣凌人的模樣，妃妾向她請安，看到她樸素的衣服，相視而笑時，馬皇后為此耐心進行解釋，妻妾一片和諧。當時的後宮風平浪靜，沒有因爭寵造成的血腥事件。明帝子嗣不多，馬皇后為此擔憂，多引進嬪妃，優待受寵嬪妃。馬「后常以皇嗣未廣，每懷憂歎，薦達左右，若恐不及。後宮有進見者，每加慰納。若數所寵引，輒增隆遇。」〔註86〕明帝逝後，馬皇后親自撰寫顯宗起居注，能看出馬皇后的才華，親力親為也是對明帝的懷念與愛，更是因為要留於史冊，小心謹慎去做，以防有疏漏之處。當明帝的妃妾需要遷居南宮時，馬皇后感離別之情賞賜金錢財物。「諸貴人當徙居南宮，太后感析別之懷，各賜王赤綬，加安車駟馬，白越三千端，雜帛二千匹，黃金十斤。」〔註87〕可見，馬皇后在與丈夫、婆母、妃嬪的相處中，符合皇家嫡妻的要求，是賢妻更是一位賢德的皇后。章帝從小為馬皇后所養，馬皇后對其視如己出，「母子慈愛，始終無纖纖之間」。章帝性格較明帝多了平和與寬容，同樣好經書，知禮節，聽諍言，不昏庸，都與馬皇后從小對他

〔註83〕《後漢書》卷十上《皇后紀上》，第 408 頁。
〔註84〕《後漢書》卷十上《皇后紀上》，第 400 頁。
〔註85〕《後漢書》卷十上《皇后紀上》，第 409 頁。
〔註86〕《後漢書》卷十上《皇后紀上》，第 409 頁。
〔註87〕《後漢書》卷十上《皇后紀上》，第 410 頁。

的教育有關,盡到了母親的責任。或許明帝所寵愛另有其人,但在家庭層面是認可馬皇后的,認為是中宮之主的不二人選,帝、后家事上的和諧,會促進帝后的感情,從而有利於馬皇后地位的鞏固。

皇后作為皇室家庭的女主人,盡職盡責,關心丈夫皇帝的日常起居,孝順有加地侍奉婆母,寬容大度地對待妃妾,仁愛有加地對待諸位皇子。皇后在皇家盡到女主人的責任,皇帝安心於朝務之事,皇后所付出的一切,皇帝都會看在眼裏,因而帝、后間在家事上和諧融洽,有利於帝、后間關係的和諧融洽,從而對皇后是有益的。

(二)帝、后間不諧的家事

帝、后在家事上不和諧,皇后自身弱點明顯,或無子或性格妒忌等,處理皇家家事上欠妥當,日積月累會影響到帝、后本身的關係,皇后的命運因之發生變化,或慘遭廢黜,或被迫自殺等,下場慘淡。

漢武帝與陳皇后,兩人的結合,親上加親,阿嬌嫁進漢家後,外祖母也是祖母,舅母是自己的婆母,不會因一些小事受到苛責,反而多了庇護。外祖母竇太后「遺詔盡以東宮金錢財物賜長公主嫖」〔註88〕。竇太后臨終時將自己的全部遺產給予女兒館陶公主,愛屋及烏,陳皇后在宮中會有竇太后蔭庇。陳皇后恃尊而驕,武帝對她越來越冷淡時,母親王太后告誡武帝「汝新即位,大臣未服,先為明堂,太皇太后已怒,今又忤長主,必重得罪。婦人性易悅耳,宜深慎之!」〔註89〕雖是王太后為武帝的政局所考慮,但從側面也庇護了陳皇后。聽了母親的話,考慮到諸多因素,武帝對陳皇后稍加恩禮。在宮中有多人的庇護,陳皇后在宮中肆意妄為,不知要有所收斂,認為后位於己高枕無憂,驕妒一如既往。身為武帝的嫡妻,皇家的嫡婦,十多年終無子,后母館陶公主曾問武帝的姐姐平陽公主「帝非我不得立,已而棄捐吾女,壹何不自喜而倍本乎!」〔註90〕平陽公主從容解釋為無子的原因,無子確是陳皇后自身明顯的弱點,武帝無嫡子,繼承人之位虛懸,因而使宗室成員有異心,影響武帝的統治。加之在得知武帝移情新愛,大寵衛子夫時,爭風吃醋,所做之事為致武帝寵愛的子夫於死地,而不是與武帝一起優待子夫,像後漢的明德馬皇后、和熹鄧皇后,因皇嗣稀少主動為皇帝招納妃嬪,行為盡

〔註88〕《史記》卷四十九《外戚世家》,第 1975 頁。
〔註89〕《資治通鑒》卷十八《漢紀十》,第 565 頁。
〔註90〕《史記》卷四十九《外戚世家》,第 1980 頁。

顯皇家嫡妻寬容大度的風範。綜合種種，家事間的帝后關係越來越差，陳皇后不是合格的女主人，終因「挾婦人媚道」〔註91〕一事觸碰了武帝的底線，自食苦果，失去后位，「上璽綬，罷退居長門宮」〔註92〕，餘生在冷宮中度過。

漢宣帝與霍皇后，霍皇后因其父霍光的緣故，得到宣帝的專寵，恃寵而驕，衣食住行方面鋪張浪費，奢侈至極。想必令曾在民間生活，感受過民間疾苦的宣帝看不慣。霍皇后侍奉皇太后方面，因上官太后「親霍后之姊子，故常竦體，敬而禮之」〔註93〕。漢世婚姻不論行輩，上官太后是霍皇后姐姐的女兒，霍皇后對上官太后雖也會盡禮數，卻多少有些疏忽。宣帝立許皇后子為太子，為了自己未來的孩子能夠成為繼承人，霍皇后聽從母親的建議，欲將許太子毒殺。此時的霍皇后完全沒有了嫡母對待皇子的仁愛之心，與後世馬皇后待養子視如己出相反，盡失人母德行。事情敗露，加之種種因素，霍皇后僅在位五年遭廢黜。霍皇后自身的行為，對待上官太后，對待許太子，完全沒有盡到皇家女主人的職責，空占其位，家事上宣帝有太多的不滿，從而影響到霍皇后之後的命運。

漢成帝與趙皇后，趙飛燕能夠成為皇后，有成帝的恩寵，也使用了不正當手段，譖告當時在位的許皇后「挾媚道，祝詛後宮，詈及主上」〔註94〕。失寵的皇后若跟巫蠱一事有所聯繫，結局往往都會慘敗，許皇后同樣沒能逃脫遭廢黜的命運。后位虛懸，成帝立趙飛燕為皇后。趙皇后品德有待商榷，自身無子，其他妃妾所生子嗣進行殘害，更防備其他妃妾得寵。皇家所要求的皇后善待皇子，善待妃妾，在趙皇后這裡完全沒有。傅太后的孫子能夠成為繼承人，趙皇后在其中幫了不少忙，傅太后感恩昔日的得力相助，趙皇后因而和傅太后的關係很好，導致成帝母王太后及其母家的不滿。「哀帝為太子，亦頗得趙太后力，遂不競其事。傅太后恩趙太后，趙太后亦歸心，故成帝母及王氏皆怨之。」〔註95〕這也能反映出趙皇后與婆母王太后往昔有隙，想必日常侍奉時會有所疏忽。先前成帝欲立趙飛燕為后時，王太后並不贊同，只是當時趙飛燕正得聖恩，王太后無法過多阻攔，只以出身卑賤之由進行責

〔註91〕《漢書》卷九十七上《外戚傳上》，第3948頁。
〔註92〕《漢書》卷九十七上《外戚傳上》，第3948頁。
〔註93〕《漢書》卷九十七上《外戚傳上》，第3968頁。
〔註94〕《漢書》卷九十七下《外戚傳下》，第3984頁。
〔註95〕《漢書》卷九十七下《外戚傳下》，第3988頁。

難，時淳于長充當兩宮間的使者進行溝通，王太后勉強同意。之後在將趙飛燕廢為庶人的詔書中稱「皇后自知罪惡深大，朝請希闊，失婦道，無共養之禮，而有虎狼之毒……」〔註96〕可見對婆母王太后的侍奉一直有所欠缺，沒能做到畢恭畢敬。身為天下母，皇家的女主人，自身無子且殘害皇子，防範妃妾得寵，對待婆母沒有盡心侍奉。在家事上，趙皇后未盡到責任，會間接影響到帝、后二人間的關係，在寵愛減少又無自身優勢的情況下，保有后位，緣於其妹趙昭儀深得成帝之心，但難逃最終的命運。

靈帝與何皇后，何皇后雖出身卑微，有幸沐浴聖恩，育有皇子劉辯。作為後宮之主，「性強忌，後宮莫不震懾」〔註97〕，性格強勢妒忌，後宮妃妾都很懼怕她。何皇后酖殺生有皇子的王美人，靈帝為之大發雷霆，欲將何皇后廢黜，宦官一同請求，何皇后才得以保住后位。寬容大度的嫡妻風範，在何皇后處蕩然無存。董太后或是看到了劉協的才能，或是看不慣劉辯的一些行為，曾勸靈帝改立劉協為繼承人，這令何皇后懷恨在心。加之靈帝逝後兩家在政治利益上發生衝突，何皇后令其兄何進等人上奏「蕃后故事不得留京師，車服有章，膳羞有品。請永樂后遷宮本國。」〔註98〕上奏當然獲得允准，董太后被迫回藩國居住。同時何進率兵圍住董家人驃騎將軍董重的府第，董重免官自殺。董太「后憂怖，疾病暴崩」〔註99〕，董太后因恐懼發病致死，實際上是何皇后「蹴迫永樂宮，至令憂死」〔註100〕。何皇后逼迫婆母董太后結束生命。何皇后作為皇家女主人，憑藉狠毒強勢的性格，令六宮畏服，殘害有子妃妾，對待婆母有虧孝道，在家庭層面上做得並不好，帝、后在何皇后酖殺王美人時，已有衝突，帝、后的家事問題影響到帝后間的關係，也影響了自己的命運。

帝、后間家事上的不和諧，往往與皇后自身無子，迫害皇子，苛待妃妾，對婆母未盡心盡孝等有關。身為小君，缺乏寬容大度的風範，不懂得顧全大局，未盡到皇家女主人的責任。這些會令君主丈夫有所不滿，家事問題逐漸影響到帝、后間的感情，妨礙帝后夫妻感情的加深，皇后的種種行為亦不得人心，最終也會影響到皇后自身的命運。

〔註96〕《漢書》卷九十七下《外戚傳下》，第 3999 頁。
〔註97〕《後漢書》卷十下《皇后紀下》，第 449 頁。
〔註98〕《後漢書》卷十下《皇后紀下》，第 447 頁。
〔註99〕《後漢書》卷十下《皇后紀下》，第 447 頁。
〔註100〕《後漢書》卷十下《皇后紀下》，第 450 頁。

二、帝、妃間的家事

　　皇后是六宮之主，管理後宮事務，在後宮中起領導作用，史書中記載帝、后間的家事問題較多，妃妾在皇家大家庭中，也需要盡相關責任，帝、妃也會涉及到家事上的問題，史書中記載的較少，筆者欲從幾位帝、妃涉及到的家事中一窺究竟。

　　漢景帝與栗姬，栗姬育有三子，長子臨江閔王劉榮被立為太子。后位虛懸，自己的兒子是太子，形勢對栗姬是有利的。但在景帝姐姐館陶長公主，主動與栗姬結為婚姻，欲將自己女兒嫁與太子劉榮時，栗姬卻因「景帝諸美人皆因長公主見景帝，得貴倖」〔註101〕一事耿耿於懷，館陶公主為景帝進獻了許多美人，得寵都在栗姬之上，栗姬對此怨恨惱怒，因而拒絕了長公主的聯姻。景帝身體不適時，「屬諸子為王者於栗姬，曰：『百歲後，善視之。』」〔註102〕景帝將自己已為諸侯王的兒子們囑託給栗姬，希望自己身後，他們能夠被善待。景帝這樣的囑託，想必是有意立栗姬為后，亦或是試探栗姬，給栗姬機會。「栗姬素怨」〔註103〕，此時的反應「怒，不肯應，言不遜」〔註104〕。栗姬不僅沒有細心照料病中的景帝，答應景帝的要求，展現出識大體的一面，而是出言不遜，惹惱了景帝。「世但知景帝天資刻薄，使太子死非其罪，而不知其懲戚姬之事，以為不如此，則不足以全王夫人與膠東王也。」〔註105〕栗姬的行為讓景帝想到呂后，為保自己的妃妾和子嗣的安全，顯然會對栗姬有所防備。後世光武帝廢郭皇后的詔書中稱「皇后懷執怨懟，數違教令，不能撫循它子，訓長異室。宮闈之內，若見鷹鸇。既無關雎之德，而有呂、霍之風，豈可託以幼孤，恭承明祀」〔註106〕。能夠看出，皇家要求皇后本人需是賢妻良母，遵守丈夫皇帝的指令，撫育子嗣，一視同仁待所有皇子，慈母般待每一位皇子，而不是有狠毒之心，區別對待。栗姬的反應讓景帝大失所望，基本的禮儀和風範都已失去。栗姬此時確有些驕貴，又心胸狹窄，景帝顯然不會將栗姬作為中宮人選。加之竇太后偏愛少子梁王劉武，一心欲以梁王為嗣，栗姬拒絕了長公主的聯

〔註101〕《史記》卷四十九《外戚世家》，第 1976 頁。
〔註102〕《史記》卷四十九《外戚世家》，第 1976 頁。
〔註103〕（漢）荀悅：《兩漢紀上·漢紀》卷九《孝景皇帝紀》，北京：中華書局，2017年，第 144 頁。
〔註104〕《史記》卷四十九《外戚世家》，第 1976 頁。
〔註105〕（明）葉向高：《蒼霞草》卷一《漢高帝論》，明萬曆刻本。
〔註106〕《後漢書》卷十上《皇后紀上》，第 406 頁。

姻，更是與竇太后疏遠，使其子日後的路變窄，也使自己孤立無援。生性嫉妒受寵的妃妾，夫君生病時不曾悉心照料，不主動與婆家人處好關係，表現出日後不會善待眾皇子。栗姬家庭層面上做得並不好，帝、妃在家事的不和諧，逐漸影響到二人間的關係，景帝對栗姬的印象變差，牽連到太子劉榮，終廢太子，栗姬鬱鬱而終。

　　漢武帝與趙婕妤，納趙婕妤時，漢武帝處於晚年，婆母王太后已去世，侍奉婆母一事不存在。身為妃妾，對待正妻皇后應無比恭敬，趙婕妤對待衛皇后的態度，缺乏史料，尚待考證。從武帝打算立趙婕妤子為繼承人，擔心「恐女主專恣亂國家」〔註107〕，或許趙婕妤有強勢的一面。趙婕妤妊娠十四個月生下皇子，其子「年五六歲，壯大多知」〔註108〕，武帝看到五六歲的幼子身材高大，比同齡人懂得多，尤為看好，認為很像自己。武帝「命其所生門曰堯母門」〔註109〕。堯是古代的君主，當時衛子夫尚在后位，衛太子是繼承人，武帝將妃妾所生皇子的門命名為君主之母的名字，未免有些不妥，卻能看出當時趙婕妤的盛寵。之後因巫蠱事衛氏一族慘敗後，武帝綜合考慮，打算立幼子，「以其年穉母少，恐女主顓恣亂國家，猶與久之。」〔註110〕武帝猶豫不決的原因是小兒子年幼，趙婕妤正值盛年，恐怕日後會有充沛的精力干預政事，以此有擾亂朝政的可能。之後「鉤弋倢伃從幸甘泉，有過見譴，以憂死」〔註111〕。趙婕妤跟著武帝在甘泉宮時，犯錯被譴責，因之喪命。當時趙婕妤雖已脫下髮飾首飾磕頭認錯，武帝依然決絕，「引持去，送掖庭獄！」「夫人還顧，帝曰：『趣行，女不得活！』」〔註112〕武帝心意已決，要結束趙婕妤的生命。歷來史家在此點上都從政治方面進行分析，多認為是武帝防止呂后專權的局面再度出現，果斷處死趙婕妤。「鉤弋後來非命死，茂陵剛斷古今無。」〔註113〕前人關於趙婕妤的下場，有不同意見：

　　「至欲立昭，而先殺鉤弋夫人，則至忍與至愚俱無可解免矣。人苟不肖，

〔註107〕《漢書》卷九十七上《外戚傳上》，第3956頁。
〔註108〕《漢書》卷九十七上《外戚傳上》，第3956頁。
〔註109〕《漢書》卷九十七上《外戚傳上》，第3956頁。
〔註110〕《漢書》卷九十七上《外戚傳上》，第3956頁。
〔註111〕《漢書》卷九十七上《外戚傳上》，第3957頁。
〔註112〕《史記》卷四十九《外戚世家》，第1985～1986頁。
〔註113〕（元）張養浩：《歸田類稿》卷二十二《呂后》，《景印文淵閣四庫全書》，臺灣：商務印書館，1985年，第1192冊，第657頁。

強藩重臣皆足以亂天下，燕王上官之屬能逆億而先誅之乎？夫人無驕縱之罪，又不聞有父兄席其勢，安見異日必不利於孺子，而以猜忍殺之哉？其時暴風揚塵，百姓感傷，帝猶不悔，而沾沾自詡引呂氏為鑒。夫古來不少賢母，以呂氏一人之陰賊鷙戾概之哉？齊王建而無君王后能四十年不被兵革乎？后薨而即亡其國，母其有累於子乎？」〔註114〕趙婕妤自身無驕縱，外家也無強權勢力，僅因呂后的前車之鑒，為防範日後有可能專權就將其處死，且不是所有的母后都對朝政有危害，可見漢武帝的不當之處。在此筆者認為有家庭方面的原因，「昔武帝欲立衛子夫，陰求陳皇后之過。」武帝當時想令中宮易主，有將陳阿嬌廢掉之意，暗中尋求陳皇后的過錯，終因媚道一事遭廢黜。衛子夫在位三十八年，小心謹慎，帝、后在家庭層面上，一直以來相對融洽，即便最後令衛子夫上交皇后璽綬，是因為政治鬥爭導致，衛子夫此時不再受寵愛，帝后夫妻多少有些情分，衛子夫的自殺不是武帝迫令其結束生命。但武帝卻親自將趙婕妤送進掖庭獄，有可能趙婕妤自身有問題，有端倪出現，或許是看到衛皇后母子失敗，后位及太子位空缺，武帝又甚是疼愛小兒子等，且漢家故事「常從婕妤升為皇后」，種種因素交織起來，想必令趙婕妤有些恃寵而驕，亦或趙婕妤的日常言行，令武帝多有不滿。武帝看到此，認為自己身後趙婕妤若像呂后一樣專權，殘害皇子等，使皇家飽受磨難，不如未雨綢繆，先防止此事發生。因而武帝抓住趙婕妤的過錯，將其送入獄中，有致死之意，若趙婕妤自身小心謹慎，或許會有另一種結局，同時也能看出帝、妃間在家事上，並不和諧，從而影響到趙婕妤的命運走向。

漢成帝與班婕妤，班婕妤有子卻不幸夭折，自身有才華素養，「誦詩及窈窕、德象、女師之篇。」〔註115〕「每進見上疏，依則古禮。」〔註116〕懂禮守節，自身按儒家思想進行規範。得寵之時，「成帝遊於後庭，嘗欲與倢伃同輦載，倢伃辭曰：『觀古圖畫，聖賢之君皆有名臣在側，三代末主乃有嬖女，今欲同輦，得無近似之乎？』上善其言而止」〔註117〕。班婕妤婉拒成帝提出的一同乘輦的邀請，理由是賢明的君主都是與忠臣在一起，昏庸無道之君身邊才是寵幸的妃妾，若與成帝一同乘輦，豈不是有偏向後者的傾向嗎？班婕妤雖列

〔註114〕（清）龔煒：《巢林筆談續編》卷下，清乾隆三十四年刻本。
〔註115〕《漢書》卷九十七下《外戚傳下》，第3984頁。
〔註116〕《漢書》卷九十七下《外戚傳下》，第3984頁。
〔註117〕《漢書》卷九十七下《外戚傳下》，第3983～3984頁。

為庶妾，卻能給成帝很好的規勸。成帝母王太后聽到此事，對班婕妤甚是誇讚。成帝后宮多納新人時，班婕妤順成帝之意，「進侍者李平」〔註118〕。這點可看出，班婕妤是符合儒家觀念的女子，大度為夫君納妾。之後趙飛燕憑藉寵愛譖告班婕妤用巫術祝詛時，面對嬪妃傾軋，班婕妤從容應對，「妾聞『死生有命，富貴在天。』修正尚未蒙福，為邪欲以何望？使鬼神有知，不受不臣之愬；如其無知，愬之何益？故不為也。」〔註119〕給出的回答令成帝信服，也獲得成帝憐惜，得到賞賜。班婕妤雖有驚無險逃過一劫，防止日後有危險，「求共養太后長信宮」〔註120〕，主動請求去長信宮奉養太后。班婕妤與王太后的婆媳關係很好，王太后曾舉薦班氏家人為官，可見班婕妤深得婆母之心。班婕妤對君主丈夫進行勸諫，主動進獻自己的侍女，有辦法應對嬪妃的傾軋，主動避禍，去長信宮侍奉皇太后。班婕妤在家庭層面上做得比較完善，帝、妃在家事上是和諧的，因而班婕妤終得以保全，沒有受到哪方勢力的迫害。

漢章帝與宋貴人，宋貴人自身貌美有才能，受到章帝寵幸，所生皇子劉慶被立為太子。「貴人長於人事，供養長樂宮，身執饋饌，太后憐之。」〔註121〕宋貴人善於為人處世，盡心侍奉婆母馬太后，奉養之事親力親為，受到馬太后的垂愛。在家事上，帝、妃關係原本是融洽的。然而在馬太后崩逝後，無子的竇皇后擔心自己的地位不保，「時竇皇后內寵方盛，以貴人名族，節操高妙，心內害之，欲為萬世長計，陰設方略，讒毀貴人，由是母子見疏。」〔註122〕竇皇后先在章帝面前讒毀宋貴人，然後又進行誣陷，終使宋貴人飲藥自殺，其子被廢為清河王。宋貴人本前路坦途卻無路可走，這與嬪妃傾軋有關，也與政治原因密切相關。宋貴人與馬太后有親屬關係，章帝即位經年，馬氏外戚權勢越來越盛，馬太后去世後，章帝實行「抑母黨崇妻黨」的政策，調整外戚間的權力，宋貴人不幸屬於母黨勢力，因而多少會遭到牽連。加之竇皇后的誣陷，最終結局令人惋惜。宋貴人本身無太大過錯，如果說有錯，就錯在不該在家書中寫道「病思生兔，令家求之」〔註123〕，因而被誣陷接觸巫術，祝詛他人。但被人時刻監視尋其過錯，又不自知，終無法逃脫。在宋貴人逝後，章「帝猶

〔註118〕《漢書》卷九十七下《外戚傳下》，第 3984 頁。
〔註119〕《漢書》卷九十七下《外戚傳下》，第 3984～3985 頁。
〔註120〕《漢書》卷九十七下《外戚傳下》，第 3985 頁。
〔註121〕《後漢書》卷五十五《章帝八王傳》，第 1799 頁。
〔註122〕《東觀漢記校注》卷六《敬隱宋皇后》，第 201 頁。
〔註123〕《後漢書》卷五十五《章帝八王傳》，第 1799 頁。

傷之，敕掖庭令葬於樊濯聚」〔註124〕。宋貴人的死，章帝實是為之傷感的，然而身在皇家，有些事迫不得已。雖然帝、妃二人家事上並無何矛盾，起關鍵作用的是政治因素。

帝、妃間的家事相比帝、后間的家事，摻雜的政治因素會少很多，妃妾在皇家相比皇后承擔的責任也少，從而帝、妃間的家事問題較少，相對較少影響二人間的關係。倘若君主丈夫立妃妾的兒子為繼承人，帝、妃間的政治色彩會變濃厚，君主對妃妾的考慮會增多，從而家庭層面間的關係也會變得錯綜複雜。同時，家事的問題很容易影響帝、妃間的情分，從而使帝、妃間的關係發生轉變。

可見，后妃與君主間的家事，是后妃在皇家的為人處世，將與婆母、妃妾、子嗣等眾多關係和一些日常事務，能夠做到很好的處理，從而后妃與君主在家事上才能和諧，反之亦然。

第三節　后妃與君主間的政治

家國一體的社會建構，后妃生活的皇家家庭，與政治有千絲萬縷的聯繫。皇后作為天下母，帝后一體，執手觀天下，皇后與君主間的政治更加鮮明。根據史料及相關記載，本節討論的后妃與君主間的政治，重在討論皇后與君主間的政治問題。

一、信任與倚賴

（一）皇后參政議政

帝后在政治上，有政治頭腦的皇后是皇帝最為忠實的政治夥伴。開國功臣在皇帝坐穩江山後，有功高蓋主之嫌，若不及時主動交權，會因有不臣之心的可能性，遭到皇帝的猜忌。皇后，皇帝的妻子，為君主考慮便是為自己考慮，若皇后富有政治智慧，自身才能突出，在政治上可以作君主的得力助手，是君主的賢內助。

漢高祖劉邦與呂后，高祖未發跡時，曾隱處山間，呂后與人一同尋找劉邦，總是能找到，為此呂后說道「季所居上常有雲氣，故從往常得季」。顏師古對此解釋道「四方常有大氣，五色具而不雨，而下有賢人隱矣」。在信符驗、信

〔註124〕《後漢書》卷五十五《章帝八王傳》，第 1800 頁。

徵兆的漢代，呂后的說辭無疑會起到良好作用，「沛中子弟或聞之，多欲附者矣」，沛中子弟聽說後，很多人追隨劉邦。此事可見最初起兵時，呂后便對劉邦有所幫助。

劉邦成為漢高祖，呂雉成為皇后。「呂后為人剛毅，佐高祖定天下，所誅大臣多呂后力。」相比普通女子的柔弱，呂后性格中有剛強的一面，在劉邦不忍心誅殺有功之臣，卻有可能因此帶來禍患時，呂后擔當惡人角色，誅殺功臣，以助劉邦坐穩天下。在劉邦打天下的過程中，韓信立下赫赫戰功，曾與劉邦論及各自帶領軍隊的數量時，自認為「陛下不過能將十萬」，自己「多多而益善耳」，韓信的軍事才能突出。建立漢朝後，韓信因功封王，在陳豨請韓信一同謀反時，韓信答應，被人告發，呂后與蕭何籌謀劃策，呂后將韓信斬殺於長樂宮鍾室處。高祖知道韓信死訊後，「且喜且憐之」，喜悅的是消除了一個很大的隱患，遺憾的是從此少了一位大將。彭越遭誣陷謀反，「有司治反形已具，請論如法。上赦以為庶人，傳處蜀青衣。」因高祖領兵作戰經過邯鄲時，彭越沒有親自追隨，只是派兵前往，受到高祖的責備，梁王彭越的將領扈輒勸彭越謀反，「王始不往，見讓而往，往即為禽矣。不如遂發兵反。」彭越沒有聽取扈輒的建議，在其太僕畏罪逃到中央時，污蔑彭越謀反。劉邦不忍心將彭越治罪，僅是廢為庶人。彭越在途中遇到呂后，向呂后哭訴自己是冤枉的，希望能到昌邑之地定居。呂后表面許諾，一同到洛陽後，卻向劉邦建議「彭王壯士，今徙之蜀，此自遺患，不如遂誅之。」呂后一反與彭越的承諾，令舍人告發彭越再次謀反，將其斬殺，為絕後患，誅彭越一族。此事看出，呂后比劉邦在政事上更果斷利落、也更心狠。為此盧綰說道「往年春，漢族淮陰，夏，誅彭越，皆呂后計。今上病，屬任呂后。呂后婦人，專欲以事誅異姓王者及大功臣。」關於呂后誅殺大臣一事，歷史學者多有看法，如宋人陳仁子的《牧萊脞語・呂后論》認為：

> 方帝未殺韓信也，后則令武士斬之，帝未殺彭越也，后則親為帝言之。此固后所以試帝之心，而假以威人者也。夫誅戮功臣，大事也，不決於天子之公，而出於婦人之私，此固人所憤而激者。使帝明且斷也，於信之誅，責其專，於越之誅，察其誣，多方以沮之，百計以卻之，不肯徇其試而聽其假，則呂后亦有所憚而不敢動。今於誅信也，置而不問，於誅越也，信而不察。則后復何所顧乎？人

之情，賞則趨，誅則避，既試其心，又假其威，高帝雖在，亦將折
而歸之后矣，而何待惠帝之亡哉？故言韓彭者，后將以試帝之心者
也，誅韓彭者后假以立吾之威者也。……漢呂氏之橫，皆源於高帝
聽信之過，而不在於惠帝身沒之際。

呂后誅殺功臣的過程，劉邦采取了默許的態度，實際將一部分權力轉交呂
后，呂后在此過程中增加了自己的權勢，為之后的臨朝政治奠定了基礎。在劉
邦生病後，更是將權力交到呂后手中，可見對呂后的信任。

高欲立趙王如意，而廢太子，非憨太子也，憎呂后爾。……呂
后以一老婦人，不假寸鐵，今年誅信，明年誅越，薙大將如縛孤豚，
走狗既烹，牝雞再索，高帝甘心，呂后已萌於殺信越之日矣。呂后
不去，劉必不安，然不易太子，呂終不得去〔註125〕

呂后對待功臣果斷決絕，劉邦恐怕日後會危及宗室，加之其子劉盈軟弱，
想用易嗣的方法除掉呂后。筆者認為劉邦晚年的易嗣想法，源於對戚姬的寵
愛，終沒能成功，更可看出呂后在政治上的地位。

自從劉邦登上皇位，直至劉邦去世，呂后在政治上一直有所作為，是劉邦
得力的政治助手。婁敬曾建議「陛下誠能以適長公主妻之，厚奉遺之，彼知漢
適女送厚，蠻夷必慕以為閼氏，生子必為太子，代單于。……冒頓在，固為子
婿；死則外孫為單于。豈嘗聞外孫敢與大父抗禮者哉？兵可無戰以漸臣也。若
陛下不能遣長公主，而令宗室及後宮詐稱公主，彼亦知，不肯貴近，無益也。」
婁敬建議以嫡長公主即呂后的女兒出嫁匈奴，因身份尊貴，會給漢朝帶來極大
的好處，身為人母的呂后自然不捨，向劉邦哭訴「妾唯太子、一女，奈何棄之
匈奴！」「呂后涕泣，固請留之，乃止。」〔註126〕不同意劉邦遠嫁女兒的決定。
朝堂上國家的決策，因呂后的不捨，終未能實行。這有與呂后的夫妻情分在其
中，更重要的是呂后在朝政上有發言權，多年來的參政議政，使其在政治上確
有一席之地。在劉邦臨終時，呂后問及丞相人選，「陛下百歲後，蕭相國既死，
誰令代之？」劉邦依次回答。在劉邦生命的最後一刻，二人沒有兒女情長，依
舊在討論國家大事，可見帝后夫妻政事上的融洽。

明帝與馬皇后，「時諸將奏事及公卿較議難平者，帝數以試后。后輒分解趣
理，各得其情。每於侍執之際，輒言及政事，多所毗補。」明帝將難於處理的政

〔註125〕（明）錢棻：《蕭林初集》卷五論《四皓論》，明崇禎刻本。
〔註126〕《漢書》卷四十三《劉敬傳》，第2122頁。

事展示給馬皇后，馬皇后根據實情進行處理。馬皇后在與明帝談論朝政之事，嚮明帝提出相關建議時，有真知灼見，態度公正，對政事有所補充，多有補益，恰到好處去處理，是明帝的賢內助。明帝苛切，「性褊察，好以耳目隱發為明，公卿大臣數被詆毀，近臣尚書以下至見提曳」〔註127〕。明帝過於嚴苛，喜好將一些私密小事公開，朝中氛圍緊張，同時隨心對待臣子，不留情面。馬皇后在與性格重至察的明帝日常相處中，需要格外小心謹慎，以免與明帝發生不愉快，更是避免觸碰明帝的棱角，遭遇禍患。在明帝將要予諸子封地時，馬皇后在旁說道「諸子裁食數縣，於制不已儉乎？」明帝答道「我子豈宜與先帝子等乎？歲給二千萬足矣。」分封諸子時帝后的一問一答，看出馬皇后日常與明帝談論政事的平常。在楚王劉英一案上，楚獄連及數千人，其中多冤枉者，馬皇后「慮其多濫，乘間言及」，馬皇后考慮到怕有不少冤枉者，嚮明帝訴說此事，「卒多有所降宥。」明帝聽納了馬皇后的意見，多有平反。可見馬皇后在政治上建言獻策，有利於明帝處理朝政。因而「寵敬日隆，始終無衰。」馬皇后在政治上是明帝的得力助手。

　　帝、后二人在政治層面上，若可就一些政事進行討論，皇后憑藉政治智慧建言獻策，幫助君主丈夫排憂解難，對政事有所裨益，是君主丈夫的得力助手，不僅有利於君主處理政務，也有助於自己后位的穩固。帝、后間在政治關係上融洽，帝、后二人間的關係也不會差，皇后經年累月的參政議政，憑藉政治上的話語權，鞏固地位，穩保自己及母家的榮華富貴。帝、后二人政治上的關係，是其二人關係的決定走向。

（二）后族擔任要職

　　「自古受命帝王及繼體守文之君，非獨內德茂也，蓋亦有外戚之助焉。」〔註128〕外戚往往可以為君主所用，成為君主的左膀右臂。這樣的外戚多是君主一手扶植起來的，君主給予充分的信任，皇后母家即便日後權盛，也懂得謙卑為懷，不會在思想行為上有所驕橫，皇后自身往往謹慎，后位坐得長久。

　　武帝與衛皇后家族，衛子夫一度極得武帝的寵愛，導致直接冷落了在位的陳皇后。后母「大長公主聞衛子夫幸，有身，妒之，乃使人捕青。青時給事建章，未知名。大長公主執囚青，欲殺之。其有騎郎公孫敖與壯士往篡取之，以故得不死。上聞，乃召青為建章監，侍中，及同母昆弟貴，賞賜數日

〔註127〕《資治通鑒》卷四十四《漢紀三十六》，第 1468 頁。
〔註128〕《史記》卷四十九《外戚世家》，第 1967 頁。

間累千金。」〔註 129〕陳皇后的母親館陶公主聽說衛子夫受寵且懷有身孕，妒火中燒，欲殺害衛子夫的弟弟衛青來洩憤，衛青此時還是無名小卒，多虧了公孫敖出手相救。武帝得知此事後，召令衛青為建章監，成為武帝的近臣，得到武帝的賞識與信任，本「人奴所生」〔註 130〕的衛青，武帝給予機會，令其帶兵攻打匈奴。「青雖出於奴虜，然善騎射，材力絕人；遇士大夫以禮，與士卒有恩，眾樂為用，有將帥材。」〔註 131〕衛青雖出身卑微，自身有所才能，擅長騎射，禮待士大夫，待手下有恩，得人心，自身也有統領將帥的能力。衛青率兵出征，首戰獲捷，初顯軍事才能。之後幾番出征塞外，立下赫赫戰功，元朔五年春天領兵作戰時，「至塞，天子使使者持大將軍印，即軍中拜車騎將軍青為大將軍，諸將皆以兵屬大將軍，大將軍立號而歸。」〔註 132〕武帝派遣使者到塞外授予衛青為大將軍，統領諸兵。衛青班師回朝，襁褓中的三子皆封侯。此時衛青並未因功驕傲，推辭道「臣青子在襁褓中，未有勤勞，上幸列地封為三侯，非臣待罪行間所以勸士力戰之意也。伉等三人何敢受封！」〔註 133〕比之多數外戚對權力貪得無厭，衛青受賞時，頭腦是較為清醒的，不忘自己的出身，辭讓對諸子的封賞，同時向武帝說明戰士們的功勞，深得士兵之心。衛氏外戚已顯赫，後人將衛皇后與唐朝楊貴妃放在一起進行談論：

> 漢武帝立衛子夫為后，三弟封侯，貴震天下，天下歌之曰：生男無喜，生女無怒，獨不見衛子夫霸天下。唐玄宗寵貴妃楊氏，三姊並為國夫人，出入宮掖，勢傾天下，天下歌之曰：男不封侯女作妃，君看女卻作門楣。嗟夫！女寵之禍，何代無之？〔註 134〕

漢武帝大封衛皇后母家，唐玄宗大封楊貴妃母家，明代江用世認為是緣自

〔註 129〕《史記》卷一百一十一《衛將軍驃騎列傳》，第 2922 頁。
〔註 130〕《史記》卷一百一十一《衛將軍驃騎列傳》，第 2922 頁。
〔註 131〕《資治通鑒》卷十八《漢紀十》，第 604 頁。
〔註 132〕《史記》卷一百一十一《衛將軍驃騎列傳》，第 2925 頁。
〔註 133〕《史記》卷一百一十一《衛將軍驃騎列傳》，第 2926 頁。
〔註 134〕（明）江用世：《史評小品》卷九《衛子夫　楊妃序錄一則》，明末刻本。江用世所言不準確。《史記》卷四九《外戚世家》諸先生補曰：「衛子夫立為皇后，后弟衛青字仲卿，以大將軍封為長平侯。四子：長子伉為侯世子，侯世子常侍中，貴倖。其三弟皆封為侯，各千三百戶，一曰陰安侯，二曰發干侯，三曰宜春侯，貴震天下。天下歌之曰：『生男無喜，生女無怒，獨不見衛子夫霸天下！』」（中華書局 2013 年，第 2390 頁）由上述可知，此三弟，不是衛子夫的三個弟弟，而是衛青長子衛伉的三個弟弟。此為明人學術粗陋之一例。

對后妃的寵愛，實為女寵之禍。筆者認為將兩人相提並論並不妥當，衛氏一族在武帝朝有軍功，楊氏一族並未對朝廷有何功勞，甚至其族兄楊國忠擾亂朝政。

以衛青為首的衛氏外戚，小心謹慎，全心為武帝效勞，又是武帝一手扶植起來的，是屬於武帝的勢力。比之武帝忌憚的陳皇后母家，武帝對衛氏外戚更多了幾分認同。此時政治層面上帝后也是一心的，真正做到了帝后一體攜手觀天下。

衛氏外戚因衛皇后貴倖，自身頗有軍事才能，衛青、霍去病避免像魏其、武安厚待賓客，以防招來禍端，僅是奉法遵職。衛氏家族全盛之時，也未像後漢竇憲、梁冀般飛揚跋扈，依然謹慎小心。「大將軍為人仁善退讓，以和柔自媚於上。」〔註135〕衛青的性格與處事方式，使武帝與衛青的君臣關係一直很融洽。衛青雖享有高官厚祿，日常謹慎有加，細節處多有注意。在右將軍蘇建奮戰匈奴失敗，自己獨身脫逃回來，眾將領商議如何對其進行處置時，周霸建議衛青將其斬殺，以明威嚴，對此衛青認為「青幸得以肺腑待罪行間，不患無威，而霸說我以明威，甚失臣意。且使臣職雖當斬將，以臣之尊寵而不敢自擅專誅於境外，而具歸天子，天子自裁之，於是以見為人臣不敢專權，不亦可乎？」〔註136〕從衛青的回答中，字裏行間流露出衛青的小心謹慎，雖已貴為統領諸將的大將軍，不曾忘記往昔卑微之時，依然一心效忠於君主，更是作為臣子不敢專權之意。比之周亞夫因匈奴入侵而屯軍細柳，文帝親自去慰問時，「將軍約，軍中不得驅馳。」〔註137〕「天子乃按轡徐行。」〔註138〕文帝在軍中依然需要遵守周亞夫的命令，在軍營中慢慢行駛。可見與周亞夫相比，衛青少了些許作為將領的氣節，然而與武帝的關係確是很好的。這也利於帝后間在政治層面的融洽，武帝對衛皇后更多的是信任。「上每行幸，常以後事付太子，宮內付皇后；有所平決，還，白其最，上亦無異，有時不省也。」〔註139〕武帝每次出宮，常將宮內之事託付與衛皇后，待武帝回來，衛皇后只稟報重要的處理之事，武帝對此無疑問，甚至有時不過問。可見武帝對衛皇后的信任。衛太子對武帝出師征伐之事持不同意見時，武帝會笑著說道「吾當其勞，以逸遺

〔註135〕《史記》卷一百一十一《衛將軍驃騎列傳》，第 2939 頁。

〔註136〕《史記》卷一百一十一《衛將軍驃騎列傳》，第 2927～2928 頁。

〔註137〕《史記》卷五十七《絳侯周勃世家》，第 2074 頁。

〔註138〕《史記》卷五十七《絳侯周勃世家》，第 2074 頁。

〔註139〕《資治通鑒》卷二十二《漢紀十四》，第 737 頁。

汝，不亦可乎！」〔註140〕自己的繼承人與自己政見不同，武帝並沒有惱火，而是解釋這麼做的原因，是日後衛太子掌權有安穩的天下。這些都能看出，武帝對衛太子及衛皇后這支勢力的信任。

之後衛皇后不如往昔受寵，衛太子性格寬容大度，不像武帝性格嚴厲，敢作敢為，衛皇后母子擔心有「以愛欲易太子」之變。在武帝得知衛皇后與太子擔心自己地位不保，有不自安之意後，告訴衛青「漢家庶事草創，加四夷侵陵中國，朕不變更制度，後世無法；不出師征伐，天下不安；為此者不得不勞民。若後世又如朕所為，是襲亡秦之跡也。太子敦重好靜，必能安天下，不使朕憂。欲求守文之主，安有賢於太子者乎！〔註141〕」武帝是看好自己繼承人的，認定太子是未來守文之君的不二人選，無人能及。因衛青的緣故，武帝對衛氏家族沒有什麼忌憚與隔閡，衛青也是帝后關係的溝通者，有利於帝后關係融洽。衛氏外戚的另一重要成員霍去病，「為人少言不泄，有氣敢任。」〔註142〕不同於衛青的性格，霍去病直率敢為，有所棱角，武帝欲教之《孫子兵法》時，去病直言「顧方略何如耳，不至學古兵法。」〔註143〕武帝作罷。霍去病維護衛氏外戚，李敢因父親的事擊傷衛青，衛青隱匿下來，霍去病卻找機會射殺了李敢。「上為諱，云『鹿觸殺之』」〔註144〕。衛、霍二人相輔相成，同心協力維護衛氏一族。花無百日紅，衛皇后恩寵已衰，身在后位不驕貴嫉妒，「善自防嫌，避嫌疑」〔註145〕。加之衛氏外戚的實力，本該順風順水，待衛太子即位，衛氏家族榮寵無比。而有些事無法順人意，之後霍去病英年早逝，使衛氏外戚元氣大傷，衛青四子平庸無能，且有不法之事，霍去病唯一的兒子在跟隨武帝封禪時不幸去世。衛氏外戚後繼無人，昔日的輝煌不再。「衛青薨，臣下無復外家為據，竟欲構太子。」〔註146〕大將軍衛青逝世後，一些小人看到衛皇后母家衰落，武帝又將寵愛的趙婕好生子門命名為堯母門，試圖妄意揣測武帝的心理，加之太子的寬仁政策得罪了一批用法峻急之臣等原因，遭到一些小人的毀譽，甚至挑戰太子的權威。時值武帝晚年，在霍去病、衛青相繼去世後，衛

〔註140〕 《資治通鑒》卷二十二《漢紀十四》，第737頁。
〔註141〕 《資治通鑒》卷二十二《漢紀十四》，第736頁。
〔註142〕 《史記》卷一百一十一《衛將軍驃騎列傳》，第2939頁。
〔註143〕 《史記》卷一百一十一《衛將軍驃騎列傳》，第2939頁。
〔註144〕 《漢紀》卷十三《孝武皇帝紀四》，第221頁。
〔註145〕 《資治通鑒》卷十八《漢紀十》，第738頁。
〔註146〕 《資治通鑒》卷二十二《漢紀十四》，第737頁。

皇后與武帝見面次數減少，交流溝通更少了，易生隔閡。前世呂后在劉邦晚年時，也是很少見到君主，但呂后自身參政，在政治上有話語權，更是劉邦不可多得的得力助手，所做的貢獻深得臣民之心，同時性格狠毒，令人生畏。衛皇后雖母家軍功顯赫，武帝晚年已衰敗，自己僅是後宮之主，從未參政，只是後宮婦人罷了。

武帝開始對衛皇后及母家產生猜忌，衛太子與衛皇后關係甚密，在皇后宮中一待就是幾個時辰，衛太子即位後，衛子夫成為皇太后，衛太子較武帝仁弱，有可能出現皇權遭到掣肘，甚至大權旁落的情況，這是武帝不願看到的。因為武帝深有同感，曾想論舅舅田蚡的不良行為時，母親王太后為此發怒，並以不食來要挾武帝，武帝無可奈何。武帝晚年立少子劉弗陵，殺掉其母趙婕妤，「立子殺母」是擔心自己去世後，出現主少母壯，如呂后般專權的情況。想必之前因為衛太子同樣猜忌過衛子夫。太子逐年長大，偏重穀梁春秋，武帝偏重公羊春秋，政治觀念有明顯不同之處，董仲舒為漢武帝量身打造的儒家體系中有，「天有五行，木火土金水是也。……是故父之所生，其子長之；父之所長，其子養之；父之所養，其子成之。諸父所為，其子皆奉承而續行之。不敢不致，如父之意，盡為人之道也。故五行者，五行也。由此觀之，父授之，子受之，乃天之道也。故曰夫孝者，天之經也。此之謂也。」〔註147〕「父者，子之天也」〔註148〕。太子的思想行為不符合武帝所倡導的三綱五常中的父子觀，父子間的交流逐年減少，多少會有所隔閡。太子的勢力愈發雄厚，「朝廷中寬厚長者皆附太子，」朝廷中仁厚官員依附太子有衛青為首的軍事集團的支持，有衛皇后為首的後宮勢力的支持，三股力量合起來使武帝有些忌憚衛太子的勢力。這也是為何只因小人江充作祟，終能發生巫蠱之禍的原因。

光武帝與陰皇后家族，比之首任郭皇后母家河北集團的勢力，陰皇后母家遜色很多，僅是豪富之家罷了。立后詔書中稱「陰貴人鄉里良家，歸自微賤」〔註149〕。陰貴人母家對皇位不會造成威脅。光武帝終冊立陰貴人為皇后，陰皇后母家封官授爵，光武一朝，陰氏一族守禮謹慎，懂得收斂。陰識因軍功理應得到增封時，謙讓道「天下初定，將帥有功者眾，臣託屬掖庭，仍加爵邑，

〔註147〕蘇輿撰、鍾哲點校：《春秋繁露義證》卷十《五行對》，北京：中華書局，1992年，第314～315頁。

〔註148〕蘇輿撰、鍾哲點校：《春秋繁露義證》卷十五《順命》，北京：中華書局，1992年，第410頁。

〔註149〕《後漢書》卷十上《皇后紀上》，第406頁。

不可以示天下」〔註150〕。陰識在獲增封面前，保持清醒，知道自己屬於外戚，若再次增封，擔心會招致天下不滿。雖身為外戚，懂得謙退，深得光武的信任。「帝每巡郡國，識常留鎮守京師，委以禁兵。入雖極言正議，及與賓客語，未嘗及國事。」〔註151〕在光武帝出巡行幸地方郡國時，陰識鎮守京師，統領軍隊，為人慎言，宮中之事從不與賓客談及。謹言慎行的陰識令光武帝極為看重，並以其為榜樣，警戒宗室外戚。「帝敬重之，常指識以敕戒貴戚，激厲左右焉。」〔註152〕陰皇后弟弟陰興同樣在富貴面前保持清醒，謙卑為懷，在光武帝欲加封陰興時，陰興辭讓道「臣未有先登陷陣之功，而一家數人並蒙爵土，令天下觖望，誠為盈溢。臣蒙陛下、貴人恩澤至厚，富貴已極，不可復加，至誠不願。」〔註153〕在為劉秀打江山，建立東漢王朝時，相比其他功臣，陰興知道自己的功勞遜色些，加之自家不止一人任官封爵，權勢已盛，因而堅決辭讓不受。時為貴人的陰皇后不解陰興的辭讓之意，陰興答到「貴人不讀書記耶？『亢龍有悔。』夫外戚家苦不知謙退，嫁女欲配侯王，取婦眄睞公主，愚心實不安也。富貴有極，人當知足，誇奢益為觀聽所譏。」〔註154〕陰家此時得到光武帝的信任與重用，但陰興並未被富貴迷住雙眼，想得到更多榮華富貴，而是清醒自知，懂得月滿則虧，太多的榮華富貴和權力未必是好事。陰皇后聽到這番話，深有感觸，「深自降挹，卒不為宗親求位。」〔註155〕知道自損，不為家族成員求取官位。之後陰興受命輔導皇太子，在光武帝生病時，「以興領侍中，受顧命於雲臺廣室。」〔註156〕將一些政務交給陰興處理，陰興的政治才能有所突顯，光武帝在病好後，任命陰興為大司馬，陰興堅決推辭「興叩頭流涕，固讓曰：『臣不敢惜身，誠虧損聖德，不可苟冒。』至誠發中，感動左右，帝遂聽之。」〔註157〕陰興誠心推辭大司馬這個職位，光武帝最終沒有強求。陰氏家族的謙讓，知收斂，最終結局沒有像其他后族一樣傾覆。

雖說光武嚴防后妃干政，也未授予外戚大權，但相比之下，給予了陰氏外戚較為優厚的待遇。東漢中興的光武帝，由於東漢初年，社會經濟凋敝，

〔註150〕《後漢書》卷三十二《樊宏陰識列傳》，第 1130 頁。
〔註151〕《後漢書》卷三十二《樊宏陰識列傳》，第 1130 頁。
〔註152〕《後漢書》卷三十二《樊宏陰識列傳》，第 1130 頁。
〔註153〕《後漢書》卷三十二《樊宏陰識列傳》，第 1131 頁。
〔註154〕《後漢書》卷三十二《樊宏陰識列傳》，第 1131 頁。
〔註155〕《後漢書》卷三十二《樊宏陰識列傳》，第 1131 頁。
〔註156〕《後漢書》卷三十二《樊宏陰識列傳》，第 1131 頁。
〔註157〕《後漢書》卷三十二《樊宏陰識列傳》，第 1131 頁。

有待恢復，後宮一切從簡，后妃人數相對較少，對於所記載的后妃，僅郭皇后、陰皇后和許美人。郭皇后母家河北集團，在河北勢力龐大，光武帝打天下時，用心爭取以劉揚為首的河北集團的依附，為此娶劉揚的外甥女郭聖通，可見與郭皇后的結合實屬於一場政治聯姻。在劉秀剛登上帝位不久，坐擁河北勢力的劉揚便有造反之意，且已有所行動。光武派大將耿純平定了此事，卻因之對郭皇后及母家更添了幾分忌憚，外戚太過強大並不是好事，王莽篡漢去今不遠，為防重蹈覆轍也應防備郭皇后母家勢力。劉揚的外甥女郭聖通仍在后位，其子劉強為太子，外戚勢力強大未完全臣服，這對皇家來說是個不小的隱患。在郭皇后因愛寵減少，有所怨言時，光武借機將其廢黜，顯然是對河北集團的打擊。廢郭皇后的詔書中稱「宮闈之內，若見鷹鸇。既無關雎之德，而有呂、霍之風，豈可託以幼孤，恭承明祀」〔註158〕。西漢呂后自身強勢，為人狠毒，霍皇后母家權盛不知收斂且驕傲莫比，廢后詔書中稱郭皇后有呂后、霍皇后的特點，以史為鑒，擔心日後有女主掌權或母家權勢過盛危及皇權等狀況，光武以此將其廢黜。同時許美人一直不受寵，劉秀在感情上並未怎麼喜歡許美人。陰麗華的美貌，在二人婚前劉秀便已注意，從容貌到性格，從乍見之歡到久處不厭，劉秀與陰麗華的感情靜水流深般逐年加深，陰氏外戚僅是一般豪族，沒有太過強大的勢力，同時更為重要的是陰氏家族成員小心謹慎，對權力不貪婪，有清醒的自知之明，自身也懂得收斂。陰皇后始終受光武帝的寵愛，陰氏家族未因此飛揚跋扈，依然守禮低調，幾番推辭獲增封的機會。相比之下，陰氏外戚會得到光武帝的信任。即使在陰麗華成為小君，其子成為皇太子之後，陰識、陰興受命輔佐皇太子，並未索取更多權力，且陰皇后本身「性仁孝，多矜慈」〔註159〕，性格寬仁慈愛，有為天下母的風範，帝后夫妻在政治層面上是和諧的，光武帝對陰氏一族也是看好的，在其晚年「退呂后進薄太后配食高廟」，意在為日後明帝登臨大統做鋪墊，也有告誡外戚尤其是河北集團切勿胡作非為之意。

　　相比衛皇后，陰皇后是幸運的，與光武帝在政治層面上一直是較為融洽的關係，不像衛皇后，在衛青逝後，遭到武帝的猜忌，使帝后夫妻在政治層面上漸行漸遠，不再同心。陰皇后自始至終與光武帝在政治層面上都是同心的，最初陰麗華拒絕后位，將后位讓與郭聖通，心知當時的政治形勢，光武帝需要強

〔註158〕《後漢書》卷十上《皇后紀上》，第 406 頁。
〔註159〕《後漢書》卷十上《皇后紀上》，第 406 頁。

大的妻黨作後盾，之後劉秀關於配食高廟的處理，都能看出帝后夫妻在政治關係上的同心。而在陰麗華僅是貴人時，光武帝便給予陰皇后母家封侯和增封，往往只有皇后母家得以封侯，妃嬪之家封侯之事少之又少，可見給予陰皇后及母家的優待。同時任用陰氏家族成員，有利於皇太子自身地位的鞏固，也有利於陰氏一族長保榮華富貴。

帝后間感情良好，因政治形勢皇帝任用皇后族人，皇后母家成員又有一定的才能，且自身小心謹慎，皇帝對皇后母家是信任滿意的，從而帝后間的政治關係也會很融洽，帝、后同心於政治層面。這種類型的帝、后關係，皇后雖在政治上沒給予皇帝什麼幫助，亦或未直接參政議政，然而皇帝信任其母家，給予母家成員一系列的封官任爵，母家成員有所才能的同時，懂得收斂，不會肆意妄為，與君主間沒有什麼隔閡，關係一直很好。緣於君主與母家的關係，原本感情良好的帝、后此時的關係更為融洽，太子又是皇后所生，帝、后顯然同心。但若母家得力成員逝後，家族都是庸才後繼無人，又有不法之行，使君主對皇后母家產生不滿，將此不滿牽連到皇后身上，帝、后漸生隔閡，帝后間感情不如往昔，政治層面上也會漸行漸遠。

二、防範與忌憚

皇帝繼位大統，得益於皇后的母家，皇后母家權勢很盛，可以左右君主的廢立，皇后人選並非君主本意，是在當時政治情況下做的選擇。雖說帝后應一體同心，但在皇帝行駛權力時，時常被皇后母家掣肘，久而久之，皇帝會對妻黨有所不滿，對皇后也多猜忌、忌憚。加之皇后恃尊而驕，在後宮肆意妄為，橫行霸道，皇帝看在眼裏，記在心上，待自己羽翼豐滿，有能力之時會對其母家進行處置，還會對妻子有所行動。

武帝與陳皇后，二人的婚姻，是武帝母和陳皇后母兩個精明的女人，為了權力結為兒女親家，以此加強彼此間的聯盟。《西京雜記》中記載館陶公主將年幼的武帝置於膝上，問得如阿嬌作婦何？武帝回答用金屋藏之。年幼的孩子做到如此完美的回答，必有其母在背後的調教。后母館陶公主憑藉擁立之功，一味地向武帝索要權力，讓武帝感到是個不可忽視的隱患。「竇太主恃功，求請無厭，上患之。」〔註160〕其子在景帝朝時已分封為侯，其母竇太后在政治上有重要的話語權，館陶公主憑藉母親竇太后的力量，欲想得到更多的權力。

〔註160〕《資治通鑒》卷十七《漢紀九》，第 565 頁。

　　陳皇后因母家的援立之功，異常飛揚跋扈，自身無子，與嬪妃爭風吃醋等，不知收斂，憑藉母家的權勢，認為丈夫對自己及母家應感恩戴德，然而武帝已不是當初那個柔弱的少年了，逐漸顯現出自己的雄心壯志，在行使權力上不容許任何人對自己指手畫腳，因而與陳皇后母家的矛盾愈發鮮明，加之陳皇后自身問題不少，自然將對母家的不滿遷怒到陳皇后身上，先前在冷落陳皇后時，母親王太后勸武帝顧全大局，多少給予陳皇后些寵愛。「汝新即位，大臣未服，先為明堂，太皇太后已怒；今又忤長主，必重得罪。婦人性易悅耳，宜深慎之！」〔註161〕可見武帝初即位時，二人感情已有裂痕，王太后的規勸，是出於政治原因所考慮，為使武帝坐穩皇位，收服人心，需要對陳皇后及其母家稍加恩待。「上乃於長主、皇后復稍加恩禮。」〔註162〕武帝對陳皇后的好，摻雜了太多的政治因素，且在政治層面上，帝后間早已離心，武帝對陳皇后母家的不知尺度心生不滿，陳皇后因自家的擁立之功肆意妄為，武帝忌憚陳皇后母家，同樣對陳皇后有所戒備，帝、后在政治上無法同心攜手觀天下。

　　武帝羽翼已滿，再不像往昔般考慮任何人的感受，更為了日後順利行使權力，對權盛的外戚勢必採取相應的措施，廢黜皇后是必行的一步。「昔武帝欲立衛子夫，陰求陳皇后之過，而陳后終廢，子夫竟立」〔註163〕。武帝時期的后妃多出身卑賤，為此李禹階、秦學頎認為「『移愛新歡』並不僅是因生活腐化和好色，是因為西漢前期，中央集權在同地方豪族兼併勢力的鬥爭中，往往把眼光轉向中小地主階層和自耕農，以求得他們的支持，這是漢武帝不願與豪強大地主結成姻戚關係，而總是從社會底層尋找出身微賤的女子為后妃的重要原因」〔註164〕。今人林劍鳴編著的《秦漢史》中，認為陳皇后的巫蠱之獄實際上是武帝借機誅殺竇太后在宮內餘黨的一次鬥爭。廢黜陳皇后，政治層面是為了肅清竇太后的殘餘勢力。陳皇后廢后，館陶公主「慚懼，稽顙謝上」〔註165〕。館陶公主有些慚愧也有些懼怕，慚愧是自己的女兒失去后位，成為廢后，懼怕是武帝此時已敢作敢為，是有自己手腕的君主了，能夠廢黜陳皇后，也能夠對館陶公主手中的權力有隨時收回的可能性，甚至有可

〔註161〕《資治通鑑》卷十七《漢紀九》，第565頁。
〔註162〕《資治通鑑》卷十七《漢紀九》，第565頁。
〔註163〕《漢書》卷二十一上《律曆志上》，第955頁。
〔註164〕李禹階、秦學頎：《中國古代外戚政治》下篇第八章《中國外戚政治的起源與形成——秦、西漢》，北京：商務印書館，2017年，第280頁。
〔註165〕《資治通鑑》卷十八《漢紀十》，第598頁。

能令其家傾覆。雖然武帝客氣道「主當信道以自慰，勿受妄言以生嫌懼，后雖廢，供奉如法，長門無異上宮也。」〔註166〕並沒有遷怒陳皇后的母家，但是自此館陶公主收斂了氣焰，不再妄想分得武帝手中權力的一杯羹。清人薛福成認為關於陳皇后的廢黜，「武帝雄才大略，縱情聲色，實厭苦皇后之善妒，不欲受其中制。因廢之以抑其勢，而后之無罪，帝自知之，故其告長公主曰『后雖罷退，供養如法』」〔註167〕。陳皇后自身並無太大過錯，只是不想受陳家牽制，且廢后可削弱母家的勢力。陳氏家族開始走下坡路，陳皇后的兄弟陳須「坐淫亂，兄弟爭財，當死，自殺，國除」〔註168〕。陳蟜「坐母薨未除服奸，自殺」〔註169〕。

桓帝與梁皇后，桓帝承繼大統，是梁皇后母家的勢力所為。桓帝本是食封蠡吾一縣的列侯，因準備娶順烈梁皇后的妹妹時，質帝去世，掌權的梁太后立其為帝。梁氏一族在順帝朝時，因是皇后母族，權勢不小，桓帝朝時，「太后秉政而梁冀專權，」〔註170〕梁太后臨朝稱制，梁冀掌有大權，梁氏勢力遍布朝廷，宮中多依附者。桓帝初即位，無勢力無根基，梁家也是看中這一點，便於控制。正如曹騰當時對梁冀所言「將軍累世有椒房之親，秉攝萬機，賓客縱橫，多有過差。清河王嚴明，若果立，則將軍受禍不久矣。不如立蠡吾侯，富貴可長保也。」〔註171〕梁氏一族，在和帝朝時，因是和帝的生母，家族封官授爵，到順帝朝，立梁皇后，梁氏一族受到增封，世代外戚的梁家，賓客滿門，多少會有過錯，若立嚴明有德的清河王為帝，梁冀有可能會失去大權，若立準備娶自己妹妹的蠡吾侯，梁氏一族可以延續椒房之親，梁冀依然手握重權。繼承人不同，後果也不同，顯然會擁立蠡吾侯。桓帝即位後，專寵梁皇后，是因梁家的權勢，也有對梁氏一族援立之功的感激，梁皇后仰仗母家勢力，「藉姊兄蔭勢」〔註172〕，肆意妄為，在衣食住行方面奢侈莫比，迫害子嗣，不放過妊娠的嬪妃。梁皇后所作所為毫無母儀天下的風範，想必在與桓帝的日常相處中，也多了幾分驕貴。隨著時間推移，帝、后更加離心。

〔註166〕《資治通鑑》卷十八《漢紀十》，第598頁。
〔註167〕（清）薛福成：《庸庵文編》外編卷二《書漢書外戚傳後五癸酉》，清光緒刻庸庵全集本。
〔註168〕《漢書》卷九十七上《外戚傳》，第3948頁。
〔註169〕《漢書》卷十六《高惠高后文功臣表》第538頁。
〔註170〕《後漢書》卷十下《皇后紀下》，第444頁。
〔註171〕《後漢書》卷六十三《李杜列傳》，第2086頁。
〔註172〕《後漢書》卷十下《皇后紀下》，第444頁。

　　梁氏家族「一門前後七封侯，三皇后，六貴人，二大將軍，夫人、女食邑
稱君者七人，尚公主者三人，其餘卿、將、尹、校五十七人。」〔註173〕梁氏
家族權勢之盛。桓帝起初與梁氏一族的關係很好，「（元嘉元年）四月己丑，上
微服幸河南梁不疑府。」〔註174〕桓帝身著便裝去梁冀的弟弟梁不疑府上做客。
也是同一年，「元嘉元年，帝以冀有援立之功，欲崇殊典，乃大會公卿，共議
其禮。於是有司奏冀入朝不趨，劍履上殿，謁贊不名，禮儀比蕭何；悉以定陶、
成陽餘戶增封為四縣，比鄧禹；賞賜金錢、奴婢、彩帛、車馬、衣服、甲第，
比霍光；以殊元勳。每朝會，與三公絕席。十日一入，平尚書事。宣佈天下，
為萬世法。」〔註175〕桓帝不忘梁冀昔日的援立之功，加封梁冀，給予殊榮，
使其在原來的待遇上更加優厚。比照對國家有重大貢獻的功臣，入朝之禮比於
前世蕭何，所封之地比於鄧禹，賞賜之比於霍光，可見當時梁冀得到的殊榮之
盛。但「（梁）冀猶以所奏禮薄，意不悅。」〔註176〕梁冀的貪權，令其依然不
滿足，事實上梁冀遠遠比不上這些功臣。梁皇后記得母家的擁立之功，看到丈
夫桓帝對其兄梁冀的加封，再加之桓帝對自己的寵愛，愈發恃寵而驕。梁皇后
也不懂得，劉志在成為桓帝的那天，二人不再是尋常的宗室夫婦，其間的政治
關係決定二人關係的走向。

　　梁氏一族原本在監管子孫方面有所欠缺，不法之事屢出。梁冀「專擅威柄，
凶恣日積，機事大小，莫不諮決之」〔註177〕梁冀憑藉手中炙手可熱的權力
作威作福，政事無論大小，需經過他才能決策，日子久了，桓帝對梁氏一族逐
漸有所不滿，後宮中的梁皇后又驕傲莫比。顯然桓帝對梁氏一族的不滿會遷怒
到梁皇后身上，帝、后間的關係越發隔閡。之後，「百官遷召，皆先到冀門牒
檄謝恩，然後取詣尚書。」朝中百官的升遷，需先到梁冀家謝恩，然後再到公
門，可見梁冀手中的權力此時堪與桓帝相比。梁氏家族的權力與日俱增，梁皇
后也更加飛揚跋扈，帝后在政治層面間的關係越發離心。梁皇后的後宮之主做
得並不合格，加之母家權力膨脹，桓帝已從當初的感激變成如今的猜忌、忌憚，
梁皇后希望母家的權力永保，富貴依舊，桓帝有收權之意，希望大權在自己手

〔註173〕　《後漢書》卷三十四《梁統列傳》，第 1185 頁。
〔註174〕　（東晉）袁宏：《兩漢紀下・後漢紀》卷二十一《桓帝紀上》，北京：中華書
　　　　　　局，2017 年，第 399 頁。
〔註175〕　《後漢書》卷三十四《梁統列傳》，第 1183 頁。
〔註176〕　《後漢書》卷三十四《梁統列傳》，第 1183 頁。
〔註177〕　《後漢書》卷三十四《梁統列傳》，第 1183 頁。

中而不是旁落外家。此時帝、后不會一心，桓帝對梁皇后從昔日的寵愛變成如今的防備，在梁太后逝後，對梁皇后的寵愛減少，因了對梁冀的忌憚，桓帝對梁皇后「不敢譴怒，然見御轉稀」〔註178〕，雖不曾對梁皇后有責備，明顯的寵愛已減少。「至延熹三年，后以憂恚崩。在位十三年，葬懿陵。」誅掉梁冀後，桓帝不忘對梁皇后進行清算，將其追廢。這是兩漢史上唯一一例皇后逝後被追廢為貴人的事件，在處置梁氏一族時，桓帝對自己的髮妻並沒有顧及昔日的情分而保留尊號，令其身後成為廢后。想必是桓帝欲剝奪梁氏家族的一切榮耀，斬草除根。帝后在政治關係上，皇后母家勢力過於強大，權盛的妻黨會阻礙皇權的行使，導致君主對皇后也多有防備，皇后品行不端，倚勢飛揚跋扈，政治上越發離心，政治間的問題終會影響到帝、后二人的關係。

憑藉妻黨之力成為皇帝，對皇后的寵愛，政治色彩濃厚。待皇帝坐穩皇位，羽翼漸滿，對權盛不知收斂的妻黨心生不滿，行使皇權時不願受任何人的掣肘，從而與皇后母家漸生嫌隙，對憑藉母家勢力得到后位的妻子，會將皇后與母家視為一體，不認為皇后會與自己同一立場，漸生隔閡，有所猜忌與忌憚，會將對皇后母家的不滿，牽連到皇后身上，帝、后二人在政治上越發隔閡。皇后母家權力炙手可熱，又已忘記「富貴盈溢，未有能終者」〔註179〕之道，終將遭到皇帝的清除，加之皇后自身問題多多，清理皇后母家時，也會廢黜皇后。若皇后仍穩坐后位，「漢家父兄皆封侯」，母家未來便有東山再起的可能。皇帝為防後患，對皇后母族徹底清算，不忘將皇后廢黜。因此，母家勢力過於強大的皇后，往往帝、后二人在政治關係上多有問題，從而為此遭廢黜。

后妃與君主間的政治，是后妃與君主間最為重要的因素。這也是為何因政治問題，皇后受牽連者很多，妃妾相比受牽連者少，后妃中皇后與君主的政治關係更為重要。若皇后自身參政議政，甚至是為君主的賢內助，有利於穩保自己及母家的地位；若君主信賴后族，皇后小心謹慎，不出意外，也會順風順水；若皇后母家起初權勢就很盛，君主有所忌憚，皇后自身不懂收斂，最終的下場一片淒涼。

后妃與君主，三個層面上的關係，情感、家庭和政治，情感關係是后妃與君主間最基本的關係，能夠得到君主的感情，關係后妃自身的幸福，二人的情感關係會影響到后妃本人的命運及母家的未來。家庭關係是后妃與君主間的

〔註178〕《後漢書》卷十下《皇后紀下》，第 444 頁。
〔註179〕《後漢書》卷三十二《樊宏陰識列傳》，第 1121 頁。

日常關係，重點在於后妃是否能在皇家做到盡善盡美。政治關係是后妃與君主間最重要的關係，決定后妃與君主所有關係的走向，更是會決定后妃及其母家的命運。

第三章　后妃與母家

商朝末年，「九侯有好女，入之紂。九侯女不憙淫，紂怒，殺之，而醢九侯。」〔註1〕商紂王荒淫無道，商紂王的妃妾，九侯的女兒，因不喜歡紂的行為遭殺害，九侯也因之喪命。由於后妃的問題，母家受到牽連。后妃與母家多是「一榮俱榮，一辱俱辱」，在兩漢后妃中，因錯綜複雜的因素，后妃與母家，可分不同情況進行討論。

第一節　后妃對母家的提升

后妃家族本無太大權勢，在朝中也沒有很重要的話語權，因自家女成為皇后，「皇后父兄皆封侯」，皇后母家尤其是皇后父親，在自家女成為皇后前後得到封侯。君主丈夫去世，兒子即位，成為新皇帝，自己成為皇太后，新皇帝對母家的分封，尤其對母舅的分封會更多，母家因此得到一系列任官封爵，從而走向一條平坦輝煌之道。這是后妃對母家的提升。這種類型最鮮明的體現在孝元王皇后和明德馬皇后身上。

一、孝元王皇后

「孝元王皇后，成帝母也。家凡十侯，五大司馬，外戚莫盛焉。」〔註2〕班固記載西漢后妃時，特意為孝元王皇后單獨作傳，為女性單獨作傳，只有呂后與孝元王皇后，可見孝元王皇后的獨特之處。

〔註1〕《史記》卷三《殷本紀》，第106頁。
〔註2〕《漢書》卷九十七下《外戚傳下》，第3973頁。

「孝元后歷漢四世為天下母，饗國六十餘載，群弟世權，更持國柄，五將十侯，卒成新都。」〔註3〕孝元王皇后歷經西漢四朝，身在皇后之位和太后之位共計六十多年，母家逐漸從普通外戚到權盛外戚，令其他外戚無可匹敵，權勢過於薰天，母家成員王莽最終篡漢。因了王皇后，母家獲得崛起般的提升。

（一）皇后時期

王皇后在丈夫元帝做太子時，陰錯陽差般受到御幸，一幸而懷有身孕，生下兒子劉驁。元帝有了子嗣，其父宣帝也很開心，甚是疼愛劉驁。元帝即位，立劉驁為太子，母以子貴，王政君很快被冊封為皇后。「立太孫為太子，以母王妃為婕妤，封父禁為陽平侯。後三日，婕妤立為皇后。」〔註4〕王皇后的父親王禁之前只是一個小小廷尉史，得以封侯，是王政君之子被立為儲君，王政君也是元帝內定的皇后，為了提升母家的地位，先封父親王禁為侯，再冊封王政君為皇后。王政君入主中宮後，元帝對妻族再次陞官，「禁位特進，禁弟弘至長樂衛尉。」〔註5〕王禁的官位再次得到提高，王弘是守衛長樂宮的將領。此前王氏家族是極為普通的官宦家庭，因王政君成為皇后，其家成為元帝的妻黨，榮華富貴隨之而來。

王政君身在后位不受寵，太子劉驁逐年長大後，喜好飲酒和燕私之樂，元帝對此不滿，寵妃傅昭儀之子定陶共王音樂等才能突出，受到元帝的重視。元帝病重時，「數問尚書以景帝時立膠東王故事」〔註6〕，景帝時期廢栗太子劉榮，改立膠東王劉徹為太子，元帝數次問及此事，易太子之意溢於言表。當時的形勢對王皇后和太子非常不利，母家也跟著擔憂。「是時，太子長舅陽平侯王鳳為衛尉、侍中，與皇后、太子皆憂，不知所出。」〔註7〕他們共同擔憂，卻沒有對策，不知如何是好。這也能看出母家深切關心后妃在宮中的情況，后妃可以提升母家，也有可能因后妃在宮中的變化，影響到母家現有的地位和榮華富貴。當時王皇后雖是小君，兒子是太子，但母子俱受冷落。「上寢疾，傅昭儀及定陶王常在左右，而皇后、太子希得進見。」〔註8〕傅昭儀母子在元帝身邊侍奉，王皇后母子很少能夠見到元帝，處於不安的狀態。史丹的一席話，

〔註3〕 《漢書》卷九十八《元后傳》，第4035頁。

〔註4〕 《漢書》卷九十八《元后傳》，第4016頁。

〔註5〕 《漢書》卷九十八《元后傳》，第4016頁。

〔註6〕 《漢書》卷八十二《王商史丹傅喜傳》，第3377頁。

〔註7〕 《漢書》卷八十二《王商史丹傅喜傳》，第3377頁。

〔註8〕 《漢書》卷八十二《王商史丹傅喜傳》，第3377頁。

加之王皇后多年的小心謹慎，元帝性格中的「柔仁」，終未忍心改立太子。但在王皇后母子最無助時，陪在身邊的是母家成員王鳳等，因之使成帝對長舅王鳳更添了幾分信任與親切。為此，王夫之在《讀通鑑論》中寫道：

> 成帝之在東宮也，既為元帝之所憎而孤危懼，搖搖於廢立之間者將十年。匡衡、史丹亦但以大義規元帝，而非必與成帝為腹心。所竊竊然忱、翕翕然私語而計者，亦鳳兄弟耳。人情出危險之中而思故時之同患者，未有不深信而厚倚之。故成帝一立，而顧瞻在廷，無有如鳳之親己者，豈復憂他日之攘己乎？〔註9〕

成帝不被父親元帝喜愛，元帝改立太子的想法持續經年，匡衡、史丹等大臣用嫡長子繼承制等觀念對元帝進行規勸，真正為成帝擔憂的是母舅王鳳，共同出計謀為成帝著想的是王皇后母家。真正為皇后擔憂的，也只有其母家。一同患難更多了幾分深情，成帝在即位後，倚重母黨，「以鳳為大司馬大將軍領尚書事，益封五千戶。王氏之興自鳳始。又封太后同母弟崇為安成侯，食邑萬戶。鳳庶弟譚等皆賜爵關內侯，食邑。」〔註10〕成帝即位，給予母家一系列任官封爵，王氏外戚從此走上風光之路。對此，王夫之認為：

> （元）帝以成帝耽燕樂為不能勝大位，而欲立山陽王，識之早也。重易國儲，聞史丹之諫而止，亦正也。然知成帝之不克負荷，而不擇賢臣以輔正之，幸傅昭儀而遲回於山陽，構重疾而忽忽不定，聞史丹之諫，知命之已促，而徒有善輔之言，無託孤之遺命，以聽哲婦孺子之自求親信，而王鳳進矣。〔註11〕

王氏外戚在成帝一朝居高官厚祿，是成帝的倚重和親信，在王夫之看來，這有元帝的過錯在其中。元帝看到成帝飲酒好樂等問題，心知不是繼承人的最佳人選，生發改立太子之意，通過大臣的勸諫此意消除。但明知成帝有弱點，不為其選擇賢良之臣進行輔佐，病重之時，聽聞史丹的勸諫，僅有好生輔導太子之言，未選託孤之臣，未如前世武帝選擇霍光、金日磾等大臣進行輔政，對之後的成帝朝政局也未做出安排。因而初即位的成帝只好自己尋求能夠倚賴的親信大臣，昔日自己的太子之位有所不保時，母舅一家跟著擔憂，成帝不會忘記，王氏外戚的一系列任官封爵便順理成章，王鳳位高權重之時到來。

〔註9〕《讀通鑑論》卷五《哀帝》，第113～114頁。
〔註10〕《漢書》卷九十八《元后傳》，第4017頁。
〔註11〕《讀通鑑論》卷五《哀帝》，第113頁。

（二）皇太后時期

孝元王皇后歷四世為天下母，是元帝朝的皇后，成帝、哀帝、平帝朝的皇太后。成帝朝時，王氏外戚權盛，驕奢無度。哀帝朝時，家族權勢雖有遜色，但因為有王太后的存在，哀帝對王氏外戚多少也有所禮讓。平帝朝時，王莽掌權，安漢公、假皇帝一步步成為真正的君主，改朝易姓，取得自己的江山。整體上看，成、哀、平三朝，王皇后成為王太后，母家權力雖有起有落，但在權盛之後沒有傾覆，低谷之時得以保全，這些都與王太后有關。三朝中王氏外戚的不同處境，與當權者皇帝、前朝的政治形勢等都有關係，其中元后與母家的關係並不是一句話就能概括的。

成帝朝時，成帝即位初給予母家封賞及一系列的任官封爵，「專委任鳳」〔註12〕，長舅王鳳為大司馬大將軍進行輔政，最是位高權重。此時許皇后受寵，其父許嘉在元帝朝時，以大司馬車騎將軍的身份進行輔政，已有八、九年。許氏外戚權勢很盛。「后聰慧，善史書，自為妃至即位，常寵於上，後宮希得進見。皇太后及帝諸舅憂上無繼嗣，時又數有災異，劉向、谷永等皆陳其咎在於後宮。上然其言。」〔註13〕許皇后是西漢為數不多具有文化素養的后妃，聰慧且通曉詩書，從太子妃到皇后，深得成帝的寵愛。帝、后感情美滿本是一件幸事，卻因許皇后得寵，其他妃妾御幸機會少，令皇太后及母家的擔憂甚至不滿，理由是成帝未有皇子，此時應對嬪妃雨露均霑，實際是擔憂許皇后受寵，在元帝朝就有權勢的許氏外家，此刻權勢會更盛，從而危及到王氏外戚的政治利益。

之後許皇后愛寵減少，許后姐姐謁等人祝詛後宮有孕者及王鳳，「事發覺，太后大怒，下吏考問，謁等誅死，許后坐廢處昭臺宮，親屬皆歸故郡山陽，后弟子平恩侯且就國。」〔註14〕前世上官皇后父、祖共同謀反，大逆之罪，上官皇后因未知情、未參與，事發後仍保留后位；前世武帝陳皇后自身因巫蠱一事遭廢黜，當時並未對陳皇后母家有所動作。但許皇后卻因此失去后位，並使許皇后在內的整個許氏家族受到牽連，家屬徙歸郡縣，往往對罪過大的宗族才有此懲罰。這樣的懲罰未必有些嚴重，目的是為了將許氏全族一網打盡，許氏外戚再不會威脅到王氏外戚的利益。且在發覺許后姐姐祝詛一事後，本應君主處

〔註12〕《漢書》卷九十七下《外戚傳下》，第3974頁。
〔註13〕《漢書》卷九十七下《外戚傳下》，第3974頁。
〔註14〕《漢書》卷九十七下《外戚傳下》，第3982頁。

置，此事由太后做主，王太后大發雷霆，想必是因為其中祝詛了太后長兄王鳳，最後加重判決力度有太后意願，藉此為母家清除一些影響勢力的因素吧。在立出身卑微的趙飛燕為皇后，王太后未有太多刁難，只是對其出身不滿，淳于長在兩宮間進行溝通後，「得太后指」〔註15〕，得到太后的意思，成帝封趙飛燕的父親為侯，後冊封趙飛燕為皇后，因而提高了趙飛燕的地位。在立趙飛燕為后一事上，王太后並未有何阻攔，並想到折衷的辦法。這是因為對於王氏外戚來說，許氏外戚是宣帝的外家，宣、元兩朝都有大權，相比之下王氏外戚要遜色很多，許氏外戚在成帝朝又是成帝的妻黨，顯然會有礙母黨的權益。相比之下，趙飛燕出身卑微，母家在朝中毫無根基、勢力可言，不會危及王氏宗族的利益。王太后在許后姐姐接觸巫術一事上大發雷霆，促使此事從重發落，減少危及其利益的外戚。在皇后廢立一事上，有助於母家日後獲取更多權益。

成帝寵信張放，母舅們擔心寵臣張放日後掌實權妨礙自己的利益，稟告太后，太后令張放遠離中央。「上諸舅皆害其寵，白太后。……太后以放為言，出放為天水屬國都尉。」〔註16〕「漢以孝治天下」，尊母風氣使然，成帝對母后的命令，需要聽從。王太后的做法，有利於確保母家手中的權力。

「是時帝元舅陽平侯王鳳為大將軍秉政，倚太后，專國權，兄弟七人皆封為列侯。」〔註17〕成帝一朝，倚仗太后，母舅王鳳執掌大權，兄弟七人都被封為列侯。相對元后做皇后時對母家的提升，此時做太后更是使母家獲得更大的提升。王太后不僅提拔王氏宗族成員，「王氏子弟皆卿大夫侍中諸曹，分據勢官滿朝廷。」〔註18〕對同母異父的弟弟也有所關照。「太后母李親，苟氏妻，生一男名參……太后憐參，欲以田蚡為比而封之。」〔註19〕田蚡是孝景王皇后同母異父的弟弟，武帝朝得到分封，王太后希望自己同母異父的弟弟，比照田蚡受到分封。成帝認為不合適，任命苟參為侍中水衡都尉。王太后憑藉成帝生母的身份，使母家更多人任官封爵。

王鳳雖有類於社稷之臣，會薦舉一批有能力的官員，但王鳳排除異己，防範一切有礙自己權力實行者，以免危害到自己的利益，如迫令王商憂死，令定陶王回藩國等。王章曾上奏列舉王鳳的一系列過錯，建議成帝「鳳不可令久典

〔註15〕 《漢書》卷九十七下《外戚傳下》，第 3989 頁。
〔註16〕 《漢書》卷五十九《張湯傳》，第 2655～2656 頁。
〔註17〕 《漢書》卷三十六《楚元王傳》，第 1949～1950 頁。
〔註18〕 《漢書》卷九十八《元后傳》，第 4018 頁。
〔註19〕 《漢書》卷九十八《元后傳》，第 4018 頁。

事，宜退使就第，選忠賢以代之。」〔註20〕成帝贊成王章的上疏，「上自為太子時數聞野王先帝名卿，聲譽出鳳遠甚，方倚欲以代鳳。」〔註21〕成帝為太子時已對馮野王的名聲有所耳聞，且馮野王在元帝朝「歷二卿，忠信質直，知謀有餘」〔註22〕。馮野王忠誠可信，為人耿直，有智有謀，名聲遠高於王鳳，成帝欲令其代替王鳳的位置。此事被王家人聽到，王鳳先發制人，「稱病出就第，上疏乞骸骨。」〔註23〕實是以退為進，用充滿溫情的語言上疏，「其辭指甚哀，太后聞知為垂涕，不禦食。」〔註24〕上疏中字裏行間有濃濃的哀情，令王太后甚是難過，為之哭泣不進食。前世武帝曾想治舅舅田蚡的罪過時，母親王太后為之不食，「以孝治天下」的漢朝，孝母很重要，王太后以此為要挾，武帝終未能論田蚡的罪過。成帝母太后同樣如此，加之成帝年少時便親倚王鳳，於心不忍，因而王鳳退位一事未能實現。此時的王太后是母家的權威庇護，母家多人有官位，手中權力在增長。王太后的婦人之心，為母家保全榮華富貴，卻耽誤了朝政，為後來的史家所不滿，王夫之為此說道：

> 亡西漢者，元后之罪通於天矣。論者徒見其吝璽不予、流涕漢
> 廟、用漢伏臘而憐之，婦人小不忍之仁，惡足以蓋其亡漢之大憝哉！
> 今有殺人者，流涕袒免而撫其屍曰：吾弗忍也，而孰聽之？〔註25〕

> 呂后私其族而終以國事付平、勃，武氏私其姪而終以國事付狄、
> 婁，元后則籠劉氏之宗社與其璽悅，而以授之以私親。〔註26〕

王夫之認為西漢的最終滅亡，元后脫不了干係。相比於呂后、武則天，雖也都給予母家榮華富貴，但不令其插手朝政，將國事的處理交付給賢良輔政之臣，因而朝政平穩運行。但王太后一味給予母家權力，即便不能勝任，也因血緣關係授予多位家人以官職，從而影響到朝政的正常運轉。

也有人持不同觀點：

> 自古大亂之萌，發於意之所不及，大抵如此。然而政君固賢后
> 也，凡婦人之情，常偏溺外室，故呂后欲王呂，武則天欲王武。當

〔註20〕《漢書》卷九十八《元后傳》，第4020～4021頁。
〔註21〕《漢書》卷九十八《元后傳》，第4021頁。
〔註22〕《漢書》卷九十八《元后傳》，第4021頁。
〔註23〕《漢書》卷九十八《元后傳》，第4022頁。
〔註24〕《漢書》卷九十八《元后傳》，第4022頁。
〔註25〕《讀通鑑論》卷五《哀帝》，第116頁。
〔註26〕《讀通鑑論》卷五《哀帝》，第117頁。

王莽時，莽媚元后可謂至矣，平帝既崩，元帝更無後嗣，即擇立劉氏，與元后親近，若莽則后之猶子也，后乃深怒莽篡日，狗豬不食其餘，又日是人慢神，不能久至，漢家正臘日，獨與左右相對飲酒食。觀后之拒莽如此，則漢雖緣后而亡，后之心故未嘗亡漢也，其罪豈與呂武類乎？〔註27〕

　　朱一是認為孝元皇后是賢德的皇后，從王莽篡權，元后的反應態度，看出元后始料未及，不會希望漢朝滅亡，元后依舊遵守漢家法度，為此得到稱讚。筆者認為孝元后一味信任母家，給予母家榮華富貴，並將大權交予母家，造成了江山易主的可能。西漢的滅亡，與元后有一定的關係。

　　王氏家族倚仗王太后，驕奢無度。成都侯王商「嘗病，欲避暑，從上借明光宮。后又穿長安城，引內灃水注第中大陂以行船，立羽蓋，張周帷，輯濯越歌。」〔註28〕王商生病時借皇家的明光宮養病，為享樂擅自穿帝城引水。曲陽侯王根的府第「園中土山漸臺似類白虎殿」〔註29〕。府第建築仿皇家建築，僭越禮制，不知尺度。紅陽侯王立父子將法律視若罔聞，「藏匿奸滑亡命，賓客為群盜，司隸、京兆皆阿縱不舉奏正法。」〔註30〕王立父子有意藏匿犯法之人，官吏畏懼不敢做出處置。看到外家如此驕縱，成帝終於看不過去，對他們進行責備，外家的對策是「商、根兄弟欲自黥劓謝太后」〔註31〕。罪行被成帝發現後，王氏外戚卻欲在王太后面前損傷自己，用此行為遮掩罪行，從中看出此時王太后是母家的倚仗和庇護，不僅對母家有提升作用，也有保護作用。成帝雖大發雷霆，「詔尚書奏文帝時誅將軍薄昭故事。」〔註32〕前世文帝母舅薄昭有罪，文帝終將其誅殺，成帝令尚書上奏此事，顯然有將母家治罪之意。「車騎將軍音藉槀請罪，商、立、根皆負斧質謝。」〔註33〕王氏外戚自請罪於成帝面前，成帝終沒有忍心治罪，這與其母王太后有很大關係。

　　「王氏親屬，侯者凡十人。」〔註34〕「王氏爵位日盛，唯音為修整，數諫

〔註27〕（清）朱一是：《為可堂初集》卷五論《孝元皇后論》，清順治十一年刻本。
〔註28〕《漢書》卷九十八《元后傳》，第 4025 頁。
〔註29〕《漢書》卷九十八《元后傳》，第 4025 頁。
〔註30〕《漢書》卷九十八《元后傳》，第 4025 頁。
〔註31〕《漢書》卷九十八《元后傳》，第 4025 頁。
〔註32〕《漢書》卷九十八《元后傳》，第 4025 頁。
〔註33〕《漢書》卷九十八《元后傳》，第 4025 頁。
〔註34〕《漢書》卷九十八《元后傳》，第 4026 頁。

正，有忠節。」〔註35〕王氏一族雖權勢薰天，但多庸才，政治上無何作為，也沒有什麼政績可言。但在成帝朝時，卻是榮華富貴，一帆風順。

成帝崩逝，哀帝即位，「哀帝少而聞知王氏驕盛，心不能善。」〔註36〕哀帝未即位時便對王氏外戚的權盛且驕縱不法有所耳聞，心中有對王氏外戚的不滿。加之哀帝是成帝的嗣子，生父是定陶王，王氏外戚失去了皇帝外家的身份，王太后心知此時應收斂往昔的氣焰。「太后詔（王）莽就第，避帝外家。」〔註37〕同時下詔令其他在位的王氏成員退位歸守。主動退讓，不影響新晉外家的利益，更是保全外家的一種手段。

此時司隸校尉解光上奏王氏外戚的罪行：

> 曲陽侯根行貪邪，臧累鉅萬，縱橫恣意，大治室第，第中起土山，立兩市，殿上赤墀，戶青瑣；遊觀射獵，使奴從者被甲持弓弩，陳為步兵；止宿離宮，水衡共張，發民治道，百姓苦其役。內懷姦邪，欲荂朝政，推親近吏主簿張業以為尚書，蔽上雍下，內塞王路，外交藩臣，驕奢僭上，壞亂制度。案根骨肉至親，社稷大臣，先帝棄天下，根不悲哀思慕，山陵未成，公聘娶掖庭女樂五官殷嚴、王飛君等，置酒歌舞，捐忘先帝厚恩，背臣子義。及根兄弟成都侯況幸得以外親繼父為列侯侍中，不思報厚恩，亦聘娶故掖庭貴人以為妻，皆無人臣禮，大不敬不道。〔註38〕

曲陽侯王根僭越禮制，仿造建築，擾亂朝政，所用非人，成帝逝後，王根王況沒有悲傷，很快娶掖庭女，更是對成帝的大不敬。比之謙虛謹慎的外戚，王氏一族確驕縱不知收斂，錯誤在哀帝朝時被輕而易舉指出。最終王氏成員免官歸本郡，所舉薦的官員也遭罷免。哀帝沒有對王氏外戚完全打壓，使其傾覆，一方面是哀帝剛即位，又是從藩國而來，朝中無何根基，手中權力不牢固，王氏外戚及黨羽滿朝廷，一時剝奪王氏全部權力不太現實。另一方面是王太后的存在，哀帝多少要盡孝道，顧及王太后的感受。

哀帝一朝，丁、傅外戚多得意，哀帝母丁姬、祖母傅昭儀皆稱尊號，違反嫡庶有別的觀念，為世人不滿。之後因「新都侯莽前為大司馬，貶議尊號

〔註35〕《漢書》卷九十八《元后傳》，第 4027 頁。
〔註36〕《漢書》卷九十八《元后傳》，第 4028 頁。
〔註37〕《漢書》卷九十八《元后傳》，第 4027 頁。
〔註38〕《漢書》卷九十八《元后傳》，第 4028 頁。

之議；虧損孝道，及平阿侯仁臧匿趙昭儀親屬，皆就國。」〔註39〕哀帝對王氏外戚的處罰力度不小，但王莽一直以儒者形象展現在世人面前，因而天下人多站在王氏一邊。時臣子楊宣上奏哀帝「太皇太后春秋七十，數更憂傷，敕令親屬引領以避丁、傅。行道之人為之隕涕，況於陛下，時登高遠望，獨不憯於延陵乎！」〔註40〕哀帝為成帝的嗣子，理應對健在的王太后盡孝道，對王氏外戚的處罰，多少是有損孝道的表現。因而哀帝多少加恩王氏一族，封王商子王邑為成都侯。元壽元年出現日蝕現象，「賢良對策多訟新都侯莽者，上於是徵莽及平阿侯仁還京師侍太后。」〔註41〕「莽從弟成都侯王邑為侍中，矯稱太皇太后指白哀帝，為莽求特進給事中。哀帝復請之，事發覺。太后為謝，上以太后故不忍誅之，左遷邑為西河屬國都尉，削千戶。」〔註42〕王邑矯詔稱元后之意為王莽求官位，事情被發現，王邑本是死罪，元后為之道歉，最終降低官位，削減戶數。可見元后對母家盡力保全，對有罪成員儘量減輕罪行。雖然哀帝一朝，王氏一族處於低谷，但得以保全，因有王太后的庇護。

哀帝逝後，後繼無人，也未對政局做出安排，從董賢對哀帝喪事的束手無策上，更能鮮明看出。為此王太后召王莽安排相關事宜，為王氏代漢下了伏筆。為此蘇轍認為：

> 王氏代漢之禍實成於此。昔高帝疾，有呂氏之憂，呂后問以後事，帝曰陳平智有餘然難獨任，王陵少戇可以助之，周勃厚重少文，然安劉氏必勃也，可令為太尉。及產祿之變，王陵爭之於前，平勃定之於後，皆如高帝所慮。文帝末年有七國之憂，戒太子曰即有緩急，周亞夫可任將兵，及吳楚之變，亞夫為大將破之，數月之間，亦如文帝所慮。今王氏之亂，與呂氏、七國等耳，而哀帝無其人，漢遂以亡，非特天命，蓋人謀也。〔註43〕

選立之權回到王太后手中，「太皇太后以莽為大司馬，與共徵立中山王奉哀帝后，是為平帝。帝年九歲，當年被疾，太后臨朝，委政於莽，莽專威

〔註39〕《漢書》卷九十八《元后傳》，第 4029 頁。
〔註40〕《漢書》卷九十八《元后傳》，第 4029 頁。
〔註41〕《漢書》卷九十八《元后傳》，第 4029 頁。
〔註42〕《漢書》卷八十六《何武王嘉師丹傳》，第 3486～3487 頁。
〔註43〕（宋）蘇轍：《欒城集下》欒城後集卷第八《漢哀帝》，上海：商務印書館，1936 年，第 83 頁。

福。」〔註44〕王太后及其母家選立繼承人，平帝疾病，王太后臨朝稱制，但與前世呂后親自掌權不同，王太后以後宮婦人之見將大權交予王莽，認為母家最值得信賴，以保劉氏江山的長久穩定，卻未曾想到王莽奪取皇位。王莽派人去王太后處求玉璽時，王太后怒罵道「而屬父子宗族蒙漢家力，富貴累世，既無以報，受人孤寄，乘便利時，奪取其國，不復顧恩義。」〔註45〕王太后將自己視為漢家人，未曾想到自己極其信任、一直給予高官厚祿的母家人，卻背叛了自己，奪得皇位。

整體來說，孝元王皇后對母家起到的扶持，近似於崛起般，因了王皇后，其母家雖在哀帝朝蟄伏，處於劣勢，綜觀整體是上升態勢，母家榮華富貴越發強盛，最終使江山易姓，成為王氏的天下。為此，東漢統治者吸取教訓，「漢家中興，唯宣帝取法。至於建武，朝無權臣，外族陰、郭之家，不過九卿，親屬勢位，不能及許、史、王氏之半。至永平，后妃外家貴者，裁家一人備列將校尉，在兵馬官，充奉宿衛，闔門而已無封侯豫朝政者。」〔註46〕

二、明德馬皇后

（一）皇后時期

明德馬皇后出自西北豪族，家族變故使馬后早熟，感受到世態炎涼，人情冷暖，看到豪族間為利益明爭暗鬥的實質，也是對她今後日子的一種歷練，豐富了日後處理人際關係及後宮事務的經驗。

馬嚴聲稱前世有族女為成帝婕妤，為了叔父馬援孤恩有報，誠懇「求進女掖庭」，上書得到允准，馬皇后由此選入太子家。光武允許罪臣之女成為太子的嬪妃，當時對馬援處置欠妥當，是對馬援虧欠的一種補償，也是為了安撫馬氏宗族，穩定人心。馬氏女洞悉此意向，努力在後宮中將一切做到盡善盡美，不負家族厚望，成為明帝的皇后。

馬皇后初進太子宮時，盡心侍奉婆母，嬪妃間和睦相處，舉止行為盡力而為。這與馬皇后從小受到的良好教育有關，更與自己的家族處於低谷有關，使其在宮中更加小心翼翼，做事三思而後行。「其見寵者與之恩隆，未嘗與侍御者私語，其防閒慎微，皆此類也。」〔註47〕明帝「登建嬪後，必先令德」，尤

〔註44〕《漢書》卷九十八《元后傳》，第 4030 頁。
〔註45〕《漢書》卷九十八《元后傳》，第 4032 頁。
〔註46〕《東觀漢記校注》卷二《顯宗孝明皇帝》，第 57～58 頁。
〔註47〕（東晉）袁宏：《兩漢紀下‧後漢紀》卷九《孝明皇帝紀上》，北京：中華書局，2017 年，第 167 頁。

為注重后妃的品德，因此馬皇后在丈夫明帝面前受重視。明帝令未有皇子的馬貴人，撫養賈貴人的兒子，可見明帝當時有意將后位給予馬氏女。立后一事上，婆母陰太后也傾向馬氏女，可見馬皇后自身確有過人之處。

光武朝的罪臣馬援，明帝朝時圖畫功臣像，因是馬皇后父親的緣故，未被圖畫。馬援夫人逝世後，「修封樹，起祠堂」〔註48〕，光武末的罪臣到明帝朝的功臣，馬援在逐漸被平反，馬夫人死後受到隆重祭奠，馬氏家族一步步走出低谷，這與當初馬家主動獻女的決策分不開，更是馬皇后從中努力的結果。之前上書的馬嚴雖在自家女立為皇后之後，閉門自守，斷絕賓客，馬皇后召其來京師，明帝召見後，看到馬嚴的才華，先是留仁壽闥一同校定《建武注論》，與宗室近親談論政事，之後授予兵權。在祭祀蚩尤時，明帝親去觀看，光榮莫比。馬氏宗族呈上升態勢，馬皇后從中起了很大的作用，使母家走出低谷，提升了母家的地位。

（二）皇太后時期

明帝逝世，章帝即位，馬皇后成為皇太后，「時新平主家御者失火，延及北閣後殿。太后以為己過，起居不歡。」新平主家失火，危及到皇宮一處，當時有將災害與個人過錯相聯繫的習俗，馬太后認為此火災是自己的過錯導致，因此日常生活中有些悶悶不樂，行為上更加注意。「后素謹慎，小感慨輒自責，如平生事舅姑。」〔註49〕

章帝追諡馬援為忠成侯，「以廖為衛尉，防為中郎將，光為越騎校尉。廖等傾身交結，冠蓋之士爭赴趣之。」〔註50〕馬家母舅已居顯官，手握重權，賓客多附之，結交者多為望族名士。可見，馬氏宗族因有馬太后，不僅走出了低谷，與其他豪家大族重新平起平坐，更是盛極一時了。明章兩朝，馬氏宗族成員得到一系列任官封爵，馬氏族人也確有一定的能力，不負皇家提攜。如馬防平定西羌，為皇家的統治、國家的穩定作出貢獻；馬廖深明事理，上書馬太后，願其「法太宗之隆德，戒成、哀之不終」〔註51〕，勸成德政。在章帝打算封爵母舅時，馬太后幾番拒絕，王夫之認為：

> 章帝屢欲封諸舅，后屢卻之，受封已定，復有萬年長恨之語，

〔註48〕《後漢書》卷二十四《馬援列傳》，第851頁。
〔註49〕《東觀漢記校注》卷六《明德馬皇后》，第193頁。
〔註50〕《資治通鑑》卷四十五《漢紀三十七》，第1499頁。
〔註51〕《後漢書》卷二十四《馬援列傳》，第854頁。

人皆以謂封諸馬者章帝強為之，非后意也。乃后沒未幾，奏馬防兄
弟奢侈踰僭，悉免就國，且有死於考掠者，同此有司，而與大旱請
封之奏邈不相蒙也。奸人反覆以窺上意，則昔之請封，為后之所欲；
后之劾治，為章帝之所積憤而欲逞，明矣。是以知帝之強封諸舅，
陽違后旨，而實不獲己以循母之私也。〔註52〕

王夫之見解獨特，認為章帝封爵諸舅，實是馬太后的本意，章帝迫不得已
而勉強為之。其實不然，王夫之的言論有些片面，歷觀王夫之在《讀通鑑論》
中評價的幾位女性，多帶有貶義色彩，想必與他的思想及所處的時代有關吧。
夏天大旱，有人認為是不封外戚的緣故，馬太后對此清醒地知道是有目的取悅
自己罷了，自認為母家無法與陰、郭中興之後相比，也很瞭解自己家人，會有
驕傲越軌之時，需要防微杜漸。因此馬太后在撰寫顯宗起居注中，有意刪去其
兄馬防侍疾的相關記錄，其母墳墓微高便令外家及時削減，看出在身體力行防
範母家。正如她自己所說「吾不才，夙夜累息，常恐虧先後之法，有毛髮之罪
吾不釋，言之不捨晝夜，而親屬犯之不止，治喪起墳，又不時覺，是吾言之不
立而耳目之塞也。」〔註53〕馬太后自身規範，外家卻出現驕縱之端又不曾發
覺。從小飽讀經書、史書的馬太后，深諳「妃后之家所以少完全者，豈天性當
然。但以爵位尊顯，專總權柄，天道惡盈，不知自損，故至顛仆」〔註54〕的道
理，外家權勢太盛，物極必反，未來恐怕會有傾覆之禍。這也能看出馬太后知
尺度，懂得適可而止，對權力及榮華富貴不貪婪。發布詔書，規範宗室外戚之
家。「詔書流佈，咸稱至德，王主諸家，莫敢犯禁。」〔註55〕

馬太后以身作則，日常樸素，本以為外家看到會有所感悟，外家不以為
然，認為是馬太后平生喜歡節儉罷了。馬太后看到「外家問起居者，車如流
水，馬如遊龍，蒼頭衣綠褠，領袖正白，顧視御者，不及遠矣」〔註56〕。使
者大體都可以與皇家相比。馬太后發現外家已逐漸奢侈了起來，同時缺少憂
患意識，更無憂國忘家之慮。綜合種種，為了延續丈夫防慎外家的政策，為
了保證其子章帝政權的平穩運行，也為了馬家的長計久安，馬皇后不願封爵
自家兄弟，因此在章帝封爵馬家三舅後，馬太后有意迫使其退位歸第。章帝

〔註52〕《讀通鑑論》卷七《安帝》，第 194 頁。
〔註53〕《資治通鑑》卷四十六《漢紀三十八》，第 1507 頁。
〔註54〕《後漢書》卷六十三《李杜列傳》，第 2075 頁。
〔註55〕《東觀漢記校注》卷六《明德馬皇后》，第 193 頁。
〔註56〕《後漢書》卷十上《皇后紀上》，第 411 頁。

的後宮中沒有馬氏嬪妃的記載，馬皇后並未招自家女入掖庭，繼續皇家與馬家的聯姻，以此鞏固馬家地位。且「太后嘗詔三輔：諸馬婚親有屬託郡縣、干亂吏治者，以法聞。」〔註57〕因此馬氏宗族全盛之時，也未如後世竇氏、梁氏外戚般飛揚跋扈，恨不能一手遮天，馬太后嚴防母家及相關勢力，不容許其在地方為非作歹，以此確保母家不會過於得意忘形，也保證皇家的利益不受侵犯。身後母族獲罪，諸多因素造成，從馬太后一方看，對外家的懲罰措施過輕，看到外家奢侈時，僅是「不加譴怒，但絕歲用而已，冀以默愧其心」〔註58〕，未嚴加懲罰，寄希望於他們自己有所意識，事實證明並未起太大作用。「故言不足以懲心，譽不足以考實。」〔註59〕但相比其他外戚，馬氏一族的下場還好。「明帝馬后戒飭外家，以王氏五侯及田蚡、竇嬰為戒，故馬廖兄弟雖封侯，而退居私第，迄無禍敗。」〔註60〕

馬皇后在母家處於低谷時入宮，家族主動獻女，有很強的目的性，馬氏女不負厚望，成為明帝的皇后，馬家成為明帝的妻黨，章帝的母黨，走出低谷，盛極一時。其中馬皇后起到了不可忽視的作用，同時在母家全盛之時不縱容，及時給予防範，為母家作長久考慮。

孝元王皇后，明德馬皇后，二人從太子的妃姜成為皇后，再到皇太后，這期間對母家多有扶持。所不同的是，孝元王皇后多是扶持和庇護，少有抑制外家的政策，王皇后自身並未參政議政，是委政於娘家人；明德馬皇后以「求進女掖庭」的獻納方式入宮，此時母家處於低谷，在宮中小心謹慎，和睦妃姜，深得婆母之心，贏得明帝的寵愛。憑藉自己的政治智慧，參政議政，在政治上有所話語權，借助一己之力對母家多有提升。二人成為皇太后，元后母家「五將十侯，外戚莫盛焉」，明德馬皇后對母家多有抑制，在章帝幾番欲封爵馬家母舅時，明德馬皇后進行阻攔，並不想讓母家太過權盛，以防日後出現傾覆的可能。孝元王皇后卻一味地給予母家高官厚祿，不知減損，終使王莽篡位，江山易主。兩位皇后對母家的提升，相比之下，元后對母家是崛起般的提升，明德馬皇后對母家提升的同時，也會為母家作長久考慮，主動抑制母家勢力的發展。

〔註57〕《資治通鑒》卷四十六《漢紀三十八》，第 1509 頁。

〔註58〕《後漢書》卷十上《皇后紀上》，第 411 頁。

〔註59〕《讀通鑒論》卷七《章帝》，第 175 頁。

〔註60〕（清）趙翼著，王樹民校證：《廿二史劄記校證》卷三《兩漢外戚之禍》，北京：中華書局，2013 年，第 68 頁。

第二節　母家對后妃的庇護

　　皇權處於日暮西山階段，母家權勢薰天，威震君主，皇后因母家的強盛，成為中宮之主，后位坐得安穩自信，不會有丟失后位，自身遭殃，母家跟著受牽連的情況發生。雖是母家對后妃有強大如保護傘般的庇護，母家父兄篡取皇位時，后妃會與皇家統一戰線反對母家的行為，這是對自我身份的認同，嫁進皇家，是皇家的成員，作為皇家的一份子，反對一切有損皇家利益的行為。

　　母家能夠對后妃起到強大的庇護作用，多發生在皇權衰微、大權旁落之時，母家此時掌有大權，為穩固皇家的關係，也為了後宮有人，進一步攫取更多的權力，令自家女成為中宮之主。這樣日後皇帝去世，新帝即位，自家女成為皇太后，自家勢力依舊有保障，不會被其他外戚所取代。母家對后妃的庇護，最鮮明的是西漢末的孝平王皇后和東漢末的獻穆曹皇后。兩位皇后的母家最終使江山易主，成為自己的天下，看似是外戚篡權，然而細細分析，發現母家早已在日積月累中掌有大權，江山易主是早晚之事，並不是以外戚身份篡權，且兩位皇后能夠入主中宮，完全是因母家的勢力，二人自身並未費太大心機，也不需想方設法在宮中幫助母家。之後江山易姓，兩位皇后雖保全自己，保有榮華富貴，可惜自身無法扭轉乾坤，對江山易主終無可奈何。

一、孝平王皇后

　　平帝王皇后，王莽的女兒，與王氏子弟多驕奢不同，王莽對外展現儒者形象，「因折節為恭儉。受禮經，師事沛郡陳參，勤身博學，被服如儒生。」〔註61〕相比其他家族成員，王莽為人恭敬節儉，從師學禮經等儒家經典，十分尊重自己的老師，自身勤奮，儼然一個儒生。「事母及寡嫂，養孤兄子，行甚敕備。又外交英俊，內事諸父，曲有禮意。」〔註62〕發跡前的王莽，盡心侍奉母親與寡嫂，撫養哥哥的孩子，對外結交材能之士，對內待諸伯父、叔父禮儀完善，一切行為甚是完備，為人稱道。因而叔父成都侯王商及當世賢士戴崇、金涉、箕閎、陽并、陳湯等人都在成帝面前稱讚王莽，成帝認為王莽有賢能之處，封其為新都侯。王莽得到封侯後，有了榮華富貴，依然謙卑，「爵位益尊，節操愈謙。散輿馬衣裘，振施賓客，家無所餘。」〔註63〕王莽

〔註61〕《漢書》卷九十九上《王莽傳》，第 4039 頁。
〔註62〕《漢書》卷九十九上《王莽傳》，第 4039 頁。
〔註63〕《漢書》卷九十九上《王莽傳》，第 4040 頁。

未貪戀金錢財物，將其給予有所需要的賓客，爵位越高，品行更高，深得人心。「故在位更推薦之，遊者為之談說，虛譽隆洽，傾其諸父矣。」〔註64〕王莽的聲譽在族中名列前茅。到了哀帝朝，王莽雖避讓哀帝外家，退位歸第，在發生日蝕時，「賢良對策多訟新都侯莽者」〔註65〕，賢良文學之士多認為是「遣王莽就國」的原因。可見王莽一直深得人心。

王莽在哀帝逝後，被元后任命為大司馬，「與共徵立中山王奉哀帝后，是為平帝。」〔註66〕此時王莽有援立之功，平帝年僅九歲，並無獨立掌權的能力，元后如往昔將權力交給母家成員，此時「委政於莽」〔註67〕，將大權交給王莽。王莽掌權後，盡討王太后歡心，「太后旁弄兒病在外舍，莽自親侯之。其欲得太后意如此。」〔註68〕連太后侍婢的兒子生病，王莽都會親自探望，待太后的侍婢如此周道，可見盡心侍奉，討太后歡心的程度。同時他排除異己，清除有可能損害自己權益之人。紅陽侯王立「雖不居位，莽以諸父內敬憚之，畏立從容言太后，令己不得肆意，乃復令（孔）光奏立舊惡」〔註69〕。紅陽侯王立是王莽的父輩，雖不任官，但在元后面前有話語權，王莽對其有所忌憚，擔心自己無法肆意妄為，便先發制人，令孔光上奏王立先前的過錯，元后不得已，只得遣王立歸國。「於是附順者拔擢，忤恨者誅滅。」〔註70〕如前世趙高指鹿為馬一樣，消滅朝中異己力量，保留屬於自己的勢力。同時「上以惑太后，下用示信於眾庶。」〔註71〕對上迷惑太后，令其看不清王莽真面目，對下假借誠信示人，王莽當時在眾人眼中，功績已可以與西周守衛王室的周公比肩，因而增官增封，賜號為安漢公。群臣共同認為「莽功德致周成白雉之瑞，千載同符。聖王之法，臣有大功則生有美號，故周公及身在而託號於周。莽有定國安漢家之大功，宜賜號曰安漢公，益戶，疇爵邑，上應古制，下准行事，以順天心。」〔註72〕

是時平帝選納皇后，王「莽欲依霍光故事，以女配帝」〔註73〕，前世霍

〔註64〕《漢書》卷九十九上《王莽傳》，第 4040 頁。
〔註65〕《漢書》卷九十八《元后傳》，第 4029 頁。
〔註66〕《漢書》卷九十八《元后傳》，第 4030 頁。
〔註67〕《漢書》卷九十八《元后傳》，第 4030 頁。
〔註68〕《漢書》卷九十八《元后傳》，第 4031 頁。
〔註69〕《漢書》卷九十九上《王莽傳》，第 4045 頁。
〔註70〕《漢書》卷九十九上《王莽傳》，第 4045 頁。
〔註71〕《漢書》卷九十九上《王莽傳》，第 4046 頁。
〔註72〕《漢書》卷九十九上《王莽傳》，第 4046 頁。
〔註73〕《漢書》卷九十七下《外戚傳下》，第 4009 頁。

光安漢家，輔佐昭帝援立宣帝，對漢家有大貢獻，王莽希望像霍光一樣，獲得美名，將女兒嫁與皇帝，「以固其權」〔註74〕。成為平帝的岳父，有利於牢固自己手中權力，王氏一族是平帝的妻黨，延續家族的榮華富貴，卻忘記霍光身後家族傾覆，霍皇后遭廢黜的歷史。王莽當時更多的是考慮自己，卻不曾為女兒著想，嫁入皇家會有怎樣的人生。王莽擔心自己的女兒落選，以退為進，上疏道「身亡德，子材下，不宜與眾女並采。」〔註75〕王莽自稱德行不足，女兒才能低下，不宜參加皇后人選。許多人上疏為王莽女爭取后位，認為「不宜采諸女以貳正統。」「公女漸漬德化，有窈窕之容，宜承天序，奉祭祀。」〔註76〕關於平帝皇后的人選，民心所向，認為非王莽女莫及。王莽看似是讓女兒放棄成為皇后的機會，實是用了一招險棋，令女兒取得后位，順理成章入主中宮。

兩漢多嬪妃冊封為后，王莽女兒是少有的娶以為后，進宮便入主中宮，成為天下母。「有司奏『故事，聘皇后黃金二萬斤，為錢二百萬。』」〔註77〕比照孝惠帝聘張皇后的事例。娶后場面甚是風光，「明年春，遣大司徒宮、大司空豐、左將軍建、右將軍甄邯、光祿大夫歆奉乘輿法駕，迎皇后於安漢公第。宮、豐、歆授皇后璽紱，登車稱警蹕，便時上林延壽門，入未央宮前殿。群臣就位行禮，大赦天下。」〔註78〕這是王皇后及王家的一份殊榮。王氏女得以享有如此優厚待遇，是多年來其父王莽煞費苦心的經營。

王莽女成為皇后，有強大的外家做後盾，元后是自己的祖姑，在宮中也不會受到刁難。丈夫平帝未親政，其父掌實權，與前朝因外戚掌有大權遭到宗室成員及大臣們的不滿不同，王莽所做的一切深得人心。「莽因上書，願出錢百萬，獻田三十頃，付大司農助給貧民。」〔註79〕頗有杜甫所說「安得廣廈千萬間，大庇天下寒士俱歡顏」之意，王莽心中裝有士人，眾人上書請求為王莽上尊號。因了父親王莽，孝平王皇后的后位也會極為穩固。

此時王氏家族錦上添花，後宮有人，為家族帶來了榮耀。「皇后立三月，以禮見高廟。尊父安漢公號曰宰衡，位在諸侯王上。賜公夫人號曰功顯君，食

〔註74〕 《漢書》卷九十九上《王莽傳》，第4051頁。
〔註75〕 《漢書》卷九十九上《王莽傳》，第4051頁。
〔註76〕 《漢書》卷九十九上《王莽傳》，第4052頁。
〔註77〕 《漢書》卷九十九上《王莽傳》，第4052頁。
〔註78〕 《漢書》卷九十七下《外戚傳下》，第4010頁。
〔註79〕 《漢書》卷九十九上《王莽傳》，第4050頁。

邑。封公子安為襃新侯，臨為賞都侯。」〔註80〕西漢立后，往往只封后父，后
父若去世，才封皇后的兄弟為侯。孝平王皇后的母家，因立后享有的待遇，高
於前世皇后的母家，不僅后父因之增封，母親、兄弟也獲得了封號，這種殊榮
鮮少有外戚享有。可見，母家的勢力使王皇后順利入主中宮，成為小君；王皇
后在廟見禮之後，也為母家帶來更多榮譽，二者有雙贏關係。

　　王氏女雖從進宮的那刻，便得到母家的庇護。然而對王莽來說，孝平王皇
后是自己政治棋盤的一顆棋子，是為了加固自己手中的權力。雖說王氏一族是
外戚，細說來卻不是平帝的外戚，平帝是中山孝王的兒子，中山孝王是馮昭儀
所生，元后是中山孝王的嫡母非生母，在西漢重血緣且妃姜多有子嗣的情況
下，生母也會有一定的地位，如前世哀帝祖母傅昭儀、母親丁姬終上尊號。平
帝母親是衛姬，祖母是馮昭儀，「王莽與平帝的關係已經不是正常的外戚與皇
權關係了，因為他們之間缺少了皇太后這一個重要的環節。」〔註81〕王莽雖在
平帝年幼時掌權，平帝年長后親政，王莽不論怎樣，都需交權，若讓自己的女
兒成為皇后，后父不僅封侯還會有官位，家族也成為平帝的妻黨，既牢固了手
中權力，也延續其榮華富貴。

　　關於平帝的死，顏師古在注解中稱「漢注云帝春秋益壯，以母衛大后故怨
不悅。莽自知益疏，篡殺之謀由是生，因到臘日上椒酒，置藥酒中。故翟義移
書云『莽鴆弒孝平皇帝。』」〔註82〕平帝實非正常死亡，平帝日漸長大，王莽
迫令生母衛姬留在藩國，使平帝與母日常不得相見，實是擔心日後重蹈哀帝時
的覆轍，影響王莽手中的權力。平帝對母子離別之事不滿，有自己的想法，逐
漸疏遠王莽，心思縝密的王莽當然有所察覺，以防再次發生哀帝時期，自己被
迫離開中央，交出手中權力之事，王莽在花椒酒中下毒，將平帝毒害。王莽此
時完全考慮的是自己，不曾想女兒王皇后會因此失去自己的丈夫，從此孤單度
日。正如前世上官家族準備謀反時，有人問上官安有替自己的女兒上官皇后考
慮嗎？上官安從容說道「逐麋之狗，當顧兔邪！且用皇后為尊，一旦人主意有
所移，雖欲為家人亦不可得，此百世之一時也。」〔註83〕自己的女兒雖是平帝
皇后，若平帝掌權，羽翼豐滿之時，廢黜皇后，傾覆王氏一族都是有可能的，

〔註80〕《漢書》卷九十七下《外戚傳下》，第 4010 頁。
〔註81〕樂保群：《由西漢外戚專政談外戚與皇權的關係》，《天津師範學院學報》，1981
　　　　年第 3 期。
〔註82〕《漢書》卷十二《平帝紀》，第 360 頁。
〔註83〕《漢書》卷九十七上《外戚傳上》，第 3959 頁。

因而先發制人，採取行動。

　　王莽權力逐日增加，並不滿足以輔政大臣的身份守護皇權，欲取得皇位。平帝崩逝後，王莽立年僅兩歲的劉嬰為孺子，「莽徵宣帝玄孫選最少者廣戚侯子劉嬰，年二歲，託以卜相為最吉。乃風公卿奏請立嬰為孺子，令宰衡安漢公莽踐阼居攝，如周公傅成王故事，太后不以為可，力不能禁，於是莽遂為攝皇帝，改元稱制焉。」〔註84〕王莽野心明顯，攝政且改元稱制，一步步意在取得皇位，王莽比照西周周公輔佐成王，掌握大權，一直偏向母家的元后此時都認為不合時宜，可惜王莽羽翼已滿，元后也無可奈何。得到假皇帝的稱號不是王莽的終點，王莽最終登上帝位，將天下據為己有。「其後，莽遂以符命自立為真皇帝，先奉諸符瑞以白太后，太后大驚。」〔註85〕王莽未通過流血事件取得皇位，是通過符瑞的吉兆，宣示自己理應取得皇位。王莽在登基大典上，宣讀給孺子嬰的策命後，「莽親執孺子手，流涕歔欷，曰：『昔周公攝位，終得復子明辟，今予獨迫皇天威命，不得如意！』哀歎良久。中傅將孺子下殿，北面而稱臣。百僚陪位，莫不感動。」〔註86〕王莽雖大權在握，登基時惺惺作態，假裝是皇天受命，無可奈何，自己本意並非如此。

　　王莽即位，封孺子嬰為定安公，孝平王皇后從皇太后成為定安太后。孝平王皇后「自劉氏廢，常稱疾不朝會。莽敬憚傷哀，欲嫁之，乃更號為黃皇室主。」〔註87〕嫁進皇家後，有對自我身份的認同，是皇室的成員，江山易主後，王皇后稱病不參加朝會，是不贊成王莽的行為。王莽對女兒有敬畏也有哀傷，敬畏女兒的守節志向，哀傷女兒的命運，因政治鬥爭，令年輕的女兒失去丈夫，成為自己政治宏圖中的一枚棋子，不免心疼哀傷，打算重新嫁女兒，冊封新朝公主稱號。但孝平王皇后自身婉順有節操，並未遵守父親王莽的意願，仍然將自己視為漢家成員，王莽最終讓步，不再強迫。在漢兵推翻新朝，誅殺王莽，火燒未央宮時，王皇后說完「何面目以見漢家」便奔赴火海，臨終依然認為自己是平帝的妻子，是皇室成員。因而得到後世讚揚，「若夫王皇后，抱平帝之慼，痛漢室之亡，始終一節，以王莽之神奸，而不能奪其志，亦且敬憚哀傷之，比漢兵入而赴火以死，貞烈之風千載下猶想見

〔註84〕《漢書》卷九十八《元后傳》，第 4031 頁。
〔註85〕《漢書》卷九十八《元后傳》，第 4032 頁。
〔註86〕《漢書》卷九十九中《王莽傳》，第 4100 頁。
〔註87〕《漢書》卷九十七下《外戚傳下》，第 4011 頁。

焉，洵足為漢二百年宮壼增光矣」〔註88〕。

由此可見，雖因王莽手中的權力，王皇后進入皇宮那刻，母家便給予孝平王皇后以強大的庇護，於后位坐得安穩，不會有任何擔心，但身為小君，不驕貴，也無倚勢欺人之事發生，改朝換代後，成為定安公太后，依然認為是劉家成員，不贊同父親王莽的篡位行為。

二、獻穆曹皇后

獻穆曹皇后曹節，父親曹操，曹操憑藉軍事才能，在鎮壓黃巾軍及與諸雄的混戰中，逐步取勝，擁有自己的勢力，令天子都許，「自天子西遷，朝廷日亂，至是宗廟社稷制度始立。」〔註89〕日薄西山的東漢王朝，朝廷混亂無章，不再像往昔般有序，在曹操使獻帝都許后，朝廷稍稍恢復秩序。

曹操為獻帝征戰的過程中，勢力逐日增強，「自帝都許，守位而已，宿衛兵侍，莫非曹氏黨舊姻戚。議郎趙彥嘗為帝陳言時策，曹操惡而殺之。其餘內外，多見誅戮。」〔註90〕獻帝憑藉曹操的力量將都城定在許，手中並無太多實權，身邊的守衛侍從人員，都是曹操家族的人，可見當時曹操及曹氏家族的影響，議郎趙彥看到皇權微弱，為獻帝陳述時政問題，曹操令其喪命，為獻帝著想但不利曹氏之人喪命不在少數。此時滿朝皆是曹氏勢力。獻帝對此無可奈何，比之前世和帝、順帝等依靠宦官勢力將權臣誅滅，獻帝實已無法做到，只是在曹操入殿上奏時，憤怒說道「君若能相輔，則厚；不爾，幸垂恩相捨。」〔註91〕話中之意明顯，曹操若能輔佐自己是最好的，若不能做到，希望可以離開。獻帝的話令曹操大驚失色，再看到左右佩戴刀劍的將領，「汗流浹背，自後不敢復朝請。」〔註92〕令曹操感受到了緊張與君權的威嚴，曹操也頗有些慚愧與恐懼，自此之後對入朝有畏懼。但曹操勢力不減，獻帝對曹操終無可奈何。當時各方混亂，曹操不管如何，以天子的名義進行作戰，為獻帝平定了一些地方。曹操有軍功也有政治才能。建安十七年，「天子命公贊拜不名，入朝不趨，劍履上殿，如蕭何故事。」〔註93〕

〔註88〕（清）薛福成：《庸庵文編》外編卷二《書漢書外戚傳後九癸酉》，清光緒刻庸庵全集本。
〔註89〕《三國志》卷一《魏書·武帝紀》，第13頁。
〔註90〕《後漢書》卷十下《皇后紀下》，第453頁。
〔註91〕《後漢書》卷十下《皇后紀下》，第453頁。
〔註92〕《後漢書》卷十下《皇后紀下》，第453頁。
〔註93〕《三國志》卷一《魏書·武帝紀》，第36頁。

曹操因政績突出，比照西漢相國蕭何，入朝可以佩戴刀劍等。之後，「天子使魏公位在諸侯王上，改授金璽、赤紱、遠遊冠。」〔註94〕曹操因功勞，地位在諸侯王之上，享有無人可比的殊榮。

關於后妃的處罰，權力基本掌握在君主手中，此時曹操對後宮之事有所干預，憑自己意願做決策，誅殺董貴人，廢黜伏皇后。雖說號令出自天子，曹操才是號令的真正發出者。建安十八年，曹操進獻自己的三個女兒，第二年，全部晉封為貴人，妃位最高一級，曹氏三女在後宮享受到的待遇，緣於父親曹操的實力。伏皇后遭廢黜後，小君之位的空缺顯然會由曹氏女填補，曹操的二女兒曹節成為皇后，父親曹操手握大權，無人能夠匹敵，曹皇后的后位也坐得安穩、放心，獻帝在日常相處中也會禮讓三分。比之前世后妃間的傾軋等致皇后遭廢黜，母家跟著受牽連的狀況，在曹皇后身上是不會發生的。皇權式微，其父曹操掌有大權，號令朝廷，此時母家給予曹皇后足夠的庇護，使其穩坐中宮，也確保其在宮中順風順水。

東漢王朝日落西山，政權在曹氏家族手中，沉沒已是大勢所趨。母家通過禪讓的方式取得皇位，和平的手段，並未有流血事件發生，想必當時獻帝已無回天之術，只能將皇位拱手讓人。獻帝「遜位，魏王丕稱天子。奉帝為山陽公，邑一萬戶，位在諸侯王上，奏事不稱臣，受詔不拜，以天子車服郊祀天地，宗廟、祖、臘皆如漢制，都山陽之濁鹿城」〔註95〕。獻帝退位，得到尊官厚祿，享有榮華富貴，安度餘生。

因是其母家掌權，曹皇后不會受到苛待，「魏受禪，遣使求璽綬，后怒不與。如此數輩，后乃呼使者入，親數讓之，以璽抵軒下，因涕泣橫流曰：『天不祚爾！』左右皆莫能仰視。」〔註96〕使者去曹皇后處取璽綬時，並不順利，曹皇后為此大發雷霆，心知劉姓王朝大勢已去，便讓使者進來，責備前來求璽的使者怎能如此，便將玉璽擲在闌板下，滿是悲傷，身邊人也跟著難過。曹皇后並不認同母家的做法，有對自我身份的認同，自己是獻帝的皇后，是皇室成員，理應維護皇家利益，且在正統觀念看來，母家是僭越。但自身又無可奈何，只能順勢所趨。「魏氏既立，以后為山陽公夫人。自後四十一年，魏景元年薨，會葬禪陵，車服禮儀皆依漢制。」〔註97〕雖是亡朝皇后，曹皇后在改朝換代之

〔註94〕《三國志》卷一《魏書・武帝紀》，第 43 頁。
〔註95〕《後漢書》卷九《孝獻帝紀》，第 390 頁。
〔註96〕《後漢書》卷十下《皇后紀下》，第 455 頁。
〔註97〕《後漢書》卷十下《皇后紀下》，第 455 頁。

後，身後的葬禮儀式依照東漢規制而來，也是對曹皇后的優待。

　　孝平王皇后，獻穆曹皇后，能夠成為皇后，得益於母家強大的實力，母家在她們未成為皇后之前已掌有大權，且所處在王朝末年，日暮西山之時，皇權衰微，大權旁落權臣即后父手中，她們倚仗父親手中的權力，母家的庇護，輕鬆嫁進皇家，入主中宮，成為小君。因父親手中權力，她們於后位坐得安穩，不會如履薄冰，戰戰兢兢，擔心一不小心會落入萬丈深淵。兩位皇后在皇家的日常生活，雖需要遵守相關禮儀，卻比其他后妃輕鬆，作為君主的丈夫會對權臣的女兒，自己的皇后多禮讓，妃妾也不敢有僭越之意，後宮較為風平浪靜。

　　劉氏江山易主，母家篡權，兩位皇后並不贊同母家做法，與皇家同一立場，痛斥母家行為，孝平王皇后奔赴火海前道「何面目以見漢家」，獻穆曹皇后在使者收璽綬時，聲淚俱下痛斥使者，能看出她們對自我身份的認同，嫁進皇家，是皇家的成員，理應維護皇家的利益。同時，她們是小君，是皇后，是天下母，改姓王朝後，她們成為黃皇室主、山陽公夫人，失去尊位，名號大不如先前，雖也享有榮華富貴，但比先前規格待遇低很多。這也是她們不同意江山易主的原因吧。但母家，從始至終都給予了她們足夠的庇護。

第三節　后妃與母家榮辱與共

　　后妃與母家在君主面前多是一體的，「一榮俱榮，一損俱損」，即榮辱與共。這種類型最突出的表現，后妃深得君主丈夫的寵愛，在後宮風光無限，盡享榮華富貴，也是母家全盛之時，此時后妃與母家都有無盡的殊榮。隨著君主丈夫羽翼漸滿，后妃母家權勢影響君主權力的正常運行，母家又自身驕傲，視法律於枉然，多不法之事，行為也多越軌，后妃在宮中飛揚跋扈，倚仗母家權勢肆意妄為。君主在未來的某一天，將這一切進行清算，后妃的風光不再，自身難保，母家的權勢、榮華富貴灰飛煙滅。

　　后妃若幸運般沐浴聖恩，母家隨之加官封爵，雞犬昇天。如漢武帝李夫人，深得武帝寵愛，其兄李延年晉升為二千石的協律都尉，「武帝欲侯寵姬李氏」，令其兄李廣利為貳師將軍，出伐大宛，封海西侯。這是后妃與母家的共同顯榮。若后妃在宮中犯錯，惹惱君主，自身遭殃，也會牽連母家，如皇后遭廢黜，母家會丟官失侯，和帝陰皇后「上璽綬，遷於桐宮，以憂死。……父特進綱自殺，

軼、敞及朱家屬徙日南比景縣，宗親外內昆弟皆免官還田裏。」〔註98〕和帝陰皇后失去后位，母家也因之受牽連獲罪，一同受辱。可見后妃與母家多是榮辱與共，但如昭帝上官皇后，祖父、父親謀反，發覺後遭誅滅。自己未受牽連獲罪，穩坐后位之事少之又少，基本是為個例。

　　與母家榮辱與共的后妃很多，最典型的事例，莫過於西漢的孝宣霍皇后和東漢的懿獻梁皇后了。兩位皇后的母家有援立之功，二人憑藉母家權勢，入主中宮，母儀天下。母家全盛之時，她們在後宮風光無限，之後母家漸走下坡路，她們得到的恩寵減少，母家終遭覆滅，她們自身也未能善終。

一、孝宣霍皇后

　　孝宣霍皇后，父親霍光，在武帝身邊服侍二十多年，「小心謹慎，未嘗有過，甚見親信。」〔註99〕跟隨在武帝身邊的人，往往因疏忽招致禍患，霍光在武帝身邊始終小心翼翼，不曾出錯，深得武帝信任。武帝晚年，巫蠱之禍，衛太子喪命，武帝欲立幼子，選擇輔佐之臣，「察群臣唯光任大重，可屬社稷。」〔註100〕晚年性格多疑的漢武帝，觀察群臣可擔當輔佐大任後，認為霍光最值得託付。武帝有意將周公負成王之像賜予霍光，意在自己身後令其保劉氏江山。謹慎如霍光，武帝病重時問道「如有不諱，誰當嗣者？」〔註101〕看到武帝即將走到生命的盡頭，詢問嗣立之君一事。武帝緩緩答道「君未諭前畫意耶？立少子，君行周公之事。」〔註102〕如那副畫的含義，選立幼子，令霍光做周公輔佐幼主。之後年僅八歲的昭帝即位，政事由霍光決定。「初輔幼主，政自己出。」〔註103〕在武帝臨終時受遺詔輔佐少主的，還有金日磾、上官桀和桑弘羊。「自先帝時，桀已為九卿。位在光右。及父子並為將軍，有椒房中宮之重，皇后親安女，光乃其外祖，而顧專制朝事，繇是與光爭權。」〔註104〕上官桀在武帝朝時官位便在霍光之上，昭帝朝上官桀父子都為將軍，昭帝的皇后是上官安的女兒，上官一族是昭帝的妻黨，但大權在霍光手中，上官父子與

〔註98〕《後漢書》卷十上《皇后紀上》，第417頁。
〔註99〕《漢書》卷六十八《霍光金日磾傳》，第2931頁。
〔註100〕《漢書》卷六十八《霍光金日磾傳》，第2932頁。
〔註101〕《漢書》卷六十八《霍光金日磾傳》，第2932頁。
〔註102〕《漢書》卷六十八《霍光金日磾傳》，第2932頁。
〔註103〕《漢書》卷六十八《霍光金日磾傳》，第2933頁。
〔註104〕《漢書》卷六十八《霍光金日磾傳》，第2934頁。

霍光因權力的分配漸生嫌隙。之後霍光遭譖告，但昭帝信任霍光，平定了燕王旦、上官父子等人的謀反後，霍光大權獨攬。「光威震海內。昭帝既冠，遂委任光，訖十三年，百姓充實，四夷賓服。」〔註105〕在皇帝行冠禮之後，權臣應歸政，但霍光依然掌權，雖社會一派安定祥和，想必也有霍光貪戀權勢的因素在其中。

昭帝英年早逝，霍光做主迎立武帝的孫子，昌邑哀王劉賀。劉賀在位僅二十七日，淫亂事件百出，過於不端，難以繼承大業，霍光再三考慮，決定將昌邑哀王廢黜，令立新帝。將昌邑群臣收繫獄中後，霍光「令故昭帝侍中中臣侍守王，光敕左右：『謹宿衛，卒有物故自裁，令我負天下，有殺主名。』」〔註106〕霍光令昭帝的侍從守護劉賀，雖聯合群臣剝奪劉賀的帝位，但霍光並未想致其於死地，為了自己的名聲也不能這麼做。當昌邑群臣高呼「當斷不斷，反受其亂」〔註107〕時，這場政變，史書雖記載劉賀因淫亂等問題失去帝位，但劉賀已成人，有自己的思想主張，二人政見有太多不同之處，也有自己的官吏體系和勢力，不會受霍光太多擺佈，在劉賀的猶豫不決時，霍光聯合群臣稟告皇太后，廢黜劉賀，擁立在民間的皇曾孫，是為宣帝。霍光最終選立武帝的皇曾孫，自身優秀，「躬行節儉，慈仁愛人」〔註108〕，親行節儉，仁慈愛人，更是皇曾孫在朝中無根基，不會像劉賀有自己的勢力，得以與霍光進行對抗，因而對霍光來說，更易控制，便於霍光繼續掌權。

宣帝即位後，霍光因援立之功獲增封，霍氏一族「自昭帝時，光子禹及兄孫雲皆中郎將，雲弟山奉車都尉侍中，領胡越兵。光兩女婿為東西宮衛尉，昆弟諸婿外孫皆奉朝請，為諸曹大夫，騎都尉，給事中。黨親連體，根據於朝廷。」〔註109〕霍氏一族在宣帝朝時，因霍光的緣故，族人在朝中任官任職，掌有兵權，霍光的兩女婿是兩宮的守衛人員，霍氏一族在宮中親信很多，在朝中很有地位。大權在霍光手中，霍光雖說願歸政，宣帝依然委政霍光，朝中之事先稟告霍光，看霍光之意。「光自後元秉持萬機，及上即位，乃歸政。上謙讓不受，諸事皆先關白光，然後奏御天子。」〔註110〕雖然宣帝是君，霍光是臣，宣帝

〔註105〕　《漢書》卷六十八《霍光金日磾傳》，第 2936 頁。
〔註106〕　《漢書》卷六十八《霍光金日磾傳》，第 2939 頁。
〔註107〕　《漢書》卷六十八《霍光金日磾傳》，第 2946 頁。
〔註108〕　《漢書》卷六十八《霍光金日磾傳》，第 2947 頁。
〔註109〕　《漢書》卷六十八《霍光金日磾傳》，第 2948 頁。
〔註110〕　《漢書》卷六十八《霍光金日磾傳》，第 2948 頁。

對霍光多有禮讓。

宣帝選立皇后時，心中人選是髮妻許平君，「霍將軍有小女，與皇太后有親。公卿議更立皇后，皆心儀霍將軍女。」〔註111〕中宮未立，因霍光掌大權，滿朝多願霍氏女為皇后，宣帝頂住各方壓力，立髮妻許平君為后。皇后母家會得到封爵，「霍光以后父廣漢刑人不宜君國，歲餘乃封為昌成君。」〔註112〕許皇后父親許廣漢，先前因罪為暴室嗇夫，霍光以獲刑之人不宜封侯為由，未封許廣漢為侯，其更深層次的原因擔心許皇后的母家，宣帝的妻黨，有政治權力，會妨礙自家權益吧。這也是宣帝與霍光間的折衷，可以立許平君為皇后，但未對母家進行封侯。從政治角度看，未立霍氏女，不想讓霍氏勢力伸入後宮。

許平君雖被立為皇后，霍光夫人霍顯不甘心，想方令女兒取得后位，恰逢許皇后有孕，霍顯陰謀令女醫淳于衍投毒藥中，許皇后喪命，女兒填補皇后之位。霍顯安慰淳于衍「將軍領天下，誰敢言者？」〔註113〕霍顯動邪念，不擔心後果，是因為有霍光。毒殺許后之事掩蓋不住後，霍顯只好向霍光坦白，「光大驚，欲自發舉，不忍，猶與。」〔註114〕霍光得知真相，驚訝，本應上報，考慮到是自己妻子所為，事關妻子和女兒，不忍心，將此事掩藏下來。針對霍顯毒殺許后這件事，班固評價霍光「闇於大理，陰妻邪謀，立女為后，湛溺盈溢之欲，以增顛覆之禍。」〔註115〕霍光為之掩蓋罪行，是不明事理的做法，霍顯為其女取得后位，不擇手段，增加了日後傾覆的可能。之後「顯因為成君衣補，治入宮具，勸光內之，果立為皇后。」〔註116〕霍光將女兒送進宮中，果然被立為皇后。「立霍光女為皇后，赦天下。」〔註117〕立許皇后時並未如此，可見宣帝因霍光對霍皇后的重視。

母家權盛，霍皇后倚仗母家成為小君，享有殊寵，「上亦寵之，專房燕。」〔註118〕當時母家在朝中遍布勢力，貴傾朝廷，霍皇后在宮中正得聖恩，霍皇后與母家可謂內外得意。宣帝初即位時，「謁見高廟，大將軍光從驂乘，上內

〔註111〕《漢書》卷九十七上《外戚傳上》，第3965頁。
〔註112〕《漢書》卷九十七上《外戚傳上》，第3965頁。
〔註113〕《漢書》卷九十七上《外戚傳上》，第3966頁。
〔註114〕《資治通鑒》卷二十四《漢紀十六》，811頁。
〔註115〕《漢書》卷六十八《霍光金日磾傳》，第2967頁。
〔註116〕《漢書》卷九十七上《外戚傳上》，第3968頁。
〔註117〕《資治通鑒》卷二十四《漢紀十六》，814頁。
〔註118〕《漢書》卷九十七上《外戚傳上》，第3968頁。

嚴憚之，若有芒刺在背。」〔註119〕霍光陪同宣帝拜謁高廟，霍光站在宣帝身後，宣帝渾身不自在，彷彿後背有刺，表現出宣帝對霍光的忌憚。「光每朝見，上虛己斂容，禮下之已甚。」〔註120〕霍光覲見宣帝，宣帝有所收斂，以禮待霍光。霍光曾輔佐昭帝，廢黜劉賀，足以威震無根基的宣帝，宣帝的禮待，實是疏遠和防備。

霍皇后在宮中「舉駕侍從甚盛，賞賜官屬以千萬計」〔註121〕，奢侈莫比，想必令生長在民間的宣帝看不慣，但因其父霍光的存在，宣帝對霍皇后唯有寵愛。霍皇后在位三年，霍光去世，「上及皇太后親臨光喪」〔註122〕，宣帝和上官皇太后送霍光最後一程，霍光葬禮享受臣子高規格待遇。但霍氏家人不知足，「太夫人顯改光時所自造塋制而侈大之。起三出闕，築神道，北臨昭陵，南出承恩，盛飾祠室，輦閣通屬永巷，而幽良人婢妾守之。」〔註123〕霍顯自作主張陵墓規格更高，武帝崩逝後，實行宮人奉陵制，無子嬪妃為武帝守陵。霍顯僭越禮制，仿照宮人守陵制，令婢妾為霍光守陵。能看出此時霍氏一族恃尊而驕，不知收斂。

霍光逝後，霍氏家族更是奢侈無度，不遵法度。「禹、山亦並繕治第宅，走馬馳逐平樂館。雲當朝請，數稱病私出，多從賓客，張圍獵黃山苑中，使蒼頭奴上朝謁，莫敢譴者。而顯及諸女，晝夜出入長信宮殿中，亡期度。」〔註124〕霍氏族人缺乏霍光的才能和政治智慧，無法堪當大任，且自身貪圖享樂。霍禹、霍山大修宅第，霍雲稱病不進宮朝見，與賓客一同狩獵，令蒼頭奴僕上朝，沒有人對此敢於進行譴責。霍顯及其女兒們，時常出入上官太后的宮中，不遵期限與法度。此時大權已不再霍氏族人手中，霍家依然放縱，太過驕橫，其家奴僕仗勢欺人，「兩家奴爭道，霍氏奴入御史府，欲蹋大夫門，御史為叩頭請，乃去。人以謂霍氏，顯等始知憂。」〔註125〕霍氏奴僕與御史家奴僕，因道路問題發生爭執，霍氏奴徑直入御史家，最終以御史大夫親自向霍氏奴磕頭道歉結束。可見當時霍氏的囂張程度。

〔註119〕《漢書》卷六十八《霍光金日磾傳》，第 2958 頁。
〔註120〕《漢書》卷六十八《霍光金日磾傳》，第 2948 頁。
〔註121〕《漢書》卷九十七上《外戚傳上》，第 3968 頁。
〔註122〕《漢書》卷六十八《霍光金日磾傳》，第 2948 頁。
〔註123〕《漢書》卷六十八《霍光金日磾傳》，第 2950 頁。
〔註124〕《漢書》卷六十八《霍光金日磾傳》，第 2950 頁。
〔註125〕《漢書》卷六十八《霍光金日磾傳》，第 2951 頁。

宣帝在霍光逝後，立許皇后子為太子，「封太子外祖父許廣漢為平恩侯」〔註126〕，開始扶植自己勢力。對霍氏一族，逐漸疏遠，宣帝早在民間時已聽說霍氏一族太過盛滿，此時在逐漸架空霍氏成員權力：

「霍山自若領尚書，上令吏民奏封事，不關尚書，群臣進見獨往來。」〔註127〕霍山雖統領尚書，宣帝下令官吏、平民上書言事，直接進言於皇帝即可。「徙光女壻度遼將軍未央衛尉平陵侯范明友為光祿勳，次壻諸吏中郎將羽林監任勝出為安定太守。數月，復出光姊壻給事中光祿大夫張朔為蜀郡太守，群孫壻中郎將王漢為武威太守。頃之，復徙光長女壻長樂衛尉鄧廣漢為少尉。更以禹為大司馬，冠小冠，亡印綬，罷其右將軍屯兵官屬，特使禹官名與光俱大司馬者。又收范明友度遼將軍印綬，但為光祿勳。及光中女壻趙平為散騎騎都尉光祿大夫將屯兵，又收平騎都尉印綬。諸領胡越騎、羽林及兩宮衛將屯兵，悉易以所親信許、史子弟代之。」〔註128〕宣帝逐漸收回霍氏族人手中的權力，尤其是兵權，將霍氏族人遠離中央，派往地方工作，授予自己的親信，許、史家人以要職。這從側面看出，霍光生前，宮中盡是霍家勢力，霍皇后又是六宮之主，想必宣帝在宮中並不自在，處於一種被監視的狀態。霍光生前握有大權，朝廷遍布霍氏黨羽，宣帝勢單力薄，只能積攢力量，逐漸對抗霍氏勢力。趙廣漢在霍光去世後去霍禹府第，因其私自賣酒等罪行，採取行動，給予警告，霍皇后向宣帝哭訴，認為母家受了委屈，宣帝對此事無動於衷，也未懲罰趙廣漢，實心中有對霍家採取措施之意。

宣帝立太子，引起霍氏不滿，「此乃民間時子，安得立？即后有子，反為王邪！」〔註129〕霍家希望霍皇后生子立為繼承人，意在保家族的榮華富貴。霍顯教導霍皇后毒殺許太子，故事重演，卻沒能成功。霍氏家族驕橫不知收斂，「嘗有上書言大將軍時主弱臣強，專制擅權，今其子孫用事，昆弟益驕恣，恐危宗廟，災異數見，盡為是也。」〔註130〕霍光生前掌大權，如今子孫任職驕傲放肆，長此以往恐怕對皇家是不利的。看出當時霍家的行為，令人不滿，受到輿論的批評。霍山也曾說道「我家昆弟諸壻多不謹」〔註131〕，霍氏族人自

〔註126〕《漢書》卷六十八《霍光金日磾傳》，第 2950 頁。
〔註127〕《漢書》卷六十八《霍光金日磾傳》，第 2951 頁。
〔註128〕《漢書》卷六十八《霍光金日磾傳》，第 2952～2953 頁。
〔註129〕《漢書》卷九十七上《外戚傳上》，第 3968 頁。
〔註130〕《漢書》卷六十八《霍光金日磾傳》，第 2954 頁。
〔註131〕《漢書》卷六十八《霍光金日磾傳》，第 2954 頁。

身問題不小。在得知霍顯毒殺許后之事，準備造反，「謀令太后為博平君置酒，召丞相、平恩侯以下，使范明友、鄧廣漢承太后制引斬之，因廢天子而立禹。」〔註132〕妄想通過上官太后廢黜宣帝立霍禹，「會事發覺，秋，七月。雲、山、明友自殺。顯、禹、廣漢等捕得；禹要斬，顯及諸女昆弟皆棄市；與霍氏相連坐誅滅者數十家。……八月，已酉，皇后霍氏廢，處昭臺宮。」〔註133〕越發驕傲的霍家太過不遜，妄想取得帝位，一統江山，自然招致禍患。權盛的霍氏一族終覆滅，霍皇后也因自身過錯遭廢黜，在后位僅五年，餘生便在冷宮中度過。霍皇后在母家權盛之時，倚仗母家勢力，入主中宮，成為皇后，因有母家依靠，在後宮驕奢無度，肆意妄為，母家傾覆，自己下場同樣慘淡。

霍家的遭遇，司馬光認為：

> 霍光之輔漢室，可謂忠矣；然卒不能庇其宗，何也？夫威福者，人君之器也；人臣執之，久而不歸，鮮不及矣。以孝昭之明，十四而知上官桀之詐，固可以親政矣。況孝宣十九即位，聰明剛毅，知民疾苦，而光久專大柄，不知避去，多置私黨，充塞朝廷，使人主蓄憤於上，吏民積怨於下，切齒側目，待時而發，其得免於身幸矣，況子孫以驕侈趣之哉！雖然，向使孝宣專以祿秩賞賜富其子孫，使之食之縣，奉朝請，亦足以報盛德矣；乃復任之以政，授之以兵，及事業彙積，更加裁奪，遂至怨懼以生邪謀，豈徒霍氏之自禍哉？亦孝宣醞釀以成之也。昔鬥椒作亂於楚，莊王滅其族而赦箴尹克黃，以為子文無後，何以勸善。夫以顯、禹、雲、山之罪，雖應夷滅，而光之忠勳不可不祀；遂使家無噍類，孝宣亦少恩哉！〔註134〕

司馬光認為，霍氏家族終覆滅，與霍光手握大權經年不歸政，在朝中多置自己的勢力，使皇帝與人民都已產生不滿。加之霍光身後，霍氏子孫驕奢不遵法度有關。但霍家最後的下場也與宣帝有關，若宣帝只給予榮華富貴，不令其任高官，亦或沒有逐漸裁奪，恐怕下場都不會如此。宣帝最終覆滅霍氏一族，未曾念及霍光昔日的功勞而略加開恩，宣帝少了些許恩典。想必是霍光多年掌權，霍氏子孫極度驕奢，在後宮的霍皇后恃尊而驕，種種因素交織起來，令宣帝忍無可忍，霍氏一族終傾覆，霍皇后也難保全自身，隨家族的覆滅失去后位，終在徙宮後自殺。

〔註132〕《資治通鑑》卷25《漢紀十七》，831頁。
〔註133〕《資治通鑑》卷25《漢紀十七》，831頁。
〔註134〕《資治通鑑》卷25《漢紀十七》，833～834頁。

二、懿獻梁皇后

桓帝梁皇后，桓帝的髮妻，梁氏一族在光武朝時，已是外戚，梁統子梁松尚光武女舞陰長公主，梁竦之女嫁與章帝，是為梁貴人，生和帝，在和帝得知生母實情後，追封生母梁貴人為恭懷皇后，給予母家一系列任官封爵。「徵還竦妻子，封子棠為樂平侯，棠弟雍乘氏侯，雍弟翟單父侯，邑各五千戶，位皆特進，賞賜第宅奴婢車馬兵弩什物以鉅萬計，寵遇光於當世。諸梁內外以親疏並補郎、謁者。」〔註135〕至此，梁氏家族開始走上一條輝煌的外戚之路。順帝立梁商的女兒為皇后，延續梁家的外戚身份。

順帝崩逝，「后無子，美人虞氏子炳立，是為沖帝。尊后為皇太后，太后臨朝。沖帝尋崩，復立質帝，猶秉朝政。」〔註136〕順烈梁皇后在順帝崩逝後，執掌大權，定策立沖帝、質帝，無奈沖帝早夭，質帝雖年幼聰慧，因直言梁冀是跋扈將軍，遭梁冀毒殺。此時劉志將娶順烈梁皇后的妹妹，恰逢需要再次選立君主。梁家出於自己的考慮，為使新君與自家關係密切，長保榮華富貴，選立梁冀的妹夫蠡吾侯劉志。

劉志能夠從僅食封一個縣的列侯成為一統天下的君主，憑藉妻子家的權勢，對梁氏一族充滿感激。桓帝即位，「建和元年，益封冀萬三千戶，增大將軍府舉高第茂才，官屬倍於三公。又封不疑為潁陽侯，不疑弟蒙西平侯，冀子胤襄邑侯，各萬戶。和平元年，重增封冀萬戶，並前所襲合三萬戶。」〔註137〕此時雖是順帝的梁皇后桓帝朝的梁太后，掌有大權，關於對梁冀及其家族成員的封賞，多少會有桓帝的意願在其中。

梁皇后成為皇后之路與大多數皇后不同，東漢皇后多從嬪妃冊封而來，梁皇后是以皇后身份娶進宮中。「悉依孝惠皇帝納后故事，聘黃金二萬斤，納采雁璧乘馬束帛，一如舊典。」〔註138〕梁皇后能夠享有如此殊榮，是憑藉母家權勢。此時桓帝與梁家的關係非常融洽，「帝從皇太后幸大將軍冀府。」〔註139〕桓帝跟隨梁太后去梁冀府上做客。「封帝弟顧為平原王，奉孝崇皇祀；尊孝崇皇夫人為孝崇園貴人。」〔註140〕梁太后對沖帝母、質帝母都未加尊號，卻對

〔註135〕《後漢書》卷三十四《梁統列傳》，第1175頁。
〔註136〕《後漢書》卷十下《皇后紀下》，第439頁。
〔註137〕《後漢書》卷三十四《梁統列傳》，第1179頁。
〔註138〕《後漢書》卷十下《皇后紀下》，第443頁。
〔註139〕《資治通鑒》卷五十三《漢紀四十五》，第1749頁。
〔註140〕《資治通鑒》卷五十三《漢紀四十五》，1749頁。

桓帝生母加以尊號。可見當時桓帝與梁太后間的關係非常好。

　　梁太后臨朝稱制，梁冀擅權，梁家勢力無人能敵。加之桓帝知恩梁家，對梁皇后自然是百般寵愛。「后獨得寵幸，自下莫得進見。」〔註141〕梁皇后享有獨寵，其他妃妾很少見到桓帝。看似桓帝對梁皇后是獨一無二的愛，從之後「帝多內幸，博採宮女至五六千人」〔註142〕處看出，桓帝同大多數君主一樣，廣納妃妾，當時對梁皇后的專寵，有對梁家的感恩，以及有更多的政治因素。「后藉姊兄蔭勢，恣極奢靡，宮幄雕麗，服御珍華，巧飾制度，兼倍前世。及皇太后崩，恩寵稍衰。」〔註143〕梁皇后自身驕貴，倚仗母家權勢在後宮為所欲為，自己所住的宮殿和所穿的服飾，通過對規章制度的巧妙修飾，奢華程度超過前世。梁皇后的行為，實令桓帝多有不滿，日積月累，更是使帝、后離心。畢竟有掌權的梁太后在，桓帝只能依舊寵愛梁女瑩，梁太后崩逝，桓帝少了些忌憚，對梁皇后的不滿有所表現，減少對她的寵愛。

　　不同於前世的宣帝，在民間已聽聞霍家權盛，霍氏子孫驕奢且仗勢欺人，宣帝逐漸積蓄力量使霍氏一族覆滅。桓帝與梁家關係起初是非常好的，在梁太后逝後，「增封大將軍冀萬戶，並前後三萬戶；封冀妻孫壽為襄城君，兼食陽翟租，歲入五千萬，加賜赤紱，比長公主。」〔註144〕桓帝依然對梁冀夫婦給予優待。之後，「上微行，幸河南尹梁胤府舍。」〔註145〕桓帝微服出行，去梁冀子梁胤府上做客。桓帝選擇微服出行，未帶太多侍從去臣子家，見其對臣子的親近與信任。都能看出桓帝與梁家關係的親密。

　　梁冀掌有大權，卻不學無術，橫行霸道，「冀居職暴恣，多非法，父上所親客洛陽令呂放，頗與商言及冀之短，商以讓冀，冀即遣人於道刺殺放。」〔註146〕梁冀行為本就有錯，呂放將其告之父親梁商後，梁冀不知悔改，派人將其刺殺。梁冀監奴秦宮，深得梁冀夫婦寵信，秦宮「內外兼寵，威權大震，刺史、二千石皆謁辭之。」〔註147〕秦宮僅是梁冀家奴，朝廷中刺史、二千石的高官，都會主動拜謁秦宮，更襯托出梁冀手中的大權。「其四方調

〔註141〕《後漢書》卷十下《皇后紀下》，第 444 頁。
〔註142〕《後漢書》卷十下《皇后紀下》，第 445 頁。
〔註143〕《後漢書》卷十下《皇后紀下》，第 444 頁。
〔註144〕《資治通鑑》卷五十三《漢紀四十五》，第 1753 頁。
〔註145〕《資治通鑑》卷五十三《漢紀四十五》，第 1757 頁。
〔註146〕《後漢書》卷三十四《梁統列傳》，第 1178～1179 頁。
〔註147〕《後漢書》卷三十四《梁統列傳》，第 1181 頁。

發，歲時貢獻，皆先輸上第於冀，乘輿乃其次焉。吏人齎貨求官請罪者，道路相望。冀又遣客出塞，交通外國，廣求異物。因行道路，發取伎女御者，而使人復乘勢橫暴，妻略婦女，毆擊吏卒，所在怨毒。冀乃大起第舍，而壽亦對街為宅，殫極土木，互相誇競。」〔註148〕梁冀依舊隨心所欲，不知收斂，用手中權力為己謀私，橫行朝廷，地方上貢珍貴的物品，先給予梁冀，遣賓客出使外國，尋求異域珍寶，賓客在路途上仗勢欺人，擾亂人民正常生活，因而招致怨恨。梁冀自身奢侈至極，與妻子並建宅院，豪華莫比。可看出梁冀及梁家作惡多端。「時皇子有疾，下郡縣市珍藥；而冀遣客齎書詣京兆，並貨牛黃。京兆尹南陽延篤發書收客，曰：『大將軍椒房外家，而皇子有疾，必應陳進藥方，豈當使客千里求利乎！』」〔註149〕梁冀求取錢財不擇手段，膽大到在皇家為生病的皇子買藥材時，趁機撈取錢財。可見梁冀早已目中無人，肆意妄為。

在桓帝初掌權時，「以冀有援立之功，欲崇殊典，乃大會公卿，共議其禮。」〔註150〕桓帝不忘舊恩，因梁冀的援立之功，欲給予殊榮，對梁冀的增封與賞賜，比照功臣元勳，實際上梁冀除了在選立桓帝一事上有功勞外，並無任何功勞，無法與功臣元勳匹及。梁冀能夠得到殊榮，與桓帝初掌權，梁家依然權盛有關，也能看出此時桓帝與梁家關係還不錯。「冀猶以所奏禮薄，意不悅。」〔註151〕「人心不足蛇吞象」，梁冀仍然不滿足，同時依舊橫行霸道，比順烈梁皇后在世時更甚，「宮衛近侍，並所親樹，禁省起居，纖纖必知。百官遷召，皆先到冀門牋謝恩，然後敢詣尚書。」〔註152〕少了桓帝朝梁太后的倚仗，大權獨攬的梁冀依然我行我素，一切事物都要尋問梁冀的意見，宮內侍從人員，都是梁氏黨羽，清楚知道桓帝的一舉一動，百官升遷，需要先到梁冀府謝恩。梁冀逐年累月的所作所為，桓帝與其愈發疏遠，「窮極盛滿，威行內外，百僚側目，莫敢違命，天子恭己而不得有所親豫。」〔註153〕梁氏一族太過權盛，倚勢欺人，眾人敢怒不敢言，百官畏懼沒有敢違命者，桓帝權力的行使受到嚴重阻礙。桓帝與梁家的關係不再如往昔，漸行漸遠。

〔註148〕《後漢書》卷三十四《梁統列傳》，第1181頁。
〔註149〕《資治通鑒》卷五十三《漢紀四十五》，第1755～1756頁。
〔註150〕《後漢書》卷三十四《梁統列傳》，第1183頁。
〔註151〕《後漢書》卷三十四《梁統列傳》，第1183頁。
〔註152〕《後漢書》卷三十四《梁統列傳》，第1183頁。
〔註153〕《後漢書》卷三十四《梁統列傳》，第1185頁。

桓帝梁皇后在梁太后在世時，所得專房之寵，窮極奢侈，恃寵而驕，桓帝本就不太滿意，又梁皇后自身無子，「潛懷怨忌，每宮人孕育，鮮得全者。」〔註154〕梁皇后生性妒忌，也無小君風度，自己沒有子嗣，不允許其他妃妾懷孕，有子妃妾都會遇到危險。這些桓帝都看在眼裏，「帝雖迫畏梁冀，不敢譴怒，然見御轉稀。」〔註155〕梁皇后容不下妃妾，迫害子嗣，桓帝未發怒，是因為有飛揚跋扈且權盛的梁冀存在，宮中太多梁氏勢力，桓帝因之未對梁皇后有任何責罰，但減少對她的寵愛，往日的專寵消逝，見到桓帝的次數減少，終在後宮不明原因而亡。梁冀依然專權，「其同己者榮顯，違忤者劾死，百僚側目，莫不從命。」〔註156〕

梁家權勢太盛，太過張揚，終招致桓帝不滿。「延熙元年，太史令陳授因小黃門徐璜，陳災異日食之變，咎在大將軍，冀聞之，諷洛陽令收考授，死於獄。帝由此發怒。」〔註157〕在出現日食等災異現象時，漢家慣例，往往將罪過落到權臣身上。如前世成帝朝時，出現災異現象，有人怪罪到王鳳身上，「其夏，黃霧四塞終日。天子以問諫大夫楊興、博士駟勝等，對皆以為『陰盛侵陽之氣也。高祖之約也，非功臣不侯，今太后諸弟皆以無功為侯，非高祖之約，外戚未曾有也，故天為見異。』言事者多以為然。鳳於是懼，上書辭謝。」〔註158〕有臣子認為當時黃霧終日不散，是上天給予的警示，不該封自家母舅多人為侯。此說法得到其他臣子的認同，這使當時執掌大權的元舅王鳳惶恐，上書陳述自己過錯。同樣情況，桓帝朝時，將災異現象認為是外戚梁冀的問題，梁冀得知後直接將陳授收入牢獄，置於死地。桓帝為此發怒，桓帝的發怒是個導火索，梁冀多年的作惡不端，早已超出了桓帝的忍耐程度。之後，梁冀欲認當時正受寵的鄧猛女為女兒，鞏固自己手中的權力和榮華富貴，為了實現這個計劃，防止意外，先刺殺了鄧猛女的姐夫邴尊，在準備刺殺鄧猛女的母親時，其母先一步告之桓帝。桓帝大怒，與中常侍等五人將梁冀誅殺，「冀及妻壽即日皆自殺。……諸梁及孫氏中外宗親送詔獄，無少長皆棄市。……其他所連及公卿列校刺史二千石死者數十人，故吏賓客免黜者三百餘人，朝廷為

〔註154〕《後漢書》卷十下《皇后紀下》，第 444 頁。
〔註155〕《後漢書》卷十下《皇后紀下》，第 444 頁。
〔註156〕（東晉）袁宏：《兩漢紀下·後漢紀》卷二十一《孝桓皇帝紀上》，北京：中華書局，2017 年，第 408 頁。
〔註157〕《後漢書》卷三十四《梁統列傳》，第 1185 頁。
〔註158〕《漢書》卷九十八《元后傳》，第 4017 頁。

空。」〔註159〕桓帝誅除梁冀及相關勢力，人數眾多，朝廷為之空缺，可見昔日梁冀勢力的龐大。梁氏一族覆滅，「收冀財貨，縣官斥賣，合三十餘萬萬，以充王府，用減天下稅租之半。散其苑囿，以業窮民。」〔註160〕看出梁冀往年的貪污之重。走到最終境地，與梁冀手握大權飛揚跋扈，梁家不懂謙虛謹慎之道密切相關。桓帝從最初對梁家的感激到對梁家的惱怒最終令梁家覆滅，更多是梁冀及其一族的驕奢與不遵法度。梁氏一族的所作所為，鮮明體現出「外戚政治有一個顯著特點，即他們一旦控制朝政以後，便為所欲為、奢淫驕縱，很快就把自己推上毀滅的道路」〔註161〕。

梁皇后憑藉母家權勢，以娶后之禮入宮，在宮中飛揚跋扈，倚勢欺人，桓帝對她的寵愛，有政治因素在其中。梁家世代外戚，幾朝權盛，桓帝朝時叱吒風雲，權盛的外家嚴重阻礙君主權力的運行，加之自身貪得無厭，唯有傾覆，憑藉母家權勢的皇后，自然隨之滅亡。

與一些后妃「死後留得生前恩」相反，后妃若仰仗母家權勢入宮，起初享有君主的寵愛，與母家一同風光，內外得意。母家太過權盛又自滿，后妃在宮中驕貴無比，初與母家一榮俱榮，終會隨母家一同隕落。

后妃與母家的關係，若是在一個相對平衡的狀態，后妃與母家榮辱與共，二者是為一體的關係，這也是后妃與母家最常見的關係。后妃與母家未處於一個平衡狀態，勢必會有一方較強，一方較弱。若母家較為普通，后妃因機緣或政治才能，使母家任高官享厚祿，成為顯赫外戚，從而對母家起到提升作用；若母家本就強大無比，尤其處在皇權式微時，可令后妃在後宮高枕無憂，從而對后妃起到足夠的庇護作用。

〔註159〕《後漢書》卷三十四《梁統列傳》，第 1186 頁。

〔註160〕《後漢書》卷三十四《梁統列傳》，第 1187 頁。

〔註161〕李禹階、秦學頎：《中國古代外戚政治》下篇，第九章《東漢專制政治與外戚》，北京：商務印書館，2017 年，第 309 頁。

第四章 兩漢后妃政治

　　兩漢后妃參政議政事例很多，且有后妃臨朝稱制事件，不像後世垂簾聽政，有多重阻礙，此時后妃可以直接面見群臣，決定朝事，沒有太多阻礙。西漢女主多參政，西漢君主多是成年即位，有執掌政權的能力，因而臨朝稱制的后妃為個例。逮至東漢，「東京皇統屢絕，權歸女主，外立者四帝，臨朝者六后，莫不定策帷幄，委事父兄，貪孩童以久其政。」〔註1〕東漢皇后多無子，皇帝壽命又不長，造成皇帝逝後膝下僅有幼子或無子的情況。此時大權掌握在前朝皇后此時的皇太后手中，皇太后任命母家父兄以要職處理政事，多選立年幼的孩童為繼承人，便於她們持久掌權。「計東京后族，亦祇陰、郭、馬三家保全，其餘皆無不敗者。推原禍本，總由於柄用輔政，故權重而禍亦隨之。」〔註2〕東漢皇后多與政治太過親密，因而遭殃者居多。

　　縱觀先秦到清朝的后妃執政、掌權現象，兩漢時期最是頻繁，兩漢后妃政治的特點，是由當時的社會大背景決定的，且西漢、東漢后妃政治各有千秋，本章欲進行討論，一窺兩漢獨有的后妃政治情況。

第一節 社會大背景

　　兩漢后妃參政議政，臨朝稱制，比後世后妃在政治上活躍很多，並未有太多阻礙，甚至得到大臣的支持，史家的讚揚。如高祖呂皇后在高祖劉邦穩定天下的過程中，為其消除後患作出了貢獻，利於劉邦坐穩皇位。因而在劉邦準備

〔註1〕《後漢書》卷十上《皇后紀上》，第401頁。
〔註2〕（清）趙翼著，王樹民校證：《廿二史劄記校證》卷三《兩漢外戚之禍》，北京：中華書局，2013年，第69頁。

改易太子時，叔孫通進行勸諫，「呂后與陛下攻苦食啖，其可背哉！」〔註3〕呂后與陛下一同為江山社稷吃的苦，如今怎能忘記呢？可見呂后為江山社稷出的力，深得大臣之心。司馬遷評價呂后時的政績：「孝惠皇帝、高后之時，黎民得離戰國之苦，君臣俱欲休息乎無為，故惠帝垂拱，高后女主稱制，政不出房門，天下晏然。刑罰罕用，罪人是希。民務稼穡，衣食滋殖。」〔註4〕呂后掌權的八年間，有一番政績，得到實錄史家司馬遷的認可和讚揚。

「始高帝微時，呂公識帝，帝念呂氏之舊德，不制呂后。蓋自開創而外戚已基禍矣。」〔註5〕有人認為因西漢初高祖念呂氏昔日的好，並未制約呂后的一些行為，奠定了后妃外戚參與政治的基礎。后妃參政之事，從西漢初到東漢末，貫穿兩漢社會始終，因而可以說后妃政治是兩漢的一大特點，這與兩漢社會背景息息相關。

一、漢代思想發展的特點

「漢興，接秦之敝，丈夫從軍旅，老弱轉糧饟，作業劇而財匱，自天子不能具鈞駟，而將相或乘牛車，齊民無藏蓋。」〔註6〕由於秦朝末年經濟凋敝，加之楚漢戰爭等，西漢初，社會經濟凋敝，百姓貧困，天子駕乘的馬匹，無法湊齊相同顏色的四匹，將相等高級官員只能乘坐牛車。一切待恢復發展。為此，漢初統治者實行黃老之治，用黃老思想治國理政，主張清靜無為，與民休息，輕繇薄賦。黃老思想相比儒家思想，少了條條框框，沒有太多束縛。同時黃老思想中，女子的柔弱等特點多次被提倡，這是重視女性、尊重女性的表現。因之女性受到一定的重視，在家中也有話語權。這也是為何西漢初呂后能與劉邦商討政事，在政治上可以幫助劉邦的原因。

漢高祖劉邦不重儒家，叔孫通制定的禮儀，僅是些表面的禮儀，有些是經過更改的，並未按照儒書進行。「孝文即位，有司議欲定儀禮，孝文好道家之學，以為繁禮飾貌，無益於治，躬化為何耳，故罷去之。」〔註7〕文帝即位後，有司商定相關禮儀，因文帝個人喜好道家思想，認為繁文縟節未必能給治理國家帶來益處，所以並未提倡儒家思想。景帝朝時，曾重用晁錯，但晁錯行事過

〔註3〕《史記》卷九十九《劉敬叔孫通列傳》，第 2725 頁。
〔註4〕《史記》卷九《呂太后本紀》，第 412 頁。
〔註5〕（清）朱一是：《為可堂初集》卷五《孝元皇后論》，清順治十一年刻本。
〔註6〕《史記》卷三十《平準書》，第 1417 頁。
〔註7〕《史記》卷二十三《禮書》，第 1160 頁。

於峻急，「為政用事，侵削諸侯，別疏人骨肉。」〔註8〕晁錯的做法及思想有法家嚴苛的一面，景帝多少有所認同，儒生轅固生在竇太后面前直言黃老書是「家人言」，惹惱竇太后，因之派去刺豬，景帝不以為意，認為轅固生直言無罪，私下給予鋒利的兵器刺豬。說明景帝朝雖依舊是黃老思想占主流，相比前朝已有法家、儒家等思想。

從西漢初到景帝朝經濟得到恢復發展，武帝朝時，經濟有所基礎。「至武帝之初七十年間，國家亡事，非遇水旱，則民人給家足，都鄙廩庾盡滿，而府庫餘財。」〔註9〕武帝朝時，糧食充足，物資齊全，百姓安居樂業，武帝欲有所作為，開始提倡儒家之學，尤其在偏好黃老之學的竇太后去世後，「罷黜百家，獨尊儒術」，提拔儒臣，一介布衣儒生公孫弘位至丞相，被封為平津侯。同時舉行封禪等儒家活動，看似大為提倡儒家思想，將儒術放在獨尊的地位。「上方招文學儒者，上曰吾欲云云，黯對曰：『陛下內多欲而外施仁義，奈何欲效唐虞之治乎！』」〔註10〕在武帝廣納儒生，聲明實行儒家政策時，敢於直諫的汲黯直言武帝內心欲望太多，對外卻想施行仁義之治，實說明武帝提倡儒家思想是為了滿足自己的欲望。且從漢武帝任用多名酷吏上看，當時實際上為「外儒內法」。

宣帝朝時，時為太子的元帝認為宣帝持刑太深，不如全部任用儒生。對此宣帝有些動怒道「漢家自有制度，本以霸王道雜之，奈何純任德教，用周政乎！且俗儒不達時宜，好是古非今，使人眩於名實，不知所守，何足委任！」〔註11〕宣帝的話清楚體現出，漢家從未完全實行儒家思想，實是雜糅了多種思想，更多是儒、法並用，統治者也並未完全任用儒臣。即便後來的元帝朝在理政和用人方面更多的傾向於儒學和儒生，但社會方方面面並不可能在短時期內完全儒化。直至西漢末年，以儒者形象展現給世人的王莽，所提的諸多政策法令，基本上都因不合時宜無法實現。

整個西漢，儒家思想並未在統治階層完全實行，因而儒家思想的一些觀念，如其中對女性的要求等，更未得到完全的宣傳和普及，相對說來，女子所受的束縛會少很多。

〔註8〕《史記》卷一百一《袁盎晁錯列傳》，第 2747 頁。
〔註9〕《漢書》卷二十四上《食貨志上》，第 1135 頁。
〔註10〕《漢書》卷五十《汲黯傳》，第 2317 頁。
〔註11〕《漢書》卷九《元帝紀》，第 277 頁。

逮至東漢，開國皇帝劉秀「退功臣進文吏」，實行儒家思想，重視儒學，重視儒臣，明帝親自在白虎觀講經，商定今古經文的異同，「於是下太常、將軍、大夫、博士、議郎、郎官及諸王諸儒會白虎觀，講議五經同異。」〔註12〕都能看出東漢統治者對儒學的重視。章帝親自主持白虎觀會議，講五經同異，成《白虎通義》一書，目的是統一儒學的分歧，擴大儒學的影響，儒學氣氛在整個社會中愈加濃厚。隨著興儒用儒政策的逐漸推行，儒家思想向現實的各個層面逐漸滲透，但現實與道德禮教間存在著一定的差距，儒家的禮儀教化並不可能完全實行到社會的每一處。儒家關於女性的一些思想觀念，短時期內無法完全普及。因之后妃參與政治，不會像後世一樣遭到頭腦中認為「牝雞司晨」的儒臣的強烈批判。由於黃老思想在西漢初年曾佔據統治地位，當時重視女性的習慣會有所延續，故女性在皇室中也有較高地位。

「夫樂調而四時和，陰陽之變，萬物之統也。可不慎與？」〔註13〕兩漢時重陰陽的和諧，即「陰陽相濟、陰陽共根」的思想。陰陽的變化是萬物的統率，需要萬般慎重。《周易·繫辭下》有言：「陰陽合德而剛柔有體，以體天地之撰，以通神明之德。」鍾離意在上疏明帝時道：「願陛下垂聖德、緩刑罰，順時氣以調陰陽。」〔註14〕時人認為陰陽不和，會生災患。章帝的一道詔書中曾提及「比年陰陽不調，飢饉屢臻」〔註15〕。陰陽和，風調雨順，免生災患，天下太平。眾大臣的上疏中，都曾強調陰陽和諧的重要性，若陰陽不調，會牽連諸多事宜，甚而影響社會的發展。體現在皇家中，漢后妃參政，憑藉自己的政治智慧，在政事上獻言獻策，會對政治有所補充，對皇權有所幫助。如明德馬皇后在政事上發表見解，「后輒分解趣理，各得其情。……多所毗補。」〔註16〕有助於明帝對政事的處理。且男主陽女主陰，陰有助於陽的運行，陰陽在皇家有所指代，因而有對女性的重視。

二、兩漢社會觀念

（一）重視母親的觀念

「由於社會與家庭對宗廟繼嗣、家族傳承的極端重視，生育後嗣的母親又

〔註12〕《東觀漢記校注》卷二《顯宗孝明皇帝》，第 55 頁。
〔註13〕《史記》卷四十九《外戚世家》，第 1967 頁。
〔註14〕《資治通鑒》卷四十四《漢紀三十六》，第 1469 頁。
〔註15〕《後漢書》卷三《肅宗孝章帝紀》134 頁。
〔註16〕《後漢書》卷十上《皇后紀上》，第 410 頁。

具有頗高地位，受到極大尊重。母親在家族中的地位和尊母、孝道觀念，也使母親被認可為最可訓導或替代兒子行使政事權力者。」〔註17〕同樣，在重子嗣的兩漢，母親在家中頗具地位。

1. 尊母、孝母的觀念

漢以孝治天下，武帝曾下詔「古之立教，鄉里以齒，朝廷以爵，扶世導民，莫善於德」〔註18〕，宣帝曾下詔「導民以孝，則天下順」〔註19〕，最高統治者意在倡導孝的風氣，從而起到社會導向作用。官員也身體力行孝道，如公孫弘「養後母孝謹，後母卒，服喪三年」〔註20〕。在《張家山漢墓竹簡·二年律令》中有「子牧殺父母，毆詈泰父母、父母假大母、主母、後母，及父母告子不孝，皆棄市」。法律上維護家長的權威，不孝長輩是死罪。「禮者禁於將然之前，而法者禁於已然之後」〔註21〕。這就從禮和法兩方面對孝道進行了提倡，社會整體上盛行孝的風氣。

西漢皇帝的謚號都有「孝」字，皇后基本無單獨謚號，隨夫而謚。如孝文皇帝，孝文皇后。東漢大力提倡儒家思想，其中的孝道多有重視。西漢時，皇太后與皇帝分居兩宮，東漢時，皇太后與皇帝合居一宮。雖有政治色彩在其中，但合居也便於皇帝日常侍奉皇太后，對皇太后盡孝道，兩漢時期有一種選官途徑是察舉孝廉，有名的孝子可以直接任官。這些都是統治者彰顯孝道的表現。

「隆漢盛典，尊崇母氏」〔註22〕，漢朝尊母風氣盛行，如高祖劉邦登上皇位後，先追封他的母親為「昭靈夫人」，後封健在的父親為太上皇；漢文帝孝敬母親事。兩漢中，有的諸侯王因喪母至孝獲增封，如任城王博因喪母至孝，受增封三千戶。顯然當時社會倡導尊重母親，盡孝於母親。母親在家中的地位很高，子女傾向於母親的喜好做事。如「竇太后好黃帝、老子言，帝及太子諸竇不得不讀黃帝、老子，尊其術」〔註23〕，因竇太后偏好黃老之學，她的兒子、孫子以及娘家的兄弟侄子等，都會去讀黃老之學。可見母親在家中享有很高的地位。

〔註17〕 羅慧蘭、王向梅：《中國婦女史》第六章《女主政治與武則天稱帝》，北京：當代中國出版社，2016 年，第 188 頁。
〔註18〕 《漢書》卷六《武帝紀》，第 156 頁。
〔註19〕 《漢書》卷八《昭帝紀》，第 250 頁。
〔註20〕 《漢書》卷五十八《公孫弘傳》，第 2619 頁。
〔註21〕 《漢書》卷四十八《賈誼傳》，第 2252 頁。
〔註22〕 《後漢書》卷十下《皇后紀下》，第 441 頁。
〔註23〕 《史記》卷四十九《外戚世家》，第 1975 頁。

母親的話對當權者有重要的影響，皇帝雖不能對母后完全言聽計從，但母親的想法、意願是極為在意的。呂后在將戚夫人做成人彘後，召惠帝前來觀看，惠帝大驚，認為「此非人所為。臣為太后子，終不能復治天下。」〔註24〕先前呂后對趙王如意的動作，惠帝除了憑一己之力保護趙王外，也未有何辦法。在漢武帝心知舅舅田蚡有罪，欲治其罪時，母親王太后以不食威脅，令漢武帝終無可奈何，沒能治田蚡的過錯。漢成帝寵愛張放，曾多次一同微服出行，也去過張放的府上，張放得到的寵幸太盛，成帝母家擔心損害自家權益，成帝母元后下令張放去往地方做官，成帝雖捨不得，終無計可施。

東漢有因是皇帝生母，被追尊為皇后的事例，會單獨有自己的陵墓「后陵」，也有相關的陵園建築，且她們的陵墓規格，往往超過一般的諸侯墓。這也能體現出對母親的重視。

縱觀兩漢，尊母、孝母的觀念，母親在家中地位崇高，因此皇太后多可從容過問政治，表達政事上的看法。如文帝竇皇后，景帝即位，竇皇后成為竇太后，郅都因刀筆問題，迫使臨江王在中尉府對簿時自殺，因此竇太后對郅都很是惱怒，在匈奴人「中都以漢法」後，景帝想以忠臣的理由釋放郅都，竇太后反問道「臨江王獨非忠臣乎？」〔註25〕最終郅都被斬殺。明德馬皇后在成為太后時，與其子章帝從容言及政事。因是當朝君主的母親，從而在政治上有話語權。

2. 崇母輕妻的觀念

此時社會上崇母輕妻觀念盛行，東漢鮑永，做官一心為民，對待後母也很孝敬。後「遭母憂，去官，悉以財產與孤弟子」〔註26〕。在處理母喪一事上可看出他的孝順，是當時標準的孝子。休妻是因「妻嘗於母前叱狗，而永即去之」〔註27〕，雖在母親面前呵斥狗是一個小過錯，但認為是對母親的不敬，因而將妻子遣歸。唐代的白居易曾對「得甲妻子姑前叱狗，甲怒而出之，訴稱非七出，甲云不敬」的虛擬案件，判為「細行有虧，信乖婦順，小過不忍，豈謂夫和？甲孝務恪恭，義輕好合：饋豚明順，未聞爽於聽從；叱狗愆儀，盍勿庸於疾怨。雖怡聲而是昧，我則有尤；若失口而不容，人誰無過？雖敬君長之母，宜還王

〔註24〕 《漢書》卷九十七上《外戚傳上》，第 3938 頁。
〔註25〕 《漢書》卷九十《酷吏傳》，第 3648 頁。
〔註26〕 《後漢書》卷二十九《鮑永列傳》，第 1019 頁。
〔註27〕 《後漢書》卷二十九《鮑永列傳》，第 1017 頁。

吉之妻」〔註28〕。與前世鮑永不同，樂天認為在婆母前叱狗確實不對，但這是類似於人們都會犯的小過錯，改正即可，沒必要為此將妻子遣歸。

當時離棄婦女有「七出」這個不成文的條文規定，其中一條是「不順父母」，尤其是不順母親，即婦女未能使婆母順心，因此出妻的現象有許多。姜詩的母親喜愛飲江水，妻子經常不辭辛苦逆流取水，一日因遇風，沒能準時取回，姜「詩責而遣之」〔註29〕。客觀的天氣原因而不是妻子自身原因所致，卻怪罪到妻子身上，認為這是「不順母親」的行為。甚至有因婆母主觀的不滿意，婦女自身並無太大過錯，卻因之遭拋棄的事件。鄧元義「妻留事姑甚謹，姑憎之，幽閉空室，節其食飲，羸露日困，妻終無怨言……伯考流涕曰：『何意親姑反為此禍！』因譴歸家，更嫁為華仲妻。」〔註30〕。妻子小心侍奉婆婆，然而婆婆無端刁蠻到不允許兒媳婦吃飽飯的地步，妻子從未有何怨言，鄧元義的父親知道了詳情，善意將兒媳遣歸。鄧元義的妻子再嫁華仲後，鄧元義對別人的解釋是「此我故婦，非有它過，家夫人遇之實酷，本自相貴」〔註31〕。明顯只因婆母的排斥，使自身遭棄。之後善良的妻子還惦念自己的兒子，兒子卻不願見她，其妻告訴自己的兒子：「我幾死，自為汝家所棄，我何罪過，乃如此邪？」〔註32〕其憤怒、怨恨之情可想而知，但又無可奈何，只得認命。可見母親在家中的地位，母親與妻子相比，是崇母輕妻的。白居易在《白氏長慶集》中記載自己判決的一樁離婚案，其中道「莫慰母心，則宜去矣。何必有虧婦道。」即便婦人所做的一切並未有何過錯，終無法令婆母滿意，此一點便足以令婦人遭棄，可見婆母在家中的地位之高。

兩漢社會因尊母、孝母的觀念，以及崇母輕妻的觀念，母親在家中享有很高的地位，重要的話語權，特別是在父親逝後，母親的權力更大，這也是為何，后妃多在成為皇太后時，參與朝政之事。

（二）母后、外戚助皇權的觀念

兩漢距先秦不遠，受母系氏族遺風的影響，多認為母后、外家是與皇家一體的。皇帝的子女以母親的姓氏來區別，如竇太后的女兒被稱為竇長公主，衛

〔註28〕（唐）白居易：《白居易集》卷六十六《判》，北京：中華書局，1979年，第1394～1395頁。
〔註29〕《後漢書》卷八十四《列女傳》，第2783頁。
〔註30〕《後漢書》卷四十八《應奉列傳》注引《汝南記》，第1607頁。
〔註31〕《後漢書》卷四十八《應奉列傳》注引《汝南記》，第1607頁。
〔註32〕《後漢書》卷四十八《應奉列傳》注引《汝南記》，第1607頁。

皇后的兒子劉據人稱衛太子等等。可見當時並未將母后看成外人。皇家在必要時刻，認為外家會對皇家皇權起到幫助與保護的作用。皇帝崩逝，新帝年少，此時大權自然掌握在母后手中，如章德竇皇后等，在皇帝羽翼不滿時，作為皇帝母親的角色能夠長期把持政權，不會受到社會輿論等的反對。「當權力出現真空，並產生皇權與政權的銜接危機時，在有可能獲得權力的君側之人當中，皇太后作為皇帝的母親和皇帝家天下產業的守護者，顯然對於保證、維護帝國政治的正常運轉負有倫理和道義上的責任，而其對於皇權的代理相比較於其他人而言最具有合法性，也最容易獲得整個帝國的認同和接受。在這種情況之下，皇太后跨越後宮界限而參與政治事務的做法，不但不被認為是一種『僭越』，反而還會受到整個帝國的推崇和尊重。」〔註33〕

母后會在特殊時期維護皇權，保證皇權正常運行。如呂后執政期間，延續劉邦生前的黃老無為，與民休息政策，使社會經濟繼續發展。和熹鄧皇后掌權期間，任用賢才，使東漢社會向前發展。母后與皇帝是母子關係，加之母后也是皇家成員，母后若想保住自身的榮華富貴及利益，首先避免皇權落入他人手中，即使母后「貪孩童以久其政」，最終都會歸政於君主手中。

母后多在新君年幼等情況下，守護皇權，確保皇權不為他人竊取。大權掌握在母后手中，有時候比掌握在大臣手中相對安全些，篡權等事件相對較少出現，從而避免輔政大臣篡位之事。武帝逝後，年幼的昭帝即位，武帝生前曾擔心「主少母壯」，女主擅權等情況的出現，將昭帝生母賜死，在武帝臨終時，「以光為大司馬大將軍，日磾為車騎將軍，及太僕上官桀為左將軍，搜粟都尉桑弘羊為御史大夫，皆拜臥內床下，受遺詔輔少主。」〔註34〕武帝特意選擇四人而不是一人為輔政大臣，意在平衡勢力，相互間起到制約作用，防止一人權力獨大，有竊取皇權的可能。可惜日後，四人並未團結一心，發生了矛盾，矛盾升級，上官桀等人進行反叛，霍光平定了這場叛亂。但在此之後，「光威震海內。」〔註35〕霍光獨攬大權，即便昭帝舉行了冠禮，表示成年可以親政，霍光卻未交權，終昭帝朝，大權旁落在權臣霍光手中。宣帝時，大權一步步收回，但是霍氏黨羽遍布朝廷，霍家權盛，多驕奢不端，目無王法等，給朝廷、社會等帶來了危害。

〔註33〕羅慧蘭、王向梅：《中國婦女史》第六章《女主政治與武則天稱帝》，北京：當代中國出版社，2016年，第189頁。
〔註34〕《漢書》卷六十八《霍光金日磾傳》，第2932頁。
〔註35〕《漢書》卷六十八《霍光金日磾傳》，第2936頁。

母后掌權期間，不會對母家完全縱容。「（高后）三年，王嘉坐驕廢。」
〔註36〕呂嘉因犯罪，遭廢黜。章德竇皇后執政期間，也曾對不法的竇家人採取
一些措施。宗室劉暢得幸於竇太后，竇「憲懼見幸，分宮省之權，遣客刺殺暢
於屯衛之中，而歸罪於暢弟利侯剛，乃使侍御史與青州刺史雜考剛等。後事發
覺，太后怒，閉憲於內宮。」〔註37〕竇憲擔心劉暢得幸，從而有損自己手中的
權力，派刺客將其刺殺，嫁禍於劉暢的弟弟。事情敗露，竇太后將竇憲禁閉在
宮中，以示對竇憲的懲罰。「（竇）景為執金吾，（瓌）光祿勳，權貴顯赫，傾
動京都。雖俱驕縱，而景為尤甚，奴客緹騎依倚形勢，侵凌小人，強奪財貨，
篡取罪人，妻略婦女。商賈閉塞，如避寇讎。有司畏懦，莫敢舉奏。太后聞之，
使謁者策免景官，以特進就朝位。」〔註38〕竇氏族人倚仗竇太后的權勢，驕傲
不法，竇景更為過分，其家奴僕倚勢欺人，嚴重危害社會秩序，官員畏懼竇家
權勢，無可奈何，竇太后得知此事，罷免了竇景官位。母后掌權期間，母家權
勢會得到極大提升，但多少也會對母家進行限制，不會完全縱容。

母后掌權，若發生改朝換代之事，皇太后之位會有所不保，嚴重影響母后
的利益。即便是自己母家奪取江山，自己獲得公主封號，其地位遠遜於皇太后。
如孝平王皇后是王莽的女兒，平帝去世後，王莽立孺子嬰為繼承人，孝平王皇
后成為皇太后。王莽篡位，「以嬰為定安公，改皇太后號為定安公太后。太后
時年十八矣，為人婉孌有節操。自劉氏廢，常稱疾不朝會。莽敬憚傷哀，欲嫁
之，乃更號為黃皇室主。」〔註39〕加之對自我身份的認同，是皇家成員，不容
許任何人篡取皇位。

「對於漢代皇帝而言，『外戚』是王朝權力結構中重要的支持力量」〔註40〕。
司馬遷在《史記・外戚世家》中開頭道「自古受命帝王及繼體守文之君，非獨
內德茂也，蓋亦有外戚之助焉。」一語道出時人認為外戚對君主會有所幫助，
可為君主所用。外戚往往依靠某個君主，其榮華富貴是君主給予的，新帝即位
會扶植自己的外戚勢力，外戚若想保住自身的榮華富貴，期望君主之位平穩長
久，會為君主盡心效命。有些外戚確是對漢家江山做出貢獻。西漢初，呂后兄

〔註36〕《漢書》卷十八《外戚恩澤侯表》，第 679 頁。
〔註37〕《後漢書》卷二十三《竇融列傳》，第 813 頁。
〔註38〕《後漢書》卷二十三《竇融列傳》，第 819 頁。
〔註39〕《漢書》卷九十七下《外戚傳下》，第 4010～4011 頁。
〔註40〕徐沖：《中古時代的歷史書寫與皇帝權力起源》單元三《「外戚傳」與「皇后
　　　　傳」》，上海：上海古籍出版社，2017 年，第 136 頁。

弟幫助劉邦打天下，衛皇后的弟弟和外甥，出征塞外，攻打匈奴，為武帝立下赫赫戰功。

「成帝崩哀帝即位，王莽罷就第，眾庶歸望於傅喜。……成哀之際大臣去位不以其罪者甚多，而人心獨向王莽者，豈非習俗移人積漸使然哉？」〔註41〕傅喜被策免後，眾人鳴不平，時人觀念認同外戚輔政，認為有能力的外戚對政治有幫助，有利於皇權更好地運行。

漢世並未形成后妃外戚不得干政的法律條文，當時對此也未有何輿論。「漢家皇后父兄皆封侯」，新帝即位，也會封爵母舅，「漢興，舅氏之封侯，猶皇子之為王也。」〔註42〕漢世對外戚的封爵已成約定俗成之事，普遍為人所認同。君主顯然未將外戚看作外人，認為外戚也是自己同盟中的一部分。

兩漢時期，母后守護皇權，外戚是支持皇權的重要力量，對皇權有所貢獻，因而時人在觀念中認為母后與外戚在必要時刻守護皇權，而不會危害皇權。

三、兩漢社會風氣

（一）女性自食其力

有漢一代的社會經濟領域中，處處可見婦女的身影，婦女能夠自食其力，有些婦女的收入是家中的主要經濟來源，即便不幸遭男子休棄，之後的生活也不必為衣食擔憂。

兩漢時期婦女可以拋頭露面，在外從事經濟活動。農業方面，婦女在田中勞作，劉邦未發跡時，不務農業，是妻子呂雉帶領兒女在田中勞動。手工業方面，有些婦女織布手藝高超，《西京雜記》中所載陳寶光之妻織造的綾錦價格不菲，小說往往是對現實的反應，說明當時兩漢社會多出婦女織布高手。商業方面，如《史記・高祖本紀》記載：「（高祖）不事家人生產作業。及壯，試為吏，為泗水亭長，廷中吏無所不狎侮。好酒及色。常從王媼、武負貰酒」。王媼、武負是從事販酒的兩位婦女；又見於《史記・司馬相如列傳》中有「文君夜亡奔相如，相如乃與馳歸成都。家居徒四壁立。……文君久之不樂，曰：『長卿第俱如臨邛，從昆弟假貸猶足為生，何至自苦如此！』相如與俱之臨邛，盡賣其車騎，買一酒舍酤酒，而令文君當爐。」文君與相如因生活所迫以賣酒為

〔註41〕（清）劉體仁：《通鑒札記》卷二《漢外戚之禍不始於王氏》，民國年間石印本。
〔註42〕《後漢書》卷十上《皇后紀上》，第412頁。

生。館陶公主寵幸的董偃，其母以賣珠為生。「始偃與母以賣珠為事，偃年十三，隨母出入主家。」此外，婦女還可從事其他行業。如從事醫學，義姁曾給武帝母王太后看病，宣帝時期有女醫淳于衍。從事相術行業，一個叫許負的老年女性，曾給薄姬相面，通過面相認為她會生天子。「媼之許負所相，相薄姬，云當生天子。」可見婦女得以參與到社會經濟領域中。

　　一部分婦女的收入是家中的主要經濟來源。樂羊子在求學期間，家中的主要經濟來源是妻子的織布收入；翟方進打算去京師求學時，「母憐其幼，隨之長安，織履以給方進讀」，顯然當時翟方進家的主要收入為後母編織鞋子換來的錢。

（二）法律保障女性權益

　　歷代統治者賜貞婦順女帛，是對守寡等女性的一種撫恤。《張家山漢墓竹簡‧二年律令》中有「死毋子男代戶，令父若母，毋父母令寡，毋寡令女」〔註43〕，法律認可婦女有一定的繼承權；《張家山漢墓竹簡‧二年律令》規定「棄妻，畀之其財」〔註44〕，法律規定棄婦能夠帶回自己的嫁妝。這就從法律層面對婦女的權益做了保障。歷代統治者對孕婦也有優待政策，如《後漢書‧肅宗孝章帝紀》中提到「今諸懷妊者，賜胎養谷人三斛，復其夫，勿算一歲，著以為令」。在《張家山漢簡‧二年律令》中有毆打孕婦致人流產，處一年徒刑的條款。這些法律條文都可視為是對婦女權益的保障，使女性在權益受到侵犯時可以訴諸法律，從而增添了對女性的一道庇護。

（三）女性婚姻中有自由

　　兩漢時期，不少帝王死後會遣出妃嬪，使其另有歸宿。文帝十二年二月，「出孝惠皇帝后宮美人，令得嫁」〔註45〕；漢文帝死後，遺詔「歸夫人以下至少使」〔註46〕，對此應劭的解釋為「皆遣歸家，重絕人類也」；景帝的遺詔中提到「出宮人歸其家，復終身」〔註47〕。可見作為皇帝的妃妾，等級低的可在皇帝駕崩後再嫁。東漢統治者雖大力提倡儒學，但儒學思想並未如後世死板，

〔註43〕張家山二四七號漢墓竹簡整理小組編：《張家山漢簡‧二年律令‧置後律》，北京：文物出版社，2006年，第60頁。

〔註44〕張家山二四七號漢墓竹簡整理小組編：《張家山漢簡‧二年律令‧置後律》，北京：文物出版社，2006年，第61頁。

〔註45〕《漢書》卷四《文帝紀》，第123頁。

〔註46〕《史記》卷十《孝文本紀》，第435頁。

〔註47〕《漢書》卷五《景帝紀》，第153頁。

此時婦女改嫁再嫁不受何束縛。光武帝姐姐湖陽公主守寡，光武詢問姐姐意中人選，湖陽公主道「宋公威容德器，群臣莫及。」〔註48〕屬意於宋弘，光武帝親自做媒，但宋弘以「貧賤之知不可忘，糟糠之妻不下堂」〔註49〕為由拒絕。此事雖未能成功，但看出統治者並不認為再嫁有何不可。婦女改嫁再嫁之事較為尋常，沒有太多的思想束縛。

定陵侯淳于長犯大逆罪被誅後，大臣之間對淳于長的棄妻如何定罪一事展開討論，翟方進和何武認為應有當坐之罪，孔光對此的看法是「夫婦之道，有義則合，無義則離。長未自知當坐大逆之法，而棄去迺始等，或更嫁，義已絕，而欲以為長妻論殺之，名不正，不當坐」〔註50〕。最終成帝認同孔光的看法。以此可見，統治者在對待婚姻方面，不是一味地主張不論感情好壞都要白頭到老，而是夫妻間需要有情意，若雙方沒有了情感恩義，是可以仳離的。董仲舒在判案時，認為「夫死無男，有更嫁之道也。」〔註51〕

此時婦女改嫁再嫁之事，沒有太多限制，且社會上並不以娶再嫁之婦為恥。汝南鄧元義的妻子在受到婆母的無故虐待後，被善意遣歸家，再嫁華仲，華仲成為將作大匠後，與其妻共同乘朝車出行。這是一種榮譽的象徵，華仲並未因妻子曾嫁過人，認為是一種恥辱，而不與妻子共同乘朝車。《孔雀東南飛》中因婆母的不喜歡，焦仲卿無奈將劉蘭芝送回娘家，蘭芝雖是被遣歸家，依然有媒人上門提親，且蘭芝再嫁的場面「青雀白鵠舫，四角龍子幡。婀娜隨風轉，金車玉作輪。躑躅青驄馬，流蘇金鏤鞍。齎錢三百萬，皆用青絲穿。雜綵三百匹，交廣市鮭珍。從人四五百，鬱鬱登郡門」。婚禮場面盛大，壯觀奢華，再嫁為縣令的兒子，身份地位都比為府吏的前夫焦仲卿高，可見民間對婦女的改嫁再嫁持寬鬆態度。漢景帝王皇后，本在民間已嫁與金王孫，並育有一女，因母親「臧兒卜筮曰兩女當貴，欲倚兩女，奪金氏。」〔註52〕王皇后的母親通過占卜，得知兩個女兒會大富大貴，打算倚仗女兒們，得以享有榮華富貴，因而讓女兒離開現在的丈夫。僅因一次占卜，便破壞女兒的婚姻，可見當時社會上婦女的改嫁、再嫁一事極容易。

〔註48〕《後漢書》卷二十六《宋弘列傳》，第 904～905 頁。
〔註49〕《後漢書》卷二十六《宋弘列傳》，第 905 頁。
〔註50〕《漢書》卷八十一《孔光傳》，第 3355 頁。
〔註51〕程樹德：《九朝律考》卷一《漢律考·春秋決獄考》，北京：商務印書館，1927，第 164 頁。
〔註52〕《漢書》卷九十七上《外戚傳上》，第 3946 頁。

　　若婦女對自己的婚姻不滿，也可主動求去。「外黃富人女甚美，庸奴其夫，亡邸父客。父客謂曰：『必欲求賢夫，從張耳。』女聽，為請決，嫁之。」〔註53〕外黃富人女家世好，容貌美，對自己的丈夫不滿意，聽從父親賓客的說法後，主動嫁與張耳。朱買臣在貧賤之時，靠賣柴火維持生計，經常在擔柴火的路途中唱歌，妻子多次勸阻無效，認為羞愧，主動請求結束這段婚姻。朱買臣「家貧，好讀書，不治產業，常艾薪樵，賣以給事，擔束薪，行且誦書。其妻亦負載相隨，數止買臣毋歌嘔道中。買臣愈益疾歌，妻羞之，求去。」〔註54〕漢世雖有「七出」之條，作為男子出妻的理由，但女方也有主動求去的權利，並不會完全束縛在一段婚姻上。

　　婦女也可自主擇夫。梁鴻因品行高節，得到孟光的傾心，直到三十歲不嫁人，聲稱「欲得賢如梁伯鸞者」〔註55〕。可見當時婦女對自己的婚姻有一定自主權，這些都能體現出婦女人身束縛比之後世，寬鬆很多。

　　西漢時期，守節之事少之又少，宣帝時首次賜貞婦順女帛，初步提倡守節，東漢時，守節之事未得到普遍認同。西漢的翼奉、貢禹，東漢的陳藩、荀爽等研習儒經之人，從不同角度主張放嫁宮人，允許婦女改嫁再嫁。兩漢的儒生對婦女守節一事各持己見，並未如後世形成統一的守節觀念，這就使一部分儒生提倡的守節觀念不會普及。《後漢書》中《列女傳》的宗旨是「搜次才行尤高秀者，不必專在一操而已」〔註56〕，說明所收錄的女性，並不只是因為女性守節，有其他因素，側面看出東漢時期的守節女子並未在社會上普遍。桓鸞的女兒在丈夫死後，為了避嫌，不回娘家，她的獨子夭折後，為了表明守節的志向，「豫刑其耳以自誓」，毀壞自己的耳朵來證明守節的意志。對此，宗族中的婦人說道「若家殊無它意，假令有之，猶可因姑姊妹以表其誠，何貴義輕身之甚哉！」〔註57〕可見時人對損壞自己身體來守節的做法認為有些過激，並不認同，守節與否沒人阻攔，若有何變故，可以說明，「貴義輕身」未免不妥。

　　在兩漢社會，婦女守節一事，並未有嚴格限制，此事上對婦女也未有嚴格的要求，守節的極端行為並不被時人贊同，婦女在此事上可以憑藉個人意願。因而在婦女婚姻問題上，自主擇夫、改嫁再嫁、守節等，婦女都有所決定權，

〔註53〕《漢書》卷三十二《張耳陳餘傳》，第 1829 頁。
〔註54〕《漢書》卷六十四上《朱買臣傳》，第 2791 頁。
〔註55〕《後漢書》卷八十三《逸民列傳》，第 2766 頁。
〔註56〕《後漢書》卷八十四《列女傳》，第 2781 頁。
〔註57〕《後漢書》卷八十四《列女傳》，第 2797 頁。

婦女是有一定的自由的。

在兩漢社會大背景中，兩漢社會思想並未對女性有太多束縛，比之後世對女性更為寬鬆。兩漢社會觀念中，極為重視母親，尊母、孝母，同時崇母輕妻，認為母后、外戚在必要時期守護皇權。兩漢社會風氣，婦女自食其力，參與經濟活動，並有相關法律做保障，上層對婦女並沒有嚴格的要求，婦女在婚姻上有一定的自由。這些都能看出兩漢婦女所受束縛少，較為自由，地位較高，太后又為皇帝的母親，在皇家有話語權，尋問政事時基本上無阻礙，自然會有女主臨朝稱制和參政議政的事件發生。

第二節　女主臨朝稱制

兩漢社會背景的影響，兩漢均出現女主臨朝稱制的情況，西漢僅呂后真正做到臨朝稱制，東漢「臨朝者六后」，六位女主臨朝稱制，手握大權，運籌帷幄。七位臨朝稱制的女主，各有千秋，有穩保江山發展，有因能力欠缺，不僅未對江山作出貢獻，還自身遭殃，牽連母家。「湮滅連踵，傾輈繼路。而赴蹈不息，燋爛為期，終於陵夷大運，淪亡神寶。」〔註58〕雖然外戚家族破滅之事比肩繼踵而來，覆車之事連續不斷而至，但依然赴湯蹈火不停，直到焦頭爛額為限，終於天運衰落，朝廷淪亡。臨朝稱制的女主，即便憑藉自己的政治智慧，為江山社稷盡心盡力，掌權期間，政治清明，社會經濟持續平穩發展，但身後母家依然無法避免厄運，全族遭殃。也有原本女主欠缺政治能力，或因母族驕縱不法，終自身難保，母家傾覆，繁華褪盡，孤苦度餘生，亦無法善終。

談及女主臨朝稱制，多數史家持否定態度，認為牝雞司晨不是好事，不論女主執政期間的政治、經濟發展狀況如何，只是一味地批判、否定。細細分析，兩漢臨朝稱制的女主，有在位期間，做出政績者。女主稱制情況各不同，可分為三類進行討論。

一、才能突出的女主

西漢呂后，東漢和熹鄧皇后，政治才幹突出，在位期間，任用賢能之臣，出臺惠民政策，穩保江山，社會經濟向前發展。即便自身掌權，母家成員任官封爵，享榮華富貴，母家相比之下未太過驕縱，女主自身也得善終，但身後母

〔註58〕《後漢書》卷十上《皇后紀上》，第 401 頁。

族仍然難免傾覆之運。

　　呂后，西漢開國皇后，劉邦逝後，其子劉盈繼位，是為惠帝。呂后成為呂太后，清算與戚姬往日的恩怨，將其做成人彘，令性格軟弱的惠帝前往觀看。惠帝「乃大哭，因病，歲餘不能起。使人請太后曰：『此非人所為。臣為太后子，終不能復治天下！』以此日飲為淫樂，不聽政，七年而崩。」〔註59〕惠帝受到驚嚇，大受刺激，不再關心政治，只顧享樂，頹廢而終。

　　惠帝崩逝，「發喪，太后哭，泣不下。」〔註60〕獨子英年早逝，呂后本應悲痛欲絕，卻沒有眼淚，心知惠帝去世已成事實，未留下成年子嗣，為自己、為江山社稷擔憂，忌憚手中有權力的開國大臣。先前在劉邦崩逝後，「四日不發喪。呂后與審食其謀曰：『諸將與帝為編戶民，今北面為臣，此常怏怏，今乃事少主，非盡族是，天下不安。』人或聞之，語酈將軍。酈將軍往見審食其，曰：『吾聞帝已崩，四日不發喪，欲誅諸將。誠如此，天下危矣。陳平、灌嬰將十萬守滎陽，樊噲、周勃將二十萬定燕、代，此聞帝崩，諸將皆誅，必連兵還鄉以攻關中。大臣內叛，諸侯外反，亡可翹足而待也。』審食其入言之，乃以丁未發喪，大赦天下。」〔註61〕早在劉邦崩逝後，呂后便對大臣心存疑慮，認為他們不會盡心盡力效忠惠帝，以防後患，欲將其全部誅滅。酈將軍將誅滅大臣們的後果分析給審食其，審食其稟告呂后，此計劃不了了之。看出呂后一直對軍功臣們心懷忌憚。惠帝逝後，為了兩相心安，丞相採納張辟強的建議「請拜呂臺、呂產、呂祿為將，將兵居南北軍，及諸呂皆入宮，居中用事，如此則太后心安，君等幸得脫禍矣」〔註62〕呂家人掌權任職，呂后心安，有利於開國大臣的安全。「太后說，其哭迺哀。呂氏權由此起。」〔註63〕有了自家人作後盾，呂后對未來少了幾分擔憂，多了幾分心安。

　　「孝惠帝崩，天下初定未久，繼嗣不明。於是貴外家，王諸呂以為輔。」〔註64〕呂后封爵母家，給予自家人官職與爵位，是為了藩輔劉氏，守護劉氏江山。因而「立周呂侯子臺為呂王，臺弟產為梁王，建成侯釋之子祿為趙王，臺子通為燕王，又封諸呂凡六人皆為列侯，追尊父呂公為呂宣王，兄周呂侯為悼

〔註59〕《漢書》卷九十七上《外戚傳上》，第3938頁。
〔註60〕《史記》卷九《呂太后本紀》，第399頁。
〔註61〕《史記》卷八《高祖本紀》，第392頁。
〔註62〕《史記》卷九《呂太后本紀》，第399頁。
〔註63〕《史記》卷九《呂太后本紀》，第399頁。
〔註64〕《史記》卷四十九《外戚世家》，第1969頁。

武王。」〔註65〕「諸呂皆官，居中用事。」〔註66〕封王封侯，令其在朝中任職，以平衡軍功臣的勢力。呂家人執掌軍權等，並不是在惠帝時期，呂后並未如後世元后般，成為皇太后之初便迫不及待封爵母家，給予母家成員一系列任官封爵，眾多榮華富貴。真正讓母家成員任要職，是在惠帝崩逝後，更多有防范軍功臣、輔佐皇權之意。

「太子即位為帝，謁高廟。元年，號令一出太后。」少帝年幼無法親政，呂后臨朝稱制。與其他女主不同，呂后並不是「貪孩童以久其政」，特意選立幼子，而是因惠帝僅有幼子。呂后臨朝稱制初始，下詔「前日孝惠皇帝言欲除三族罪、妖言令，議未決而崩，今除之。」〔註67〕為更好實行清靜無為、與民休息的政策，廢黜相關嚴刑峻法，與民省禁，「初置孝悌力田二千石者一人」〔註68〕，對此顏師古的解釋為「特置孝悌力田官而尊其秩，欲以勸勵天下，令各敦行務本。」〔註69〕呂后意在發展農業，促進經濟恢復與發展。同時「差次列侯功以定朝位，臧於高廟，世世勿絕，嗣子各襲其功位。」〔註70〕論大臣的功勞定朝位，待遇可以傳襲子孫。這樣做法有利於拉攏大臣，收服人心，減少大臣造反等事件的發生。

呂后臨朝稱制期間，社會經濟向前發展，朝政之事平穩有序，雖給予母家一定的高官厚祿，但並未縱容其在國事上胡作非為。「呂后私其族而終以國事付平、勃」〔註71〕，呂后將國家大事交給有能力的大臣處理，大臣各司其位。此時並未出現外戚擅權，干擾朝政的情況，呂后也並未過度縱容母家，「建成康侯釋之卒，嗣子有罪，廢，立其弟呂祿為胡陵侯，續康侯后。」〔註72〕「（高后）六年十月，太后曰呂王嘉居處驕恣，廢之，以肅王臺弟呂產為呂王。」〔註73〕呂后雖給予呂家人爵位，但若犯錯或行為驕縱不端，呂后也會剝奪其爵位。可見呂后雖優待母家，並未完全縱容，必要時會給予處罰。

呂后有意令劉氏與呂氏聯姻，意在拉近兩家關係，使呂氏世代輔佐劉氏。呂

〔註65〕《漢書》卷九十七上《外戚傳上》，第3939頁。
〔註66〕《漢書》卷九十七上《外戚傳上》，第3939頁。
〔註67〕《漢書》卷三《高后紀》，第96頁。
〔註68〕《漢書》卷三《高后紀》，第96頁。
〔註69〕《漢書》卷三《高后紀》，第96頁。
〔註70〕《漢書》卷三《高后紀》，第96頁。
〔註71〕《讀通鑒論》卷五《哀帝》，第117頁。
〔註72〕《史記》卷九《呂太后本紀》，第401頁。
〔註73〕《史記》卷九《呂太后本紀》，第403頁。

后「女弟呂嬃有女為營陵侯劉澤妻」〔註74〕，趙王「友以諸呂女為后」〔註75〕，「梁王恢之徙王趙，心懷不樂。太后以呂產女為趙王后。」〔註76〕「以呂祿女為少帝后，欲連固根本牢甚，然無益也。」〔註77〕呂后將呂家女嫁與劉家，是為了密切兩家間的關係，事實證明並未達到預期效果，呂后女嫁與劉氏諸王，多跋扈、驕縱，與丈夫的關係並不好，在呂后面前進行譖告，也使劉、呂兩家矛盾加深。

呂后封爵自家人，有防範宗室之意，惠帝逝後，幼子繼位，擔心宗室諸王有覬覦之意，但並未直接對宗室諸王動手。除了因與戚姬的昔日恩怨，將其子趙王鴆殺，並未直接對哪個皇子下手，亦或最終有所開恩。如「孝惠與齊王燕飲太后前，孝惠以為齊王兄，置上坐，如家人之禮。」〔註78〕惠帝與齊王一同與呂后燕飲，惠帝以家人的禮儀，讓哥哥齊王坐上座，呂后一怒之下欲將其鴆殺。齊王聽從謀士「以一郡上太后，為公主湯沐邑」〔註79〕的建議，獻城陽郡與魯元公主，尊其為王太后。齊王化險為夷。淮南「王早失母，常附呂后，孝惠、呂后時以故得幸無患。」〔註80〕淮南王從小為呂后養大，在孝惠、呂后時期安然無恙。

漢初，匈奴強盛，漢朝無法與其進行抗爭，採取和親等較為弱勢的政策。「孝惠、高后時，冒頓寢驕，乃為書，使使遺高后曰：『孤僨之君，生於沮澤之中，長於平野牛馬之域，數至邊境，願遊中國。陛下獨立，孤僨獨居。兩主不樂，無以自虞，願以所有，易其所無。』」〔註81〕驕傲的冒頓單于在給呂后的信中充滿了輕視與侮辱，欲娶守寡的呂后為妻，強勢的呂后得到此信大為惱怒，準備發兵攻打匈奴。季布分析了當時的形勢，並不具備攻打匈奴的實力，且平城之圍的慘敗猶在。呂后冷靜後，「令大謁者張澤報書曰：『單于不忘弊邑，賜之以書，弊邑恐懼。退日自圖，年老氣衰，髮齒墮落，行步失度，單于過聽，不足以自污。弊邑無罪，宜在見赦。竊有御車二乘，馬二駟，以奉常駕。』冒頓得書，復使使來謝曰：『未嘗聞中國禮義，陛下幸而赦之。』因獻馬，遂和親。」〔註82〕呂后平復情緒後，以大局為重，回單于的信中充滿了謙卑與和

〔註74〕　《史記》卷九《呂太后本紀》，第 404 頁。
〔註75〕　《史記》卷九《呂太后本紀》，第 403 頁。
〔註76〕　《史記》卷九《呂太后本紀》，第 404 頁。
〔註77〕　《史記》卷四十九《外戚世家》，第 1969 頁。
〔註78〕　《史記》卷九《呂太后本紀》，第 398 頁。
〔註79〕　《史記》卷九《呂太后本紀》，第 398 頁。
〔註80〕　《漢書》卷四十四《淮南衡山濟北王傳》，第 2136 頁。
〔註81〕　《漢書》卷九十四上《匈奴傳上》，第 3754～3755 頁。
〔註82〕　《漢書》卷九十四上《匈奴傳上》，第 3755 頁。

氣，冒頓得信後遣使道歉，復結和親，使原本會一觸即發的戰爭化為平和。呂后對此事的處理，顯示出呂后的政治頭腦，顧全大局的做法有利於穩定邊境，減輕百姓勞苦，恢復漢初經濟。

身後，呂氏宗族遭誅滅，對此李禹階、秦學頎認為「如果說呂太后還能在一定程度上代表皇權，並與功臣和宗室勢力維持政治聯盟，那麼，在她去世以後，由於舊的外戚與新帝漸疏，呂氏外戚已失去宮廷的憑藉，成為無本之末、無源之水，其敗亡是必然的」〔註83〕。這也鮮明體現出外戚的短暫性特點。

和熹鄧皇后，和帝逝後，鄧皇后成為皇太后，執掌政權，實行仁政，赦免一些人的罪過。「詔赦除建武以來諸犯妖惡，及馬、竇家屬所被禁錮者，皆復之為平人。」〔註84〕「太后愍陰氏之罪廢，赦其徙者歸鄉，敕還資財五百餘萬。」〔註85〕鄧皇后尤其對先前有罪的外戚豪族進行赦免，意在贏得人心，擴大自己的統治基礎。關於鄧皇后的掌權，有很高的評價。「孝殤襁褓承統，寢疾不豫，天命早崩，國祚中絕，社稷無主，天下敖然，賴皇太后臨朝，孔子稱有婦人焉，信哉！」〔註86〕

鄧皇后自身政治才能突出，審察案件能力一流。宮人吉成，曾得到和帝寵幸，和帝逝後被誣以巫蠱事，一切看似都非常清楚，鄧皇后認為其中有問題，查清原因，還吉成清白。「和帝幸人吉成，御者共枉吉成以巫蠱事，遂下掖庭考訊，辭證明白。太后以先帝左右，待之有恩，平日尚無惡言，今反若此，不合人情，更自呼見實覈，果御者所為。」〔註87〕「宮人盜者，即時其服，不加鞭箠，不敢隱情，宮人驚，咸稱聖明。」〔註88〕曾因京師出現旱情，鄧皇后親自到洛陽獄審理冤案的問題。「有囚實不殺人而被考自誣，羸困輿見，畏吏不敢言，將去，舉頭若欲自訴。太后察視覺之，即呼還問狀，具得枉實，即時收洛陽令下獄抵罪。行未還宮，澎雨大降。」〔註89〕鄧皇后親自審理案件，理出冤案，看出鄧皇后的卓越才能，勤政愛民，頭腦清晰，不會偏聽偏信，相對來說不易被迷惑。比之一些君主出現災情時，只知一味禱告，鄧皇后此時著眼實

〔註83〕李禹階、秦學頎：《中國古代外戚政治》下篇，第八章《中國外戚政治的起源與形成——秦、西漢》，北京：商務印書館，2017年，第270頁。

〔註84〕《後漢書》卷十上《皇后紀上》，第422頁。

〔註85〕《後漢書》卷十上《皇后紀上》，第423頁。

〔註86〕《東觀漢記校注》卷二《孝殤皇帝》，第98頁。

〔註87〕《後漢書》卷十上《皇后紀上》，第422頁。

〔註88〕《東觀漢記校注》卷六《和熹鄧皇后》，第204頁。

〔註89〕《後漢書》卷十上《皇后紀上》，第424頁。

處，做實事。在連續出現旱情後，「比三日幸洛陽，錄囚徒，理出死罪三十六人，耐罪八十人，其餘減罪死右趾已下至司寇。」〔註90〕對有罪之人進行量刑，是德政、仁政的體現。同時，鄧皇后「詔諸園貴人，其宮人有宗室同族若羸老不任使者，令園監實覈上名，自禦北宮增喜觀閱問之，恣其去留，即日免遣者五六百人。」〔註91〕鄧皇后作為女性，深知女性疾苦，放遣部分宮人出宮。這些都是鄧皇后執政期間的德政。

鄧皇后掌權期間，屬行節儉，「減大官、導官、尚方、內者服御珍膳靡麗難成之物，自非供陵廟，稻粱米不得導擇，朝夕一肉飯而已。舊太官湯官經用歲且二萬萬，太后敕止，日殺省珍費，自是裁數千萬。及郡國所貢，皆減其過半。悉斥賣上林鷹犬。其蜀、漢釦器九帶佩刀，並不複調。止畫工三十九種。又御府、尚方、織室錦繡、冰紈、綺縠、金銀、珠玉、犀象、瑇瑁、雕鏤玩弄之物，皆絕不作。」〔註92〕「以連遭大憂，百姓苦役，殤帝康陵方中祕藏，及諸工作，事事減約，十分居一。」〔註93〕鄧皇后主張各方面從簡，多少對當時的奢侈之風有所改變，減輕了人民負擔，利於百姓安居樂業。

女主執政，外家會有飛揚跋扈的現象。鄧皇后臨朝稱制期間，主動督查外家，「今車騎將軍騭等雖懷敬順之志，而宗門廣大，姻戚不少，賓客姦猾，多干禁憲。其明加檢敕，勿相容護。」〔註94〕下詔若外家人員有違法之事，依法查處，防止其為非作歹。在為宗室及外戚家的適齡兒童開府邸講學時，特意下詔書與從兄鄧豹、鄧康，「今末世貴戚食祿之家，溫衣美飯，乘堅驅良，而面牆術學，不識臧否，斯故禍敗所從來也。永平中，四姓小侯皆令入學，所以矯俗屬薄，反之忠孝。先公既以武功書之竹帛，兼以文德教化子孫，故能束脩，不觸羅網。誠令兒童上述祖考休烈，下念詔書本意，則足矣。其勉之哉！」〔註95〕從詔書中看出鄧皇后的一番用心，鄧家先祖曾是軍功之臣，但習儒，用儒家思想教育後代，鄧禹功成身退，「修整閨門，教養子孫，皆可以為後世法。」〔註96〕鄧皇后願自家子孫承襲良好風範，以防母家因現在的奢侈

〔註90〕　《後漢書》卷十上《皇后紀上》，第424頁。
〔註91〕　《後漢書》卷十上《皇后紀上》，第422頁。
〔註92〕　《後漢書》卷十上《皇后紀上》，第422頁。
〔註93〕　《後漢書》卷十上《皇后紀上》，第423頁。
〔註94〕　《後漢書》卷十上《皇后紀上》，第423頁。
〔註95〕　《後漢書》卷十上《皇后紀上》，第428頁。
〔註96〕　《後漢書》卷十六《鄧寇列傳》，第605頁。

生活，驕傲不法，招致禍患，從小抓起，令外家適齡兒童入學。

鄧家「自祖父禹教訓子孫，皆遵法度，深戒竇氏，檢敕宗族，闔門靜居。」〔註97〕比起竇家的越軌不守法，鄧氏一族遵守法度。鄧皇后哥哥鄧騭之子有罪，鄧騭親自髡妻及子進行認罪。「騭子侍中鳳，嘗與尚書郎張龕書，屬郎中馬融宜在臺閣。又中郎將任尚嘗遺鳳馬，後尚坐斷盜軍糧，檻車徵詣廷尉，鳳懼事泄，先自首於騭。騭畏太后，遂髡妻及鳳以謝，天下稱之。」〔註98〕鄧騭對其子的罪行，不是包容與隱匿，而是主動認罪。這樣做法的外戚寥寥無幾，與當時嚴厲督查外家的鄧皇后有關。兩漢外戚屢觸法禁，倚勢作威作福，越軌之事不勝枚舉，如竇憲侵奪民人良田，甚至侵奪沁水公主園田。鄧氏外戚自身懂得收斂，這與鄧皇后從始至終的嚴加督查有關。

鄧「康以皇太后戚屬，獨三分食二，以侍祠侯為越騎校尉。康以太后久臨朝政，宗門盛滿，數上書長樂宮諫爭，宜崇公室，自損私權，言甚切至。太后不從。康心懷畏懼，永寧元年，遂稱病不朝。」〔註99〕鄧康雖以外戚身份享高官厚祿，但看到鄧氏權盛，太后不歸政，安帝已成年，擔心日後會有禍端，為此數次上疏，鄧太后未能聽從。杜根曾因上書鄧太后歸政而喪命，可見鄧太后對權力的熱衷〔註100〕。正因為此，自己身後家族覆滅。

鄧皇后逝後，小人譖告，安帝偏聽偏信，對鄧氏一族進行處置。「宗族皆免官歸故郡，沒入騭等貨財田宅，徙鄧訪及家屬於遠郡。郡縣逼迫，廣宗及忠皆自殺。又徙封騭為羅侯，騭與子鳳並不食而死。騭從弟河南尹豹、度遼將軍舞陽侯遵、將作大匠暢皆自殺。」〔註101〕鄧氏一族在鄧皇后身後，遭到家族覆滅的厄運。

「蓋帝王之興，既有受命之君，又有聖妃協於神靈，然後克昌厥業，以成王業焉。」〔註102〕呂后與和熹鄧后兩位女主臨朝稱制期間，經濟發展，政治較為清明，穩保江山社稷，社會向前發展，做出一番政績。雖因女主執政，母

〔註97〕《後漢書》卷十六《鄧寇列傳》，第616頁。

〔註98〕《後漢書》卷十六《鄧寇列傳》，第616頁。

〔註99〕《後漢書》卷十六《鄧寇列傳》，第606頁。

〔註100〕鄧太后久不歸政，王鑫義《女政治家：東漢和帝皇后鄧綏》（《安徽史學》，1995年第2期）中，認為從安帝親政以後，政治問題的出現，鄧太后生前的掌權是由於沒有一個有能力的皇子皇孫可以替代自己執掌國柄。筆者認為，與政治過於密切，造成鄧氏遭殃的重要原因。

〔註101〕《後漢書》卷十六《鄧寇列傳》，第617頁。

〔註102〕《三國志》卷五《魏書·后妃傳》，第162頁。

家得到一系列任官封爵，繼而全盛，但政事基本由女主自己做主，未被外家等人員左右，她們並未一味縱容母家，有所監管亦或對母家犯錯人員有所懲罰。但自身也有一定的問題，如呂后有時候手段過於殘忍，鄧皇后熱衷權力，持久不歸權，總體來說，兩位女主臨朝稱制，功大於過。

二、母家驕縱的女主

　　章德竇皇后，順烈梁皇后，作為女主臨朝稱制，未能有效約束外家，使外家在自己掌權期間驕奢不法，嚴重阻礙皇權的運行，她們在晚年或身後，驕縱的外家傾覆，自身雖得以善終，名聲褒貶不一。

　　章德竇皇后，家族累世外戚，竇家放縱子孫，「子孫縱誕，多不法」〔註103〕。竇皇后祖父竇穆「交通輕薄，屬託郡縣，干亂政事。」〔註104〕竇皇后祖父不僅插手政事，更因封地在安豐，假託陰太后詔令六安侯去妻，娶自己的女兒。此事洩露後，明帝甚為惱怒，「盡免穆等官，諸竇為郎吏者皆將家屬歸故郡。」〔註105〕竇穆的妄為，得到懲罰，「帝以穆不能修尚，而擁富貴，居大第，常令謁者一人監護其家。居數年，謁者奏穆父子自失勢，數出怨望語，帝令將家屬歸本郡，唯勳以沘陽主壻留京師。穆坐賂遺小吏，郡補繫，與子宣俱死於平陵獄，勳亦死洛陽獄。」〔註106〕竇皇后的祖父、父親都是因罪死於獄中。其兄竇憲並未吸取教訓，懂得收斂，尤其在竇皇后入主中宮後，竇憲、竇篤「兄弟親幸，並侍宮省，賞賜累積，寵貴日盛，自王、主及陰、馬諸家，莫不畏憚。」〔註107〕竇家因寵幸逐漸囂張，竇憲倚仗竇皇后在宮中的寵愛，侵奪沁水公主的園田，「主逼畏，不敢計。」〔註108〕章帝得知後，僅對竇憲給予警告，「國家棄憲如孤雛腐鼠耳」〔註109〕。並未進行處罰，一定程度上對其有所縱容。

　　章帝逝後，竇皇后臨朝稱制，竇氏一族任要職，「憲以侍中，內幹機密，出宣誥命。肅宗遺詔以篤為虎賁中郎將，篤弟景、瓌並中常侍，於是兄弟皆在親要之地。」〔註110〕竇家從此更加顯赫。竇憲「其所施為，輒外令（鄧）彪

〔註103〕《後漢書》卷二十三《竇融列傳》，第808頁。
〔註104〕《後漢書》卷二十三《竇融列傳》，第808頁。
〔註105〕《後漢書》卷二十三《竇融列傳》，第808頁。
〔註106〕《後漢書》卷二十三《竇融列傳》，第808～809頁。
〔註107〕《後漢書》卷二十三《竇融列傳》，第812頁。
〔註108〕《後漢書》卷二十三《竇融列傳》，第812頁。
〔註109〕《後漢書》卷二十三《竇融列傳》，第812頁。
〔註110〕《後漢書》卷二十三《竇融列傳》，第813頁。

奏，內白太后，事無不從。」〔註111〕竇憲令仁厚順從的鄧彪做太傅，鄧彪上奏欲施行的政策法令，實是竇憲的意願。「屯騎校尉桓郁，累世帝師，而性和退自守，故上書薦之，令綬經禁中。所以內外協附，莫生疑異。」〔註112〕竇憲所舉薦的官員是性格謙和、柔順之人，便於自己施號法令，按照自己的意願行事。竇皇后臨朝稱制期間，竇家人參與政事，憑藉自己的意願干預政事。

此時竇家子孫驕縱奢侈，居處盡其奢靡。「篤為衛尉，景、瓌皆侍中，奉車、駙馬都尉，四家竟修第宅，窮極工匠。」〔註113〕竇憲班師回朝後，「刺史、守令多出其門。尚書僕射郅壽、樂恢並以忤意，相繼自殺。由是朝臣震懾，望風承旨。」〔註114〕竇憲出征匈奴，立下軍功後，在朝中更是妄為，不按自己意志行事的官員，甚至令之喪命，威震朝廷，官員按竇憲旨意辦事。竇家權盛，竇太后也未有意督查母家，僅是在竇景家奴僕無法無天時，策免了竇景官位。竇太后對母家監管不利，有所縱容。

此時「竇氏父子兄弟並居列位，充滿朝廷。」〔註115〕竇家權勢炙手可熱，並不滿足，最終竟欲圖謀不軌，和帝與中常侍鄭眾等一同消滅了這支強盛的外戚力量。「憲及篤、景、瓌皆遣就國。帝以太后故，不欲名誅憲，為選嚴能相督察之。憲、篤、景到國，皆迫令自殺，宗族、賓客以憲為官者皆免歸本郡。」〔註116〕和帝令竇氏家族主要成員結束了性命，不留後患，清除了竇氏一族在朝中的勢力，竇家昔日的輝煌消失殆盡。

竇太后的臨朝稱制可謂虎頭蛇尾，未能善始善終。竇氏家族衰敗後的五年，竇太后逝世，生前殺害和帝生母一事被和帝知曉，百官認為可比照前世光武帝遷呂太后不令其配食高廟的事例，貶黜竇皇后的尊號，不令其與章帝合葬。和帝雖對竇氏一族不滿，畢竟竇太后有養育之情，「手詔曰：『竇氏雖不遵法度，而太后常自減損。朕奉事十年，深惟大義，禮，臣子無貶尊上之文。恩不忍離，義不忍虧。案前世上官太后亦無降黜，其勿覆議。』」〔註117〕和帝以西漢上官太后為比，上官家族謀反，上官太后未參與，因之未受牽連。竇太后

〔註111〕《後漢書》卷二十三《竇融列傳》，第813頁。
〔註112〕《後漢書》卷二十三《竇融列傳》，第813頁。
〔註113〕《後漢書》卷二十三《竇融列傳》，第818頁。
〔註114〕《後漢書》卷二十三《竇融列傳》，第819頁。
〔註115〕《後漢書》卷二十三《竇融列傳》，第819頁。
〔註116〕《後漢書》卷二十三《竇融列傳》，第820頁。
〔註117〕《後漢書》卷十上《皇后紀上》，第416頁。

自身並未有大的過失，身後與章帝合葬敬陵，可惜風光不再，母家已衰敗。

順烈梁皇后，順帝崩逝，梁皇后臨朝稱制，掌權初期，政治清明，有所作為。「時楊、徐劇賊寇擾州郡，西羌、鮮卑及日南蠻夷攻城暴掠，賦斂煩數，官民困竭。太后夙夜勤勞，推心杖賢，委任太尉李固等，拔用忠良，務崇節儉。其貪叨罪匿，多見誅廢。分兵討伐，群寇消夷。故海內肅然，宗廟以寧。」〔註118〕在州郡遭寇賊等的擾亂，社會秩序混亂時，梁太后為之日夜操勞，採取一系列措施，如任用賢臣，懲處犯罪官員等，使天下恢復太平。沖帝崩逝，梁太后採取李固的建議，一切從簡。「時太后以比遭不造，委任宰輔，固所匡正，每輒從用，其黃門宦者一皆斥遣，天下咸望遂平。」〔註119〕當時忠直賢良的大臣李固，對時策多有匡正，梁太后採納其建議，斥逐弄權的黃門宦者，在政治上有所作為，百姓對梁太后的掌權是滿意與信任的。此時的梁太后還未被人迷悟，關於一些官員對李固的誹謗，梁太后保持清醒的頭腦。可見，梁太后執政初期，有所政績。

但好景不長，因驕橫跋扈、擾亂朝政的梁冀存在，「忌害忠良，數以邪說疑誤太后。」〔註120〕梁太后逐漸偏聽偏信，枉殺李固，「太后又溺於宦官，多所封寵」〔註121〕，寵溺宦官，不分好壞，大加封賞，政治不再如往昔般清明，天下對梁太后的掌權愈發失望。

梁氏一族在梁太后掌權期間，權盛滿門，梁冀更是飛揚跋扈，恨不能一手遮天。比之前世驕橫的外戚竇憲，多少立有軍功，此時梁冀對朝廷卻沒有任何貢獻。因質帝的一句「跋扈將軍」，便令其喪命，之後選立蠡吾侯而未立清河王蒜，也是出於自身利益的考慮，以及保家族的長久富貴。

同時梁氏外戚奢侈莫比，大修建築，為此勞民。「冀乃大起第舍，而壽亦對街為宅，殫極土木，互相誇競。堂寢皆有陰陽奧室，連房洞戶。柱壁雕鏤，加以銅漆；窗牖皆有綺疏青瑣，圖以雲氣仙靈。臺閣周通，更相臨望；飛梁石磴，陵跨水道。金玉珠璣，異方珍怪，充積臧室。遠致汗血寶馬。又廣開園囿，採土築山，十里九阪，以像二崤，深林絕澗，有若自然，奇禽馴獸，飛走其間。」〔註122〕梁冀建造的宅院，恣極奢靡。「又起兔苑於河南城西，經至數十里，發

〔註118〕 《後漢書》卷十下《皇后紀下》，第 440 頁。
〔註119〕 《後漢書》卷六十三《李杜列傳》，第 2083 頁。
〔註120〕 《後漢書》卷十下《皇后紀下》，第 440 頁。
〔註121〕 《後漢書》卷十下《皇后紀下》，第 440 頁。
〔註122〕 《後漢書》卷三十四《梁統列傳》，第 1181～1182 頁。

屬縣卒徒，繕修樓觀，數年乃成。」〔註123〕自家修繕建築，猶如皇家，煩勞人民去做。梁冀掌權二十多年，百官甚至桓帝都需要禮讓幾分，可見梁冀彼時的權勢之盛且橫行霸道。

桓帝朝梁太后崩逝，桓帝掌權，梁冀依舊肆意妄為，在其妹梁皇后逝後，為鞏固家族的榮華富貴，欲認正得寵的鄧貴人為女兒，為此不惜殺害鄧貴人的家人，被鄧貴人母親告發，此事成為導火索，桓帝與中常侍五人對梁冀及其宗族動手。「諸梁及孫氏中外宗親送詔獄，無少長皆棄市。」〔註124〕梁氏一族完全傾覆，這是順烈梁皇后始料未及之事。順烈梁皇后掌權期間，從未對母家有所約束，前世竇憲謀殺劉暢後，章德竇后因之將其閉匿於宮中，竇憲俱誅，請求出征匈奴。順烈梁皇后卻未對母家成員有何懲罰措施。順烈梁皇后本在執政初期，政治較為清明，之後被其兄梁冀貽誤。這能看出女主與外戚相互影響的一面，女主若主動抑制自家外戚，不縱容，外戚也不會太張揚，結局相對來說會好一些；若女主從未抑制甚至縱容外家的行為，外家最終全族傾覆。若外家自身謹慎小心，深諳政治之道，如馬廖深明事理，上書馬太后，願其「法太宗之隆德，戒成、哀之不終」〔註125〕，勸成德政，對女主有好的影響。若外家本身驕橫跋扈，不僅自身遭殃，也會對女主的執政產生不利影響。

章德竇皇后和順烈梁皇后，作為女主臨朝稱制，在位期間可以說是較為平庸，未有功績獲得史家的肯定。其外家都是東漢世代外戚，以驕橫、不遵法度出名，她們在位期間從未對外家進行嚴厲監督，甚至有所縱容。她們最後雖自身善終，母家卻傾覆。

三、執政短暫的女主

安思閻皇后，桓思竇皇后，靈思何皇后，同為女主臨朝稱制，自身卻缺乏政治智慧，執政時期短暫如轉瞬即逝般，手中權力便被奪去。自身不僅未能善終，母家隨之傾覆。

安思閻皇后在安帝崩逝後，欲傚仿和熹鄧后臨朝稱制，「太后欲久專國政，貪立幼年，與顯等定策禁中，迎濟北惠王子北鄉侯懿，立為皇帝。」〔註126〕少帝所立二百多天後病重，閻家在思考其他幼子時，被宦者搶先一步，宦者合

〔註123〕《後漢書》卷三十四《梁統列傳》，第1182頁。
〔註124〕《後漢書》卷三十四《梁統列傳》，第1186頁。
〔註125〕《後漢書》卷二十四《馬援列傳》，第854頁。
〔註126〕《後漢書》卷十下《皇后紀下》，第436頁。

謀立前廢太子為帝，閻氏集團很快傾覆。閻太后也被迫遷到離宮，鬱鬱而終。「中黃門孫程合謀殺江京等，立濟陰王，是為順帝。顯、景、晏及黨與皆伏誅，遷太后於離宮，家屬徙比景。明年，太后崩。」〔註127〕

桓思竇皇后和靈思何皇后，二者都是在臨朝稱制時，母家欲打壓宦官，自己猶豫不決，加之母家成員無英勇果敢之風，錯失良機，最終被宦官所制。桓思竇皇后「父大將軍武謀誅宦官，而中常侍曹節等矯詔殺武，遷太后於南宮雲臺，家屬徙比景。」〔註128〕靈思何皇后「兄大將軍進欲誅宦官，反為所害；舞陽君亦為亂兵所殺。并州牧董卓被徵，將兵入洛陽，陵虐朝廷，遂廢少帝為弘農王而立協，是為獻帝。弘農王下殿，北面稱臣。太后鯁涕，群臣含悲，莫敢言。董卓又議太后踧迫永樂宮，至令憂死，逆婦姑之禮，乃遷於永安宮，因進酖，弒而崩。」〔註129〕何皇后兄何進本想誅除宦官，猶豫不決，誤了時間，自己及家族受害，之後有軍事實力的董卓進朝，不僅盡誅宦官，更是憑自己意願，廢少帝立獻帝，迫令何太后結束生命。

三位臨朝稱制的女主，曾以狠辣手段威震後宮，都是強勢的中宮之主，但執政時期短暫，下場慘淡，實因缺乏政治才幹，缺少果敢與眼界，又想傚仿前世女主，母家成員缺乏政治智慧，勢必結局淒涼。

臨朝稱制的女主多會委任外家，給予外家成員一系列任官封爵。這是因為她們較為信任外家，執政期間最堅強的後盾是自己母家。女主臨朝稱制，即便不會轉瞬即逝，時間也不會太久，終是要還政於君主。

兩漢七位女主臨朝稱制，稱制時間或長或短，政績或突出或平庸，但家族下場均傾覆，沒有能夠保全者。正可謂是「任重道悠，利深禍速。身犯霧露於雲臺之上，家嬰縲紲於圄犴之下」〔註130〕。所得到的利益最多，災禍到來也最快，自身和母家終究難以保全。自身頗有政治智慧的呂后，生前費盡心機聯姻劉、呂兩家，希望結為世代之好，但身後家族依舊覆滅。自身嚴加監管外戚的和熹鄧皇后，外家一直以來相對小心謹慎，但其身後，依然未能逃脫傾覆的命運。更別說是缺乏政治智慧的女主和驕縱的外戚了。最終都無法善終，究其原因，是與政治過於密切，處於權力的最高峰，又無正當名分掌權，各方政治

〔註127〕《後漢書》卷十下《皇后紀下》，第437頁。
〔註128〕《後漢書》卷十下《皇后紀下》，第446頁。
〔註129〕《後漢書》卷十下《皇后紀下》，第450頁。
〔註130〕《後漢書》卷十上《皇后紀上》，第401頁。

勢力虎視眈眈，隨時都有步入萬丈深淵的可能。

第三節　后妃參政議政

　　后妃參與政事，因彼時君主已成年，有能力親政，雖不能如女主臨朝稱制般代理年幼君主行使君權，直接處理政事，決定大臣的任免等，但依然能夠憑藉母后的身份，在政治上擁有話語權，尋問政事，影響君主的決定。兩漢后妃成為皇太后時，或多或少對政治產生影響，也有個別后妃在皇后時期，君主丈夫允許參與政事的討論，在政事上獻言獻策。關於兩漢后妃的參政議政問題，有四位后妃較為典型，分別是孝文竇皇后，孝景王皇后，孝元傅昭儀和明德馬皇后，四位后妃參政的程度、方式各不同，關於其參政的評價也不一，以下對四位后妃參政之事略作討論。

一、孝文竇皇后

　　孝文竇皇后，文帝崩逝，其子即位，竇皇后成為皇太后。景帝在一次家宴上，酒酣，隨口說會將皇位在自己身後傳給弟弟梁王，僅是景帝酒後的一句戲言，竇太后卻在心中形成了立少子為儲君的想法。因而直接對景帝說道「吾聞殷道親親，周道尊尊，其義一也。安車大駕，用梁孝王為寄。」意是立梁王為繼承人，景帝不知如何是好，只好與通曉經術的大臣們商量。「袁盎等入見太后：『太后言欲立梁王，梁王即終，欲誰立？』太后曰：『吾復立帝子。』袁盎等以宋宣公不立正，生禍，禍亂後五世不絕，小不忍害大義狀報太后。太后乃解說，即使梁王歸就國。」〔註131〕袁盎為此覲見竇太后，一番話打消了竇太后立少子的念頭。但從竇太后一心欲立少子為繼承人這事，能看出竇太后在國家大事上有話語權。

　　景帝王皇后冊封不久，竇太后令景帝封王皇后兄為侯。景帝對此有異議，「始南皮、章武侯先帝不侯，及臣即位，乃侯之。信未得封也。」〔註132〕「竇太后曰：『人主各以時行耳。自竇長君在時，竟不得侯，死後乃封其子彭祖顧得侯。吾甚恨之。帝趣侯信也！』」〔註133〕高祖劉邦早在白馬之盟時已約定，有功者才能封侯。彼時竇太后欲封王皇后的哥哥為侯，理由是君主應按實際情

〔註131〕《史記》卷五十八《梁孝王世家》，第 2091～2092 頁。
〔註132〕《史記》卷五十七《絳侯周勃世家》，第 2077 頁。
〔註133〕《史記》卷五十七《絳侯周勃世家》，第 2077 頁。

況決定。封侯本是一件重要的事，竇太后卻想封無功勞的王信，可見竇太后憑藉自己意願封侯的隨意。

「桃侯免相，竇太后數言魏其侯。」〔註134〕桃侯劉舍被免去丞相一職，竇太后多次向景帝提議魏其侯竇嬰。丞相的任免，朝中要事，竇太后從容發表言論，表達意見，對官吏的任免有發言權，看出竇太后在政治上的地位。

武帝欲提倡儒學，「上鄉儒術，招賢良，趙綰、王臧等以文學為公卿，欲議古立明堂城南，以朝諸侯。草巡狩封禪改立服色事未就。會竇太后治黃老言，不好儒術，使人微得趙綰等奸利事，召案綰、臧，綰、臧自殺，諸所興為者皆廢。」〔註135〕因武帝朝已有所經濟基礎，武帝欲傚仿儒家的一些做法，如建立明堂，用來做諸侯朝拜的場所等。但因竇太后不喜這些，暗中令人查趙綰等人的罪過，使這一切中斷。「建元二年，御史大夫趙綰請無奏事東宮。竇太后大怒，乃罷逐趙綰、王臧等，而免丞相、太尉，以柏至侯許昌為丞相，武強侯莊青翟為御史大夫。」〔註136〕武帝朝時，政事原本需要稟報竇太后，趙綰請求國家之事不必上報竇太后，引發竇太后惱火，罷免趙綰等人的官位，令許昌、莊青翟擔任要職。可見竇太后手中掌有不小的權力，不僅日常聽取政事，還會決定重要官吏的任免，能看出竇太后參與政治的程度。

孝文竇皇后在其子景帝，其孫武帝時期，影響朝政，範圍較為廣泛，不僅日常聽政，有人特意向竇皇后稟告政事，同時在繼承人人選、官吏任免等重大事件上，竇皇后都會摻雜自己的意願，會掣肘君主行使皇權。

二、孝景王皇后

孝景王皇后，景帝崩逝，其子即位，是為武帝，王皇后成為王太后，「尊太后母臧兒為平原君，封田蚡為武安侯，勝為周陽侯。……追尊王仲為共侯，槐里起園邑二百家，長丞奉守。又平原君薨，從田氏葬長陵，亦置園邑如共侯法。」〔註137〕這是西漢首次君主即位，大加封賞母家之事，想必有王太后意願在其中。

在武帝對髮妻陳皇后愈發冷淡時，王太后告誡武帝「汝新即位，先為明堂，太皇太后已怒，今又忤長主，必重得罪，婦人性宜悅耳，宜深慎之。」從政治

〔註134〕《史記》卷一百七《魏其武安侯列傳》，第 2841 頁。
〔註135〕《史記》卷十二《孝武本紀》，第 452 頁。
〔註136〕《史記》卷一百七《魏其武安侯列傳》，第 2843 頁。
〔註137〕《漢書》卷九十七上《外戚傳上》，第 3947 頁。

角度，為武帝坐穩皇位考慮，應適當加恩於館陶公主與陳皇后，可見王太后對武帝朝的政治形勢，是加以關注的，此角度看后妃參政並不都是壞事。

「武安侯雖不任職，以王太后故，親幸，數言事多效，天下吏士趨勢力者，皆去魏其歸武安。武安日益橫。建元六年，竇太后崩，⋯⋯以武安侯蚡為丞相。」〔註138〕武帝朝，竇太后在世，推崇儒術貶低道家之學的田蚡無法擔任官職，但由於是武帝母王太后同母異父的弟弟，受武帝看重，進言多被採用，得到賓客的歸附，名聲逐漸遠揚，竇太后崩逝，出任丞相一職，其中有王太后的緣故。

「丞相娶燕王女為夫人，有太后詔，召列侯宗室皆往賀。」〔註139〕田蚡娶燕王劉澤子康王劉嘉之女，娶宗室女為妻，是身份顯貴的一種象徵。王太后特意下詔，令列侯宗室一同去慶賀。可見當時因王太后，田蚡的名望大起。因而在灌夫得罪田蚡，重情義的竇嬰一心去救灌夫時，竇夫人阻止道「灌將軍得罪丞相，與太后家忤，寧可救邪？」〔註140〕竇夫人明白無法解救灌夫，灌夫得罪了田蚡，田蚡有王太后的庇護。太后不分是非的保護，令田蚡有些肆意妄為。「蚡治宅舍，甲諸第，田園極膏腴。前堂羅鍾鼓，立曲旃；後堂婦女以百數。珍物玩好狗馬，不可勝數。」〔註141〕也曾在武帝面前從容請求屬於少府的地方，擴建自己的宅院，武帝不滿道「君何不遂取武庫！」〔註142〕可見田蚡的貪心與不滿足。

田蚡在未風光時，曾卑躬屈膝盡心侍奉竇嬰，猶如晚輩對長輩般，隨著自己權盛，與竇嬰漸生嫌隙。此事鬧到漢武帝面前，同為外戚，武帝心知田蚡也有過錯，為此舉辦了一場廷論。「主爵都尉汲黯是魏其。內史鄭當時是魏其，後不敢堅對。余皆莫敢對。」〔註143〕這場廷論，應多是站魏其侯竇嬰一方，但一些臣子不敢堅持自己的觀點，想必是當時田蚡有王太后撐腰，且王太后派人去現場獲悉廷論情況。之後與武帝一同吃飯時，「太后怒，不食，曰：『今我在也，而人皆藉吾弟，令我百歲後，皆魚肉之也。且帝寧能為石人邪！此特帝在，即錄錄，設百歲後，是屬寧有可信者乎？』」〔註144〕王太后以不食威脅，

〔註138〕《史記》卷一百七《魏其武安侯列傳》，第 2843 頁。
〔註139〕《史記》卷一百七《魏其武安侯列傳》，第 2849 頁。
〔註140〕《史記》卷一百七《魏其武安侯列傳》，第 2851 頁。
〔註141〕《漢紀》卷十一《孝武皇帝紀二》，第 182～183 頁。
〔註142〕《史記》卷一百七《魏其武安侯列傳》，第 2844 頁。
〔註143〕《史記》卷一百七《魏其武安侯列傳》，第 2851 頁。
〔註144〕《史記》卷一百七《魏其武安侯列傳》，第 2851～2852 頁。

認為自己還在世，就有人侵辱自己的弟弟，自己身後，不知會怎樣，實是王太后給武帝施壓，顯然是偏袒田蚡，干預這場上升到政治層面的外戚矛盾，掣肘武帝，令武帝無法按照自己的意願做決策。

田蚡去世後，發覺淮南王劉安謀反一事，田蚡曾私下對淮南王道「上未有太子，大王最賢，高祖孫，即宮車晏駕，非大王立當誰哉！」〔註145〕認為劉安是繼承人的最佳人選，顯然有教唆之嫌。「上自魏其時，不直武安，特為太后故耳。及為淮南王金事，上曰：『使武安侯在者，族矣。』」〔註146〕田蚡與竇嬰間的矛盾，武帝是站在竇嬰一方的，但終未能如願治田蚡的罪，受到其母王太后的干涉。在之後得知田蚡教唆淮南王，並收下淮南王給予的金錢財物，為此武帝說道，如若武安侯田蚡仍在世，其罪可誅全族，這也是之前對田蚡的不滿表現。

「子恬嗣。元朔三年，武安侯坐衣襜褕入宮，不敬。」〔註147〕田蚡死後其子嗣侯，因衣不得體入宮，獲罪「國除」。這其中想必有對田蚡的怨恨，因而不想令田家人繼續擁有榮華富貴。

孝景王皇后參與政事，相對範圍局限些，更多的是為自家謀利益，對自家外戚的袒護，相比之下，對其他政事的參與並不多，但使外戚尤其是田蚡肆無忌憚，對朝政造成了負面影響。

三、孝元傅昭儀

孝元傅昭儀，元帝崩逝，傅昭儀隨子前往藩國，成為藩王太后。看到成帝無子嗣，傅昭儀動了心思，「多以珍寶賂遺趙昭儀及帝舅驃騎將軍王根，陰為王求漢嗣。皆見上無子，欲豫自結為久長計，更稱譽定陶王。」〔註148〕傅昭儀「善事人，下至宮人左右，飲酒酹地，皆祝誕之。」〔註149〕傅昭儀在元帝後宮時，善於為人處世，人際關係非常好，「長於權謀」〔註150〕，多年的經驗，令傅昭儀知道若想讓自己的孫子成為儲君，勢必賄賂成帝身邊重要的人，倍受寵愛的趙昭儀和成帝的舅舅，便是傅昭儀賄賂的目標，二人也為了成帝身後自

〔註145〕《史記》卷一百七《魏其武安侯列傳》，第2855頁。
〔註146〕《史記》卷一百七《魏其武安侯列傳》，第2855頁。
〔註147〕《史記》卷一百七《魏其武安侯列傳》，第2854頁。
〔註148〕《漢書》卷九十七下《外戚傳下》，第4000頁。
〔註149〕《漢書》卷九十七下《外戚傳下》，第4000頁。
〔註150〕《漢書》卷八十一《孔光傳》，第3356頁。

己的歸宿，稱讚定陶王，定陶王最終被立為儲君，傅昭儀如願以償。

　　成帝崩逝，定陶王即位，是為哀帝。董宏順著哀帝之意，比照秦朝莊襄王生母和嫡母之例，認為同樣可給予哀帝祖母傅昭儀以尊號。此提議遭到大司馬王莽等臣子的共同彈劾：「知皇太后至尊之號，天下一統，而稱引亡秦以為比喻，詿誤聖朝，非所宜言，大不道。」〔註151〕認為董宏言論不合時宜，哀帝剛即位，較為謙虛收斂，聽取臣子諫言，罷黜了董宏的官位。「上新立，謙讓，納用莽、丹言，免宏為庶人。」〔註152〕傅昭儀得知此事後，「大怒，要上欲必稱尊號，上於是追尊定陶共王為共皇，尊傅太后為共皇太后，丁后為恭皇后。」〔註153〕傅昭儀為大臣阻止自己上尊號一事惱火，哀帝從小為傅昭儀所養，最終順了傅昭儀心願，「更號帝太后為皇太太后，稱永信宮。」〔註154〕從此，傅昭儀開始了參與政事之路。

　　傅太后居住在北宮，「北宮有紫房複道通未央宮，傅太后果從複道朝夕至帝所，求欲稱尊號，貴寵其親屬，使上不得直道行。」〔註155〕傅太后在哀帝朝憑藉祖母的身份，插手政事，分封母家，給予母家一系列任官封爵。「鄭氏、傅氏侯者凡六人，大司馬二人，九卿二千石六人，侍中諸曹十餘人。」〔註156〕「成帝大行尚在前殿，而傅太后封傅妃父晏為孔鄉侯，與帝舅陽安侯丁明同日俱封。」〔註157〕成帝未及下葬，傅太后便迫不及待地進行分封，為此師丹進諫「天下自王者所有，親戚何患不富貴？而倉卒若是，其不久長矣！」〔註158〕君主的親戚必然會顯貴，然而如此倉促封侯，恐怕不會長久。匆忙封傅晏為侯，是為了立其女傅妃為皇后。傅太后令自家女做哀帝的皇后，哀帝的妻黨是自己母家，不僅可以延續母家的榮華富貴，更密切與君主間的關係。

　　「傅太后始與政事，喜數諫之，由是傅太后不欲令喜輔政。上於是用左將軍師丹代王莽為大司馬，賜喜黃金百斤，上將軍印綬，以光祿大夫養病。」〔註159〕傅太后開始插手政治，傅喜多次進諫以示反對，傅太后不滿，哀帝順

〔註151〕《漢書》卷八十六《師丹傳》，第3505頁。
〔註152〕《漢書》卷八十六《師丹傳》，第3505頁。
〔註153〕《漢書》卷八十六《師丹傳》，第3505頁。
〔註154〕《漢書》卷九十七下《外戚傳下》，第4001頁。
〔註155〕《漢書》卷八十一《孔光傳》，第3356頁。
〔註156〕《漢書》卷九十七下《外戚傳下》，第4002頁。
〔註157〕《漢書》卷九十七下《外戚傳下》，第4004頁。
〔註158〕《漢書》卷九十七下《外戚傳下》，第4004～4005頁。
〔註159〕《漢書》卷八十二《王商史丹傅喜傳》，第3380頁。

著傅太后之意，收回傅喜手中的權力。何武、唐林等上書為傅喜抱不平，「傅氏賢子，以論議不合定陶太后故退，百僚莫不為國恨之。」〔註160〕傅喜有賢才，僅因正直忤逆傅太后，便遭到罷免。百官不贊成哀帝的詔令，也可看出百官對隨意插手政事的傅太后的不滿。

傅太后插手官婢買賣問一事，「傅太后使謁者買諸官婢，賤取之，復取執金吾官婢八人。」〔註161〕從中為己謀利益。在傅太后逼迫馮太后結束生命後，眾人認為馮太后有冤，孫寶請求重新審理此案，傅太后為之惱怒，「帝置司隸，主使察我。馮氏反事明白，故欲譎觖以揚我惡。我當坐之。」〔註162〕關於馮太后一案，本是冤案，傅太后倚勢欺人，為重新審理此案惱怒，哀帝順著傅太后之意令孫寶下獄。傅太后憑自己意願治理此案，有礙法律的公正嚴明，也是擾亂政治的表現，妨礙政務的正常運行。

傅太后越發貪心，欲同成帝母王太后，元帝的皇后，不分嫡庶，平起平坐。「（傅）喜與丞相孔光、大司空師丹共執正議。傅太后大怒，上不得已，先免師丹以感動喜，喜終不順。後數月，遂策免喜曰：『君輔政出入三年，未有昭然匡朕不逮，而本朝大臣遂其奸心，咎由君焉。其上大司馬印綬，就第。』傅太后又自詔丞相御史曰：『高武侯喜無功而封，內懷不忠，附下罔上，與故大司空丹同心背畔，放命圮族，虧損德化，罪惡雖在赦前，不宜奉朝請。其遣就國。』後又欲奪喜侯，上亦不聽。」〔註163〕傅喜的策免，完全是因忤逆傅太后造成，可見傅太后當時參與朝政的決策，左右哀帝意見的程度。傅喜被策免後，傅太后仍不罷休，自作主張加罪，欲遣其歸國，又欲剝奪傅喜爵位。從中可看出傅太后為所欲為的程度，對不順自己意的臣子，想方設法收回權力，剝奪官位，逐出朝廷，同時也可起到殺一儆百的效果，減少忤逆傅太后意的朝臣，以此減少參政路上的阻礙。且傅喜是傅太后的家人，因在政治上不順傅太后心意，便遭受一系列不公正的待遇，傅太后對自己家人都如此，可見傅太后當時一心排除異己，想必對外人，手段更是嚴酷。因而傅太后的參政，引來輿論的不滿，也令哀帝逐漸失去民心。

傅太后逝後，「合葬渭陵，稱孝元傅皇后云。」〔註164〕儼然以元帝嫡妻身

〔註160〕　《漢書》卷八十二《王商史丹傅喜傳》，第3380頁。
〔註161〕　《漢書》卷七十七《毋將隆傳》，第3265頁。
〔註162〕　《漢書》卷七十七《孫寶傳》，第3261頁。
〔註163〕　《漢書》卷八十二《王商史丹傅喜傳》，第3381頁。
〔註164〕　《漢書》卷九十七下《外戚傳下》，第4002頁。

份合葬，可見傅太后不僅插手政治，而且倚勢僭越禮制。哀帝崩逝，王莽掌權，「貶傅太后號為定陶共王母，……發共王母及丁姬冢，取其璽綬消滅，徙共王母及丁姬歸定陶，葬共王冢次。」〔註165〕傅太后身後受到貶名號、移陵墓的遭遇，且並沒有臣子為此進行上疏，與其生前太過飛揚跋扈相關。

孝元傅昭儀，憑藉其孫哀帝，隨意插手政事，為自身、母家謀利益，倚勢稱尊號，僭越禮制等，擾亂朝政正常運行，並沒有對政治有何益處，因而成為後世的反例。加之哀帝自身問題多多，為之後王氏掌權提供了可能性。

四、明德馬皇后

作為女主參政議政，在政治上有話語權，一般是在成為皇太后時。明德馬皇后是個例外，做皇后時期，憑藉自己的政治智慧，便在政事上建言獻策。

馬皇后能夠參政，有明帝的意願在其中，是有意聽馬皇后對一些政事的意見，想必馬皇后自身具有政治智慧，同時看法深得明帝之心。「時諸將奏事及公卿較議難平者，帝數以試后。后輒分解趣理，各得其情。……言及政事，多所毗補。」〔註166〕且馬皇后從不間接為自己的母家謀利益，這在后妃參政中較為少見。明帝對楚王劉英及其家人寬宏大量，但楚獄波及範圍廣，馬皇后深知刑罰太濫，「乘間言及，惻然。帝感悟之，夜起彷徨，為思所納，卒多有所降宥。」〔註167〕馬皇后嚮明帝說明楚獄的一些情況，明帝有所感悟，對待楚獄的問題寬鬆了許多。在明帝看地圖欲封皇子時，帝后間的對話，看出馬皇后日常參與政事，發表自己見解的自然。

逮至章帝朝，馬太后「常與帝旦夕言道政事」〔註168〕，此時與章帝討論政事，少了做皇后時的小心謹慎，多了幾分從容，對政事的處理更是從容表達自己的意願。章帝欲封爵馬家母舅時，與其他母后不同，馬皇后以自家「皆無柱石之功」〔註169〕清醒拒絕。

明德馬皇后在皇后及皇太后時期，在政事上持公正態度，基本上未給母家謀私利。同樣是后妃參政，比之多為母家謀利益的后妃，馬皇后不得不說是一個良好的典型，後世的典範。

〔註165〕《漢書》卷九十七下《外戚傳下》，第 4003 頁。
〔註166〕《後漢書》卷十上《皇后紀上》，第 410 頁。
〔註167〕《後漢書》卷十上《皇后紀上》，第 410 頁。
〔註168〕《後漢書》卷十上《皇后紀上》，第 413 頁。
〔註169〕《東觀漢記校注》卷六《明德馬皇后》，第 192 頁。

　　兩漢后妃多少都會有參政現象，之所以會遭到眾多人反對，是因為后妃參政，多為母家謀私利，對政治多有害，同時后妃身居深宮，缺乏對世間事的瞭解，憑自己意願隨意影響政事，干擾君主意志，擾亂朝政秩序，對政局產生不利影響，甚而造成朝政混亂。因而宋人有言論：

　　　　至於婦人，則無有於才智，苟有才智，則必為國家之害，如紂
　　之妲己，周之褒姒，漢之呂后，唐之武后，皆婦人中才智之過人者，
　　也而反為國家之害。〔註170〕

　　妲己、褒姒迷惑君主，耽誤朝政，是亡國后妃，呂后、武則天作為女主掌權，期間經濟繼續發展，人民安居樂業，亡國后妃怎能與之相提並論？此處放在一起討論，顯然認為女主掌權並不是好事。

　　在兩漢特有的社會大背景下，社會思想、社會觀念、社會風氣等因素，使兩漢女性束縛較少，地位較後世高，因此兩漢后妃或因政治才能突出亦或機緣巧合，接觸政治，參政議政甚至臨朝稱制，對政權及政局產生影響。但「后妃一開始就潛伏著合法性危機，面臨著輿論的討伐風險」〔註171〕，后妃掌權缺乏合法性，因而后妃政治多短暫，無法長久。

〔註170〕（宋）李樗：《毛詩集解》卷三十六，清文淵閣四庫全書本，第18頁。
〔註171〕羅慧蘭、王向梅：《中國婦女史》第六章《女主政治與武則天稱帝》，北京：
　　　　當代中國出版社，2016年，第204頁。

第五章　兩漢后妃的地位與影響

「母權制的被推翻，乃是女性的具有世界歷史意義的失敗。丈夫在家中也掌握了權柄，而妻子則被貶低，被奴役。」[註1]自母權制結束，婦女地位在下降，兩漢時期的婦女地位，比之母權制社會時降低了，但比之後世王朝，總體上仍然要高一些。兩漢后妃貫穿兩漢王朝始終，因生活在帝王身邊，生活在皇家這個特殊家庭中，比之一般婦女有地位有影響。后妃在特殊時期，接管皇權，臨朝稱制，在政治上有所地位；后妃因生活在社會上層，言行會對社會有影響，母家的地位間接映像后妃的社會地位。兩漢后妃相比，因所處的社會背景、政治環境不同，因而兩漢后妃的政治地位、社會地位也不同，同時兩漢后妃對當世及後世均產生了深遠影響。

第一節　后妃政治地位

兩漢后妃，尤其是皇后，有臨朝稱制或參政的機會，個別皇后在君主丈夫一朝便參政議政，如明德馬皇后；多數皇后在成為皇太后時，因皇帝年幼或多病等原因，得以掌權，成為實際的執政者；也有皇帝已成年，皇太后憑藉自己的意願過問政事。關於后妃的政治地位，皇后和嬪妃有顯而易見的差別，后妃在人生的不同時期，政治地位也不同。

一、皇后、嬪妃的政治地位

皇后與嬪妃，在後宮中地位懸殊，尊卑等級鮮明。皇后地位是最尊貴的，

〔註1〕恩格斯：《家庭、私有制和國家的起源》，《馬克思恩格斯選集》卷四，北京：人民出版社，2012 年，第 66 頁。

歷年舉行祭祀禮時，與皇帝並肩的女人，唯有皇后。皇后統領六宮，是小君，是後宮的領導者，皇家的女主人，嬪妃們如同對待君主一樣，對待皇后完備禮數，盡心侍奉。

皇后與嬪妃在名號與位份及享受的待遇方面，差別明顯。「漢興，因秦之稱號，帝母稱皇太后，祖母稱太皇太后，適稱皇后，妾皆稱夫人。」〔註2〕西漢初期，皇后作為皇帝的正妻，有特定的稱號，嬪妃都可稱為夫人，顯示不出差別。

武帝朝，後宮人數增多，為之制定相關等級，不同等級對應不同爵位，將后妃等級與前朝官秩俸祿對應結合起來，使后妃有了一定的政治地位，不再僅是君主後宮的女人。元帝朝，在妃妾等級中加入「昭儀」等級，「凡十四等云。昭儀位視丞相，爵比諸侯王。倢伃視上卿，比列侯。娙娥視中二千石，比關內侯。傛華視真二千石，比大上造。美人視二千石，比少上造。八子視千石，比中更。充依視千石，比左更。七子視八百石，比右庶長。良人視八百石，比左庶長。長使視六百石，比五大夫。少使視四百石，比公乘。五官視三百石。順常視二百石。無涓、共和、娛靈、保林、良使、夜者皆視百石。上家人子、中家人子視有秩斗食云。」〔註3〕

逮至東漢，「六宮稱號，唯皇后、貴人。貴人金印紫綬，奉不過粟數十斛。又置美人、宮人、采女三等，並無爵秩，歲時賞賜充給而已。」〔註4〕東漢一朝，雖將后妃與前朝的官位俸祿對應關係取消，令后妃不再有官位俸祿，看似后妃的政治地位降低。但從東漢是兩千多年封建王朝中，女主執政最為常見的一朝，「臨朝者六后」，前後共有六位皇后臨朝稱制，執掌政權，在朝政上叱吒風雲。嬪妃即便有子，其子為新一代君主，自己或許能夠在身後得到尊號，但生前並不會有太多殊榮。如明帝賈貴人，章帝生母，明帝有詔令馬皇后撫養其子，馬皇后視如己出，盡心撫育，「（章）帝既為太后所養，專以馬氏為外家，故貴人不登極位，賈氏親族無受寵榮者。及太后崩，乃策書加貴人王赤綬，安車一駟，永巷宮人二百，御府雜帛二萬匹，大司農黃金千金，錢二千萬。諸史並闕後事，故不知所終。」〔註5〕章帝即皇位後，因從小為馬皇后所養，以馬

〔註2〕《漢書》卷九十七上《外戚傳上》，第3935頁。
〔註3〕《漢書》卷九十七上《外戚傳上》，第3935頁。
〔註4〕《後漢書》卷十上《皇后紀上》，第400頁。
〔註5〕《後漢書》卷十上《皇后紀上》，第414頁。

氏為母家，未給予生母賈貴人以尊號，賈貴人家族也未得到榮寵，僅在馬太后崩逝後，提高了賈貴人的待遇，賞賜些金錢財物，僅此而已。和帝生母梁貴人，當時竇皇后無子，「后養為己子。欲專名外家而忌梁氏。八年，乃作飛書以陷竦，竦坐誅，貴人姊妹以憂卒。自是宮房慄息，后愛日隆。」〔註6〕竇皇后無子，主動撫養梁貴人兒子，擔心日後梁氏會對自己有阻礙，對梁貴人進行迫害，對梁家多有陷害。竇皇后逝後，和帝得知自己的生母梁貴人的情況，改葬梁貴人，追尊為恭懷皇后，同時給予梁氏外戚封官任爵。但作為生母的梁貴人，生前因有子，引來禍患。順帝虞美人育有沖帝，順帝逝後，順烈梁皇后臨朝稱制，「順帝既未加美人爵號，而沖帝早夭，大將軍梁冀秉政，忌惡他族，故虞氏抑而不登，但稱『大家』而已。」〔註7〕順帝生前未提高虞美人等級，順帝逝後，其子是為沖帝，梁氏一族掌權，始終未給予虞美人及母家以殊榮，直到議郎卑整上疏，桓帝拜虞美人為憲陵貴人。

由此可見，東漢后妃雖不再有官秩俸祿，但東漢皇后的政治地位進一步上升，相比之下，嬪妃地位下降，嫡庶界限更加分明。東漢鮮少有嬪妃如戚姬般憑藉寵愛，欲奪嫡子之位的事件發生，這是因為東漢由豪族支持建立起來的政權，皇后基本出自功臣豪族之家，母家勢力強大，政治地位高，有強大的母家作後盾，皇帝也多會對皇后有所禮讓。

后妃等級在各個方面都有所彰顯，在特定場合，服裝有嚴格的規格。如「皇后謁廟服，紺上皂下，蠶，青上縹下，皆深衣制，隱領袖緣以條。假結，步搖，簪珥。步搖以黃金為山題。貫白珠為桂枝相繆，一爵九華，熊、虎、赤羆、天鹿、辟邪、南山豐大特六獸，詩所謂『副笄六珈』者。諸爵獸皆以翡翠為毛羽。金題，白珠璫繞，以翡翠為華云。」〔註8〕「貴人助蠶服，純縹上下，深衣制。大手結，墨瑇瑁，又加簪珥。」〔註9〕從皇后、貴人謁廟時服飾的不同，顯示出皇后與嬪妃間的等級差異。后妃日常出行，「舊儀雲皇后婕妤乘輦餘皆以茵四人輿以行」〔註10〕。代表后妃身份的玉璽，也有鮮明的不同之處。「後秩比國王，即位威儀，赤紱玉璽也。又蔡邕獨斷云『皇

〔註6〕《後漢書》卷十上《皇后紀上》，第416頁。
〔註7〕《後漢書》卷十下《皇后紀下》，第440頁。
〔註8〕《後漢書》志三十《輿服下》，第3676～3677頁。
〔註9〕《後漢書》志三十《輿服下》，第3677頁。
〔註10〕（清）朱象賢：《印典》卷一《皇后璽》，《景印文淵閣四庫全書》，臺灣商務印書館1986年，第839冊第857頁。

后赤綬玉璽，貴人緺綟金印』。」〔註11〕后妃逝後，墓制規格大有差別。作為皇后，逝後與皇帝葬在同一個墓園中，配食宗廟，享有後世君主的祭奠。嬪妃根據等級地位，所葬之處也有差別。「五官以下，葬司馬門外。」〔註12〕生前地位，身後葬處，都可看出皇后與嬪妃的等級。

嬪妃日常需要向皇后請安，如「朔望諸姬主朝請」〔註13〕，東漢明帝朝時，嬪妃在特定時日去嚮明德馬皇后請安。皇后與嬪妃在日常相處中，嬪妃待皇后應極盡禮數。從《後漢書》所記和帝陰皇后與鄧貴人的相處中，略知一二。「（鄧貴人）其衣有與陰后同色者，即時解易。若並時進見，則不敢正坐離立，行則僂身自卑。帝每有所問，常逡巡后對，不敢先陰后言。」〔註14〕嬪妃穿與皇后同樣顏色的衣服，要及時更換，與皇后同行時，時刻保持謙卑的模樣，倘若皇帝在場，問后妃話時，皇后先回答，嬪妃絕不能搶在皇后前答話。《資治通鑑》中所記「陰后短小，舉指時失儀，左右掩口而笑，貴人獨愴然不樂，為之隱諱，若己之失。」〔註15〕陰皇后身材短小，在舉止方面有失儀態時，受到身邊人嘲笑，鄧貴人為此不開心，並為陰皇后掩飾不當之處，猶如自己的過失。從陰皇后與鄧貴人的日常相處中，能夠看出皇后與嬪妃的地位，嬪妃在皇后面前謹言慎行，盡心侍奉。

這種嫡庶尊卑觀念，普遍為時人認同。如西漢文帝，「衽席無辨」，竇皇后與寵妃慎夫人「其在禁中，常同席坐」〔註16〕，平起平坐，位置絲毫沒有主次之分。在一次宴會上，袁盎引領慎夫人坐另一處，慎夫人不高興，文帝因之不悅，通過袁盎的一番解釋，慎夫人轉怒為喜。「盎因前說曰：『臣聞尊卑有序則上下和。今陛下既已立后，慎夫人乃妾，妾主豈可與同坐哉！適所以失尊卑矣。且陛下幸之，即厚賜之。陛下所以為慎夫人，適所以禍之。陛下獨不見『人彘』乎？』」〔註17〕可見即便妃妾因得寵有意忽略尊卑，與皇后平起平坐，也會有大臣等相關人員進行制止。

哀帝朝時，傅昭儀倚仗自己是哀帝的祖母，從小撫養哀帝成人，有養育之

〔註11〕（清）朱象賢：《印典》卷一《皇后璽》，《景印文淵閣四庫全書》，臺灣商務印書館 1986 年，第 839 冊第 857 頁。

〔註12〕《漢書》卷九十七上《外戚傳上》，第 3935 頁。

〔註13〕《後漢書》卷十上《皇后紀上》，第 409 頁。

〔註14〕《後漢書》卷十上《皇后紀上》，第 419 頁。

〔註15〕《資治通鑑》卷四十八《漢紀四十》，第 1587 頁。

〔註16〕《史記》卷一百一《袁盎晁錯列傳》，第 2740 頁。

〔註17〕《史記》卷一百一《袁盎晁錯列傳》，第 2740 頁。

恩，在哀帝即位後，稱尊號，倚勢僭越禮制。「未央宮置酒，內者令為傅太后張幄，坐於太皇太后坐旁。莽案行，責內者令曰：『定陶太后藩妾，何以得與至尊並！』徹去，更設坐。」〔註18〕一次在未央宮設酒宴，屬官本將傅太后與元后的位置設在一起，沒有嫡庶之分，王莽本著嫡庶有別的原則，為傅昭儀重新置座。王莽在哀帝朝時為此堅持原則，一方面是元后是自己的姑母，更重要的是當時鮮明的尊卑有別、嫡庶有差的觀念，使王莽敢於責怪內者令的設坐問題。

傅昭儀逝後，倚仗哀帝，與元帝合葬，稱尊號「孝元傅皇后」，有違禮制。哀帝崩逝，王莽執政，「貶傅太后號為定陶共王母，丁太后號曰丁姬。」〔註19〕褫奪二人尊號，同時王莽對二人葬禮規格的僭越之處，進行處理。「共王母、丁姬前不臣妾，至葬渭陵，冢高與元帝山齊，懷帝太后、皇太太后璽綬以葬，不應禮。禮有改葬，請發共王母及丁姬冢，取其璽綬消滅，徙共王母及丁姬歸定陶，葬共王冢次，而葬丁姬復其故。」〔註20〕傅昭儀、丁姬憑藉著哀帝祖母、生母的身份，在哀帝朝享有尊號，但在哀帝逝後，王莽掌權，對二人先前僭越禮制的行為進行清算，改葬傅昭儀及丁姬的冢次，取出代表身份的玉璽並銷毀。彼時並沒有人上書持反對意見，原因中有當時嫡庶觀念深入人心，違背嫡庶尊卑，也會為人不滿。

倚勢僭越嫡庶尊卑的妃妾，最終下場多不好。孝元傅昭儀雖生前稱尊號，以正妻身份與元帝合葬，風光無比，但在王莽掌權後，對傅昭儀的一系列僭越禮制行為進行清算，傅昭儀身後遭殃。西漢初戚姬憑藉劉邦的專寵，欲使其子成為太子，呂后費盡心機保住自己的兒子之位，戚姬終未得逞，劉邦逝後，戚姬被呂后處罰，做成「人彘」，是兩漢后妃中下場最慘的一個。相比之下，文帝的慎夫人雖也在得寵時，有所忽視嫡庶尊卑，但聽進去袁盎的勸說，注意到相關行為，未給自己帶來禍患，得以善終。

二、后妃不同時期的政治地位

（一）為人妻時期

后妃在為人妻時，雖有一定的政治地位，但地位的高低，取決於君主丈夫。

〔註18〕《漢書》卷九十九上《王莽傳》，第4042頁。
〔註19〕《漢書》卷九十七下《外戚傳下》，第4003頁。
〔註20〕《漢書》卷九十七下《外戚傳下》，第4003頁。

且往往在自己的君主丈夫統治期間，后妃在政治上並沒有何話語權，即便可以發表政見，也會小心翼翼，需要遵從丈夫的指令，在政事上不會隨心所欲，為所欲為。

西漢初「佐高祖定天下」的呂后，幫助劉邦穩定江山，用盡心機除掉日後會影響劉邦皇位的功臣。但在劉邦晚年，因寵愛戚夫人，欲立戚姬子為繼承人時，在政治上有一定地位的呂后也未直接提出反對意見，而是懇請大臣出謀劃策，以保其子劉盈的太子之位。劉邦當時易太子之意明顯，呂后無可奈何，在周昌廷爭後，呂后為之跪謝。可見雖貴為皇后，都無法左右皇帝的決策，帝、后在政治地位上的懸殊。

東漢明德馬皇后，在明帝朝議政時小心翼翼。「未嘗以家私干。」〔註21〕馬皇后與明帝談及政事，對政事有補益，從不為母家謀私利。一方面是馬皇后自身有清醒的認知，更重要的是「明帝聿遵先旨，宮教頗修，登建嬪后，必先令德。內無出閫之言，權無私溺之授。」〔註22〕明帝極為注重后妃為母家謀私利的問題，以防后妃擾亂朝政，加之明帝性格猄急，馬皇后在參與政事時會格外小心。即便明帝允許馬皇后參與政事，但有些事馬皇后不宜直接表達政見，尤其是較為敏感的問題。如當時的楚王劉英一案，波及者眾多，「楚獄連年不斷，因相證引，坐繫者甚眾。」〔註23〕馬皇后考慮到刑罰太濫，想必有不少冤枉者，找時機嚮明帝訴說楚獄的問題。

后妃若在宮中得寵或誕育子嗣，會提高妃位，相應自己的政治地位會有所提高。元帝創設「昭儀」嬪妃等級，是為了讓得寵的傅婕妤和馮婕妤享受殊榮及更好的待遇，更改二人位號為昭儀，妃位最高一級，僅次於皇后。「元帝既重傅倢伃，及馮倢伃並幸，生中山孝王，上欲殊之於後宮，以二人皆有子為王，上尚在，未得稱太后，乃更號曰昭儀，賜以印綬，在倢伃上。昭其儀，尊之也。」〔註24〕二人因深得元帝寵愛，晉升妃位，從而政治地位有所提高。后妃若育有子嗣，即便自身不受寵，也可能提高自己的政治地位。如元帝王皇后，一生未得元帝寵愛，能夠被元帝冊封為皇后，是因為生下元帝首個皇子，令當時在位的宣帝甚是歡喜，「宣帝愛之，自名曰驁。字太孫，常置左右。」〔註25〕母以

〔註21〕《後漢書》卷十上《皇后紀上》，第 410 頁。
〔註22〕《後漢書》卷十上《皇后紀上》，第 400 頁。
〔註23〕《後漢書》卷十上《皇后紀上》，第 410 頁。
〔註24〕《漢書》卷九十七下《外戚傳下》，第 4000 頁。
〔註25〕《漢書》卷九十八《元后傳》，第 4016 頁。

子貴，王政君雖不得寵，但因其子的緣故，元帝即位後，「立太孫為太子，以母王妃為婕妤，封父禁為陽平侯。後三日，婕妤立為皇后。」〔註26〕王政君得以登上后位，從眾多妃妾中的一員成為皇后，其子起到不可忽視的作用，顯然政治地位的提高，因緣其子。

由此可見，后妃雖可因自身得寵、育有子嗣等來提高自己的政治地位，但其政治地位是有限的，且是其君主丈夫給予的。不管是皇后還是嬪妃，日後有可能因失寵、犯錯或母家的問題，受到牽連，遭廢黜甚至喪命，顯然政治地位會下降。如兩漢廢后，失去后位的同時，政治地位急劇下滑，一瞬間猶如落入萬丈深淵，相比之下，嬪妃落差沒這麼大，但政治地位的升降同樣掌握在君主丈夫手中。如栗姬，其子劉榮曾被景帝立為太子，自己雖在妃位，但政治地位有上升的可能，卻因自己嫉妒及嬪妃傾軋等因素，其子不僅被廢為臨江王，自身「以憂死」，被迫結束生命。可見后妃政治地位的高低，取決於君主丈夫。

這也能看出后妃在為人妻時雖有一定的政治地位，政治地位不是一成不變的，且因是封建男權社會，君主是至高無上的統治者，后妃政治地位的高低同樣取決於君主。

（二）為人母時期

后妃在政治上說話不再顧及太多，可憑自己的意願發表觀點時，是在丈夫去世，其子成為新一代君主，自己成為皇太后時期。此時以皇帝母后的身份，在政治上享有不可忽視的話語權。

后妃臨朝稱制，作為女主在政治上叱吒風雲，是在她們的丈夫去世之後，因新帝年幼等原因，女主執政。雖說儒家三從規定女子「在家從父，出嫁從夫，夫死從子」，婦人在丈夫死後，應遵從自己的兒子。但兒子應對母親盡孝，尊敬母親，盡心侍奉母親，皇家也不例外，皇帝應對皇太后盡心侍奉。因之皇太后少了之前的小心謹慎，母家會受牽連的擔心，多了幾分從容，地位是一生中的高光時刻。皇太后不可忽視的政治地位，一些重大事件上尤能體現。

例如在立后一事上，皇太后有重要話語權。西漢文帝朝時，薄太后在立后一事上發表了自己的觀點。「有司請立皇后。薄太后曰：『諸侯皆同姓，立太子母為皇后。』皇后姓竇氏。」〔註27〕有司請求文帝冊封皇后時，朝中重要之事，薄太后直言立太子母，文帝終立太子母竇氏為皇后。東漢明帝朝時，「永平三

〔註26〕《漢書》卷九十八《元后傳》，第 4016 頁。
〔註27〕《史記》卷十《孝文本紀》，第 420 頁。

年春，有司奏立長秋宮，帝未有所言。皇太后曰：『馬貴人德冠後宮，即其人也。』遂立為皇后。」〔註28〕在有司請求立后時，其母陰太后先於明帝開口，認為馬貴人在後宮品行突出，是皇后的最佳人選，因之馬貴人被冊封為皇后。兩位皇后在被冊封前，都得到皇太后的支持，可見在立后一事上，皇太后的意見君主會認真聽取。

皇太后在廢立繼承人方面有重大的話語權。如昭帝去世後，霍光立武帝孫昌邑王劉賀繼昭帝後，為新一代君主，然而劉賀的行為令霍光擔憂，認為並不符合君主的人選，與群臣意見達成一致後，「光即與群臣俱見白太后，具陳昌邑王不可以承宗廟狀。皇太后乃車駕幸未央承明殿，詔諸禁門毋內昌邑群臣。」〔註29〕霍光與群臣一同拜見上官太后，向上官太后稟告劉賀的淫行，認為難當大任，上官太后車駕幸未央宮，下詔勿令昌邑群臣入內。在此之前徵立劉賀為繼承人時，雖是霍光之意，但仍需要皇太后的旨意。「即日承皇太后詔，遣行大鴻臚事少府樂正、宗正德、光祿大夫吉、中郎將利漢迎昌邑王賀。」〔註30〕由上官太后下詔，派遣相關人員迎立昌邑王劉賀。之後廢黜劉賀，同樣是上官太后下詔，召昌邑王，「王聞召，意恐，乃曰：『我安得罪而召我哉！』太后被珠襦，盛服坐武帳中，侍御數百人皆持兵，期門武士陛戟，陳列殿下。群臣以次上殿，召昌邑王伏前聽詔。光與群臣連名奏王。尚書令讀奏……」〔註31〕在霍光決定廢昌邑王時，依然是以上官太后的名義，最終是上官太后下詔廢黜昌邑王劉賀。之後迎立宣帝，一如舊事，霍光與群臣上奏上官太后，「皇太后詔曰：『可。』光遣宗正劉德至曾孫家尚冠裏，洗沐賜御衣，太僕以軨獵車迎曾孫就齋宗王府，入未央宮見皇太后，封為武陽侯。已而光奉上皇帝璽綬，謁於高廟，是為孝宣皇帝。」〔註32〕同樣是通過上官太后的詔令迎立宣帝，宣帝進宮拜見皇太后，之後謁高廟，即帝位。從中看出若君主逝世，未留下遺詔，繼承人的廢立之權在皇太后手中。

哀帝崩逝後，膝下無子，「太皇太后以莽為大司馬，與共徵立中山王奉哀帝后，是為平帝。」〔註33〕哀帝崩逝，宮內由皇太后主持朝政，下詔召王莽，

〔註28〕《後漢書》卷十上《皇后紀上》，第409頁。
〔註29〕《漢書》卷六十八《霍光金日磾傳》，第2938～2939頁。
〔註30〕《漢書》卷六十八《霍光金日磾傳》，第2937頁。
〔註31〕《漢書》卷六十八《霍光金日磾傳》，第2939頁。
〔註32〕《漢書》卷六十八《霍光金日磾傳》，第2947頁。
〔註33〕《漢書》卷九十八《元后傳》，第4030頁。

任命其為大司馬，共同選立中山王為繼承人。東漢王朝亦是如此，桓帝崩逝，桓思竇皇后「臨朝定策，立解犢亭侯宏，是為靈帝。」〔註34〕劉宏得以成為繼承人，有竇太后的意願在其中。關於繼承人的選立和廢黜，即便當時有大臣的意見亦或大臣做主，最終需要得到皇太后的詔令。

　　皇太后對君主或未來君主的婚姻大事有決策權。這也是作為長輩的原因，反應在皇家，皇太后對君主婚姻的干涉，與政治原因息息相關。如孝惠張皇后，「惠帝即位，呂太后欲為重親，以公主女配帝為皇后。」〔註35〕惠帝的皇后，姐姐魯元公主的女兒，呂后親自為惠帝挑選皇后，皇后人選事關重大，皇后母家會得到權勢，皇后所生子為太子，為了防止日後阻礙呂后的政治利益，皇后人選是呂后之意。「孝景薄皇后，孝文薄太后家女也。景帝為太子時，薄太后取以為太子妃。景帝立，立薄妃為皇后，無子無寵。立六年，薄太后崩，皇后廢。」〔註36〕景帝為太子時，薄太后做主將薄氏女嫁與時為太子的景帝，是為了延續自家的榮華富貴。薄氏女無子無寵正位中宮，薄太后去世，薄皇后遭廢黜。武帝廢黜陳皇后時，是在竇太后去世之後，竇太后是陳皇后的外祖母，竇太后在世時，武帝很難將陳皇后廢黜。

　　臣子對君主進行勸諫，若搬出皇太后，多行之有效。文帝在霸陵時，曾想騎馬從陡峭的山路上一路而下，袁盎為此勸諫，「臣聞聖主不乘危，陛下乘六騑，馳不測之山，比有馬驚車敗，陛下縱自輕，奈宗廟、太后何？」〔註37〕袁盎勸說文帝不應冒險，即便不為自己考慮，也應為太后著想，最終文帝聽勸。在景帝欲救有危險的賈姬時，郅都同樣以此理由進行制止。「賈姬如廁，野彘卒入廁。上目都，都不行。上欲自持兵救賈姬，都伏上前曰：『亡一姬復一姬進，天下所少寧賈姬等乎？陛下縱自輕，奈宗廟太后何！』上還，彘亦去。」〔註38〕賈姬在廁所時，野豬隨之進入，看到愛妃有危險，身邊無人營救，景帝打算自己親自去救，郅都搬出皇太后進行勸阻，景帝取消救賈姬的念頭。

　　皇太后在日常生活中，對一些事情有權干涉。如景帝為太子時，曾與梁王一同乘車入朝，因未在司馬門下車，「（張）釋之追止太子、梁王無得入殿門。

〔註34〕《後漢書》卷十下《皇后紀下》，第445頁。
〔註35〕《漢書》卷九十七上《外戚傳上》，第3940頁。
〔註36〕《漢書》卷九十七上《外戚傳上》，第3945頁。
〔註37〕（漢）荀悅：《兩漢紀上·漢紀》卷七《孝文皇帝紀上》，北京：中華書局，2017年，第103頁。
〔註38〕《史記》卷一百二十二《酷吏列傳》，第3132頁。

遂劾不下公門不敬，奏之。」〔註39〕以不敬罪遭到張釋之彈劾，薄太后聽聞此事，文帝向薄太后道歉，認為自己有過錯，薄太后「乃使使承詔赦太子、梁王，然後得入。」〔註40〕薄太后下詔赦免太子和梁王的過錯。成帝過於寵愛張放，王太后下令讓其遠離中央，去地方任官，成帝萬分不願卻無可奈何。

身為君主的母后，在政治上有話語權，從容過問政治，君主也會聽取母后的建議，甚至以母后的意願行事。

兩漢后妃的政治地位體現在方方面面，皇后與嬪妃地位懸殊，等級鮮明，日常生活中都會體現出；后妃在一生不同時期，地位會有所變化，為人妻時期，因有君主丈夫，地位受限，為人母時期，相對來說，所受限制較少，是一生地位最高時期。

第二節　后妃社會地位

白居易在《長恨歌》中描述因楊貴妃得到唐玄宗的盛寵，楊家人隨之享有榮華富貴的場景，「姊妹弟兄皆列土，可憐光彩生門戶。」史書記載「追贈父玄琰太尉、齊國公。擢叔玄珪光祿卿，宗兄銛鴻臚卿，錡侍御史。……三姊皆美劭，帝呼為姨，封韓、虢、秦三國，為夫人，出入宮掖，恩寵聲焰震天下。」〔註41〕楊玉環原本是壽王妃，因唐玄宗的青睞，納進宮中，「儀體與皇后等。」〔註42〕在宮中享受皇后的規格待遇，顯然楊貴妃的社會地位進一步提高。「遂令天下父母心，不重生男重生女」。楊貴妃的極寵給家族帶來一系列榮耀，令當時普遍傾向生子的觀念，有所改觀，認為生女也是一個不錯的選擇，若自家女將來進宮成為后妃，得到君主寵愛，自家便會隨之雞犬昇天。

兩漢時期，一些婦女未進宮時，社會地位並不高，亦或生活在社會底層，成為后妃，社會地位變高，在此對兩漢后妃的來源、出身做相關考察；同為后妃，社會地位有所差別，對影響后妃社會地位的因素做相關考察，以此對后妃的社會地位進行論述。

〔註39〕《史記》卷一百二《張釋之馮唐列傳》，第 2753 頁。
〔註40〕《史記》卷一百二《張釋之馮唐列傳》，第 2753 頁。
〔註41〕（宋）歐陽修、宋祁：《新唐書》卷七十六《后妃上》，中華書局，1975 年，第 3493 頁。
〔註42〕（宋）歐陽修、宋祁：《新唐書》卷七十六《后妃上》，中華書局，1975 年，第 3493 頁。

一、后妃的來源、出身

　　兩漢后妃，西漢后妃出身大多卑微，先前曾是歌女、農婦等社會基層人員，社會地位並不高，進宮成為后妃，社會地位顯然得到提高；東漢后妃多是豪族之女，即便不進宮，也會在豪族間聯姻，但相比進宮成為后妃，後者的地位要高些。

　　西漢初，百廢待興，經濟凋敝，相關制度有待完善，關於后妃的遴選並未有成文規定。西漢因沒有明確的選妃制度，進宮途徑多種，后妃來源廣泛，出身高貴卑微各不同。

　　西漢沒有明確的選妃制度，選妃途徑大致有三種：第一種是憑皇太后或皇帝做主，與君主或太子進行婚配的女子，基本上入主中宮，成為皇后。如孝惠張皇后，是呂后欲為重親，娶以配帝。成帝許皇后，「元帝悼傷母恭哀後居位日淺而遭霍氏之辜，故選嘉女以配皇太子。」〔註43〕元帝哀傷自己的母親在位短暫便遭霍氏毒害，因而選取自己的母家女與時為太子的成帝進行婚配。這種途徑入宮的后妃，出身高貴，家世良好。第二種途徑是通過獻納方式進宮，獻納者為拉近與君主的關係，或希望得到更多的榮華富貴等。如武帝衛皇后，平陽主有意為武帝獻女，「主見所侍美人，上弗說。既飲，謳者進，上望見，獨說衛子夫。……主因奏子夫奉送入宮。」〔註44〕平陽主特意為武帝挑選十幾位女子，武帝並不中意，單單中意衛子夫，平陽公主緣帝意，將衛子夫送進宮。昭帝上官皇后，其父上官安將其送進宮，「安因光欲納之。光以為尚幼，不聽。安素與丁外人善，說外人曰……外人喜，言於長主。」〔註45〕上官安將其女送進宮，有意讓其成為昭帝的皇后。第三種途徑是皇帝親自招納。前文提到的薄姬是此種方式進宮，孝宣王皇后「每當適人，所當適輒死，故久不行。及宣帝即位，召入後宮，稍進為倢伃」〔註46〕。王皇后因先前要嫁的人去世，留在家中，宣帝得知後將其召進後宮。趙飛燕姐妹同樣是被成帝召入宮中。「成帝嘗微行出，過陽阿主，作樂。上見飛燕而說之，召入宮，大幸。有女弟復召入，俱為倢伃，貴傾後宮。」〔註47〕成帝微服出行去陽阿主家，見到趙飛燕心生歡喜，召其進宮，同樣召趙飛燕的妹妹趙合德入宮。西漢皇帝親自召進宮的后妃，

〔註43〕《漢書》卷九十七下《外戚傳下》，第3973頁。
〔註44〕《史記》卷四十九《外戚世家》，第1978頁。
〔註45〕《漢書》卷九十七上《外戚傳上》，第3958頁。
〔註46〕《漢書》卷九十七上《外戚傳上》，第3969頁。
〔註47〕《漢書》卷九十七下《外戚傳下》，第3988頁。

出身不等，沒有任何限制。

　　西漢不甚注重后妃出身，后妃中多歌女、舞女等從藝出身者。高祖唐山夫人作《房中樂》，武帝衛皇后曾是平陽公主家的歌女，武帝李夫人也是習歌舞出身，成帝趙皇后早先「學歌舞，號曰飛燕」〔註48〕。西漢后妃中有再醮之婦，且再醮之婦可以成為皇后或皇太后。如前文提到的薄姬，呂后逝後，眾大臣迎立代王劉恒，薄姬從藩王太后成為皇太后。景帝王皇后曾在民間嫁與金王孫，之後進入太子宮，薄皇后遭廢黜後，景帝立其為第二任皇后，武帝即位，是為皇太后。后妃多來自民間。如武帝趙婕妤，在巡狩河間時遇見，將其帶進宮中。「武帝巡狩過河間，望氣者言此有奇女，天子亟使使召之。既至，女兩手皆拳，上自披之，手即時伸。由是得幸，號曰拳夫人。」〔註49〕后妃出身卑微者，也可以在宮中有很高的位份，如武帝寵幸的「尹婕妤之屬，皆以倡見，非王侯有土之士女，不可以配人主也。」〔註50〕武帝時婕妤是妃位最高一級，「常從婕妤遷為皇后」〔註51〕，尹婕妤出身倡優，做到嬪妃最高一級，顯然社會地位得到提高。

　　由此可見，西漢后妃來源多樣，出身大不同，有出自諸侯大臣之家，也有出自普通平民之家，甚至奴僕之中。此時選納后妃的途徑，沒有明確的規章制度，也不限於特定的範圍。西漢后妃進入皇宮，社會地位比之前提高，若入主中宮，成為皇后，也會給母家帶來一系列榮耀。「孝元王皇后，成帝母也。家凡十侯，五大司馬，外戚莫盛焉。」〔註52〕在此看出，后妃進入皇家，地位上升，母家的社會地位也會有所提高。

　　逮至東漢，后妃基本都出自豪族之家，來源較為單一，皇后更是功臣之後。如和熹鄧皇后，「太傅禹之孫也。父訓，護羌校尉；母陰氏，光烈皇后從弟女也。」〔註53〕但也有個別出身卑賤者，如靈帝何皇后，「家本屠者，以選入掖庭。」〔註54〕來自於屠戶之家，「后家以金帛賂遺主者以求入也。」〔註55〕能夠選進掖庭，是母家用金錢財物賄賂的結果，側面看出何皇后的母

〔註48〕《漢書》卷九十七下《外戚傳下》，第 3988 頁。

〔註49〕《漢書》卷九十七上《外戚傳上》，第 3956 頁。

〔註50〕《史記》卷四十九《外戚世家》，第 1981 頁。

〔註51〕《史記》卷四十九《外戚世家》，第 1984 頁。

〔註52〕《漢書》卷九十七下《外戚傳下》，第 3973 頁。

〔註53〕《後漢書》卷十上《皇后紀上》，第 418 頁。

〔註54〕《後漢書》卷十下《皇后紀下》，第 449 頁。

〔註55〕《後漢書》卷十下《皇后紀下》，第 449 頁。

家是比較富裕的。

　　由於東漢統治者崇儒，豪族之家習儒，豪族女自小學習文化典籍，后妃整體文化素養高。豪族女因嫁入皇家，社會地位仍有所上升。整體來說，東漢皇嗣並不興旺，想必是因為選妃在特定範圍中，世世進行聯姻，有血緣關係導致。

　　東漢有明確的選妃制度，「漢法常因八月算人，遣中大夫與掖庭丞及相工，於洛陽鄉中閱視良家童女，年十三以上，二十已下，姿色端麗，合法相者，載還後宮，擇視可否，乃用登御。」〔註56〕對選妃時間、參選範圍、參選者年齡相貌等做了明確的規定。但此時並非是進宮的唯一途徑，仍可進行獻納，或由皇太后做主，為君主納妃。如明德馬皇后，以進獻方式入宮，從兄馬嚴在家族處於低谷時，「求進女掖庭」，獻納自家女，以此希望家族走出低谷。此種方式在東漢較為少見，這是豪族的特權之一。章帝的兩位宋貴人，宋楊的女兒，「馬后聞楊二女皆有才色，迎而訓之。永平末，選入太子宮，甚有寵。」〔註57〕章帝的兩位宋貴人能夠入宮，有馬太后的意願在其中。

　　豪族女本身有一定的社會地位，雖多與其他豪族進行聯姻，然而若進宮成為后妃，母家地位也會隨之提高，顯然自己的社會地位會增高。如明德馬皇后本與竇氏家族的某個男子有婚約，因竇家在馬氏一族處於低谷時落井下石，從兄馬嚴將馬氏女送進宮中，馬氏女成為皇后，之後是皇太后，顯然比嫁入竇家彰顯出的社會地位高。

　　因之可見，兩漢后妃的來源、出身大不同，西漢后妃多出身卑微，東漢后妃均出自豪族之家，但都因嫁入皇家，社會地位比之前提高。

二、影響后妃社會地位的因素

　　后妃群體中，尊卑明顯，等級鮮明，每個人的社會地位各不同，這與后妃在宮中的地位息息相關。后妃在宮中有地位，社會地位自然不會低，若后妃在宮中犯錯，社會地位自然下滑。影響后妃社會地位的因素，大體來說有母家權勢，受寵與否，育有子嗣，是否受君主信任等。這些因素處於變化之中，有利因素有可能隨著時間變成不利因素。

　　母家權勢，影響后妃地位的重中之重。母家權盛，后妃在宮中不容小覷，地位不言而喻。東漢皇后基本都出自於權盛的豪族之家，西漢若后妃母家權

〔註56〕《後漢書》卷十上《皇后紀上》，第400頁。
〔註57〕《後漢書》卷五十五《章帝八王傳》，第1799頁。

盛，基本上都為中宮之主。如宣帝霍皇后，其父霍光受武帝遺詔輔政，掌大權，宣帝一朝有援立之功，在許皇后不明原因去世後，霍光將女兒納進宮中，自然立為皇后。「顯因為成君衣補，治入宮具，勸光內之，果立為皇后。」〔註58〕霍成君能夠成為宣帝的第二任皇后，緣自母家的權勢。霍光逝後，霍氏一族不知收斂，「夫奢則不遜，不遜必侮上。侮上者，逆道也。在人之右。眾必害之。霍氏秉權日久，害之者多矣。天下害之，而又行以逆道，不亡何待！」〔註59〕霍家權勢太盛，樹大招風，本就受人矚目，自身驕傲多不法，最終傾覆。在宮中倚仗母家的霍皇后，奢侈莫比，加之自身有過錯，此時受到牽連，遭廢黜，地位急劇下降。東漢的桓帝梁皇后同樣如此，憑藉母家優勢以娶后之禮入宮，自己雖在母家傾覆之前去世，但在桓帝誅滅梁家後，梁皇后被追廢為貴人，地位最終發生了變化。

育有子嗣。兩漢有「七出」條例，遺棄婦女的七條法規中，有一條「無子出」，若婦女沒有生育子嗣，便可將其休棄。《白虎通義‧嫁娶篇》中有「人承天地施陰陽，故設嫁娶之禮者，重人倫，廣繼嗣也。天子諸侯一娶九女者何？重國廣繼嗣也」。表明嫁娶的禮節，有兩個功效，人倫和延續血脈，天子諸侯一次娶九女，更多的是為了延續血脈。兩漢后妃尤其是皇后，更是需要生下繼承人，使漢家事業發揚光大。皇后穩坐后位，需要有子嗣。衛子夫「元朔元年生男據，遂立為皇后。」〔註60〕衛子夫雖受武帝寵愛，能夠立為皇后，與她為武帝生下第一個兒子有密切關係。無寵的王政君能夠成為元帝的皇后，與其子劉驁有密切關係。縱觀兩漢廢后，多無子嗣。無子，有可能成為一個致命弱點，在孝武陳皇后遭廢黜後，其母館陶長公主百思不得其解，詢問自己女兒終遭廢黜的原因，平陽公主坦然道因為沒有子嗣，曾對武帝有援立之功的館陶公主，此時無話可說。「陳皇后母大長公主，景帝姊也，數讓武帝姊平陽公主曰：『帝非我不得立，已而棄捐吾女，壹何不自喜而倍本乎！』平陽公主曰：『用無子故廢耳。』」〔註61〕無子對后妃尤其是皇后來說，是一個致命的弱點，很容易影響甚至動搖其地位。妃妾若無子嗣，在君主丈夫逝後，無依靠，或去奉守園陵，或在宮中孤獨終老。妃妾若有子嗣，可以前往藩國，成為藩王太后。如孝元馮昭儀，元帝逝後，與其子前往封地，成為中山王太后。可見后妃有子嗣的

〔註58〕《漢書》卷九十七上《外戚傳上》，第3968頁。
〔註59〕《漢書》卷九十七上《外戚傳上》，第3957頁。
〔註60〕《漢書》卷九十七上《外戚傳上》，第3949頁。
〔註61〕《史記》卷四十九《外戚世家》，第1980頁。

重要性，可以保住甚至提升自己的地位。

自身受寵與否。后妃得寵與否，是影響地位的直接因素。「當其接床笫，承恩色，雖險情瞀行，莫不德焉。及至移意愛，析燕私，雖惠心妍狀，愈獻醜焉。愛升，則天下不足容其高；歡墜，故九服無所逃其命」〔註62〕后妃得寵，母家隨之榮華富貴，風光莫比；后妃失寵，自身遭殃，地位下降，母家也會受到牽連。君主的寵愛，關乎自己的地位。

后妃得寵時，尤其是嬪妃得寵，享有較高規格的待遇，如文帝慎夫人，座位與文帝竇皇后平起平坐；成帝趙昭儀，所居住的宮殿，「自後宮未嘗有焉」〔註63〕。君主也不會忘記后妃的母家，會使其成為當朝貴戚。民間曾流傳一首歌謠：生男無喜，生女無怒，獨不見衛子夫霸天下！〔註64〕當時衛子夫受寵，武帝授予妻弟衛青軍權，衛青為武帝立下軍功，「（衛青）以大將軍封為長平侯。四子，長子伉為侯世子，侯世子常侍中，貴倖。其三弟皆封為侯，各千三百戶，一曰陰安侯，二曰發干侯，三曰宜春侯，貴震天下。」〔註65〕衛子夫的兩個姐姐，一個嫁與公孫賀，一個嫁與陳掌，都是顯貴之家。可見衛氏一族的尊寵程度，其他外戚無法匹及。武帝因對李夫人的寵愛，在其去世之後以皇后之禮下葬，「上以夫人兄李廣利為貳師將軍，封海西侯，延年為協律都尉。」〔註66〕武帝有意令李廣利去伐大宛，是「欲侯寵姬李氏」，想封侯李氏家族成員。失寵的后妃，自身遭殃，母家隨之丟官失爵，甚至有喪命的可能。如和帝陰皇后遭廢黜後，「父特進綱自殺，軼、敞及朱家屬徙日南比景縣，宗親外內昆弟皆免官還田裏。」〔註67〕景帝栗姬在嬪妃傾軋等多重因素交織下失敗後，不僅其子被廢為臨江王，自身「以憂死」，同時景帝「誅栗卿之屬」，對栗姬的家人也有所處罰。

君主認可，后妃的品質等若能得到君主認可，地位較為穩定或有上升的可能。宣帝王皇后，雖在後宮不受寵，但自身謹慎小心等品格為宣帝認同，「上憐許太子蚤失母，幾為霍氏所害，於是乃選後宮素謹慎而無子者，遂立王倢伃為皇后，令母養太子。」〔註68〕宣帝看重王婕妤的品格，相信會對太子關愛有

〔註62〕　《後漢書》卷十上《皇后紀上》，第 404 頁。
〔註63〕　《漢書》卷九十七下《外戚傳下》，第 3989 頁。
〔註64〕　《史記》卷四十九《外戚世家》，第 1983 頁。
〔註65〕　《史記》卷四十九《外戚世家》，第 1983 頁。
〔註66〕　《漢書》卷九十七上《外戚傳上》，第 3952 頁。
〔註67〕　《後漢書》卷十上《皇后紀上》，第 417 頁。
〔註68〕　《漢書》卷九十七上《外戚傳上》，第 3969 頁。

加，盡心撫養太子，因之被冊封為皇后，地位提高。元帝晚年有改易太子的想法，但想法沒實現，有一點是「皇后素謹慎」〔註69〕，元后身在后位，一直小心謹慎，並無過錯，終保住后位，與自身品格有關。和熹鄧皇后在冊封前，和帝說道「皇后之尊，與朕同體，承宗廟，母天下，豈易哉！唯鄧貴人德冠後庭，乃可當之。」〔註70〕和帝看重鄧皇后的品德。

后妃出身或卑微或高貴，一旦嫁進皇家，社會地位比之前有所提升，間接體現在母家的社會地位上。后妃的社會地位與在宮中的地位密切相關，母家權勢、育有子嗣、得寵與否等變量因素會影響到后妃在宮中的地位，從而影響后妃的社會地位。

第三節　兩漢后妃的影響

兩漢后妃群體是中國大一統以來的第一個后妃群體，也是有史以來記載較明確的后妃群體。先秦后妃多帶有傳說色彩，史家未詳細記載，只記載個別后妃，如有娀、姜嫄、太任、太姒等具有賢德品質的后妃，也有妹喜、妲己、褒姒等紅顏禍水般的亡朝后妃。春秋時期各國混戰，所記歷史的體例、方法不統一，更可惜的是未流傳下來，因而春秋戰國時期後宮情況不曾知曉，后妃群體更無從考證。《左傳》等書中雖有后妃的記載，只是穿插在事件中。整體來說，先秦后妃的記載未有一個完整的體系。

秦朝建立了中國歷史上第一個大一統的王朝，秦國后妃的史料相比其他多一些，但仍寥寥無幾。秦朝是個短命的王朝，僅二十多年便消亡，秦后妃史料零星可數。秦始皇並未立皇后，亦或準確保守地說，如今並未發現有任何關於秦始皇皇后的史料。這是由多重因素造成的，其中與秦始皇個人息息相關。秦始皇生母趙姬，日常生活放蕩不羈，私幸嫪毐，並誕下兩子，之後嫪毐欲憑藉趙太后手中的權力奪取王位，秦始皇平叛這場叛亂，趙太后被遷於離宮。「長信侯毐作亂而覺，矯王御璽及太后璽以發縣卒及衛卒、官騎、戎翟君公、舍人，欲將攻蘄年宮為亂。王知之，令相國昌平君、昌文君發卒攻毐。戰咸陽，斬首數百，皆拜爵，及宦者皆在戰中，以拜爵一級。毐等敗走。即令國中：有生得毐，賜錢百萬；殺之，五十萬。盡得毐等。衛尉竭、內史肆、佐弋竭、中大夫

〔註69〕《漢書》卷九十八《元后傳》，第4017頁。
〔註70〕《後漢書》卷十上《皇后紀上》，第421頁。

令齋等二十人皆梟首。車裂以徇，滅其宗。及其舍人，輕者為鬼薪。及奪爵遷蜀四千餘家，家房陵。」[註71]「始皇九年，有告嫪毐實非宦者，常與太后私亂，生子二人，皆匿之。與太后謀曰：『王即薨，以子為後。』於是秦王下吏治，具得情實，事連相國呂不韋。九月，夷嫪毐三族，殺太后所生兩子，而遂遷太后於雍。諸嫪毐舍人皆沒其家而遷之蜀。」[註72]關於嫪毐的叛亂，是因趙太后的私生活問題引起，秦朝平息這場叛亂耗費不少精力。秦始皇對這場叛亂的懲治，可謂牽連者眾，不僅對嫪毐及相關人員進行處置，更將自己的母親趙太后遷居別處，不欲再相見。之後，茅焦勸說「秦方以天下為事，而大王有遷母太后之名，恐諸侯聞之，由此倍秦也。」[註73]茅焦認為秦始皇將自己的母后遷居別處，這令諸侯看來，對自己母親都如此心狠，何況對待他人呢？由此恐怕會危及政治利益。茅焦勸說應以政治利益為重，因而「秦王乃迎太后於雍而入咸陽，復居甘泉宮。」[註74]想必秦始皇不立皇后，是受母親的影響，認為給予女性過高的地位和尊號並不是好事，日後有發生禍亂的可能。加之秦朝二世便消亡，相關制度未來得及完善，之後一系列的戰爭也不利於史料的保存，因而對秦朝后妃知之甚少。

逮至漢朝，司馬遷的《史記‧外戚世家》，囊括了西漢初至中期的后妃，班固的《漢書‧外戚傳》對西漢的重要后妃做了記載，范曄的《後漢書‧皇后紀》對東漢后妃做了相關記載。兩漢后妃是歷史長河中首次被史家系統記載下來的后妃，有賢良后妃也有禍國后妃，給予後世或典範或經驗教訓，使後來統治者得到相關啟示，並改進或制定相關的后妃制度，有利於更好地規範后妃。如關於后妃干政、臨朝稱制，外戚擅權一事，宋、明、清統治者嚴格制定了禁止后妃干政、外戚掌權的法令，外戚雖可享有高官厚祿，手中卻無實權，若后妃參政，會遭到臣民的強烈反對及法律法規的約束。漢承秦制，漢朝對秦朝的相關制度有所承襲，且在武帝時期，關於后妃的等級制度及享受的待遇，做出明確規定。東漢時期選妃方式有明確規範。因此兩漢時期關於后妃的一系列制度，初具模型且有所完善，為後世遵循傚仿並更好地完備。後世王朝在嬪妃名稱上有所變化，但嫡庶尊卑等級愈發鮮明，對后妃的行為約束更加完善。等等

[註71]　《史記》卷六《秦始皇本紀》，第 227 頁。
[註72]　《史記》卷八十五《呂不韋列傳》，第 2512 頁。
[註73]　《史記》卷六《秦始皇本紀》，第 227 頁。
[註74]　《史記》卷六《秦始皇本紀》，第 227 頁。

這一切，源於兩漢后妃制度對後世的影響。兩漢后妃生活在統治階層，在皇家這個特殊家庭中，后妃不僅需要生育子嗣，照顧君主的日常起居，侍奉婆母等，由於是家國一體的社會，很容易接觸政治，或多或少影響政治走向：有能力的后妃臨危受命，特殊時期執掌政權，有利於皇權的平穩運行；僅有野心而無政治才能的后妃，會將朝政搞的烏煙瘴氣，嚴重影響政權運行。

總而言之，兩漢后妃，對當世及後世都有不可忽視的深遠影響。

一、對當世的影響

兩漢后妃生活在上層，最直接的是給皇家帶來的影響。后妃多少與政治有接觸，有可能參政議政，對政治產生影響。同時因是女性的高級階層，行為習慣會引起社會傚仿。《漢樂府詩集》中的《城中謠》寫道：「城中好高髻，四方高一尺。城中好廣眉，四方且半額。城中好大袖，四方全匹帛。」這首樂府詩雖在描述京城的穿衣打扮引起地方的傚仿，也可引申出生活在皇家的后妃，行為舉止、喜好偏向等也會對社會產生一定的影響。

（一）對皇家的影響

兩漢后妃年少入宮，除少數幾朝有「遣宮人歸家」的恩澤制度外，基本上直至終老，都是在宮中度過，因而后妃最直接的是對生活的皇家產生的影響。

后妃對皇家子嗣的影響。子嗣於后位是一道有力的保障。西漢皇后基本上都有子嗣，是下一代君主的生母，武帝陳皇后「求子，與醫錢凡九千萬。然竟無子。」〔註75〕陳皇后耗費重金求子嗣，終未能成功。在此之前，高祖、文帝、景帝的皇后都有子嗣，是為繼承人，景帝的薄皇后遭廢黜有一條是因無子。可見子嗣於后位的重要性。孝元王皇后因有子，其子劉驁是宣帝最為喜愛的皇孫，因之在元帝即位後，並不受寵的王政君被立為皇后。受寵的妃妾多有子嗣，如宣帝的華婕妤育有館陶公主，張婕妤育有淮陽憲王，衛婕妤育有楚孝王。后妃多有子嗣，有利於皇嗣興旺，香火綿延不絕。也有后妃本身無子又殘害子嗣之事，成帝趙昭儀享專房之寵，遺憾沒有子嗣，為消除日後隱患，殘害子嗣，使成帝終未留下子嗣。可見，后妃生育子嗣，生下繼承人，將漢家事業發揚光大；后妃也有可能因自己的利益殘害子嗣，對皇嗣造成不利影響。

后妃的品行影響後宮日常生活，間接影響君主能否將精力放在前朝，處理

〔註75〕《史記》卷四十九《外戚世家》，第1980頁。

政務。兩漢后妃中賢德之人，如明德馬皇后，對待養子，「盡心撫育，勞悴過
於所生。」〔註76〕和諧妃妾間關係，盡心侍奉婆母陰太后，「奉承陰后，傍接
同列，禮則修備，上下安之。」〔註77〕身為中宮，帶頭節儉，「常衣大練，裙
不加緣。」〔註78〕嬪妃看到馬皇后的衣著，相視而笑，馬皇后為此耐心解釋。
妃妾們去拜見馬皇后，能夠相視而笑，可見馬皇后日常平易近人，與宮人相處
和諧。主動薦引妃妾，優待受寵嬪妃，「后常以皇嗣未廣，每懷憂歎，薦達左
右，若恐不及。後宮有進見者，每加慰納。若數所寵引，輒增隆遇。」〔註79〕
馬皇后不忘明帝的起居生活，「帝常幸苑囿離宮，后輒以風邪露霧為戒，辭意
款備，多見詳擇。」〔註80〕處處可見馬皇后的賢德之處，在馬皇后領導下的後
宮，風平浪靜，明帝不必勞神費心，可將精力放在前朝政務上。成帝班婕妤「每
進見上疏，依則古禮。」〔註81〕得寵時拒絕與成帝同車出遊，認為賢君身邊應
是賢臣，間接起到規勸成帝的效果。

　　缺少德行的后妃，不僅擾亂後宮的正常秩序，也會令後宮增添血雨腥風，
因而有可能佔用君主的精力。桓帝梁皇后倚仗母家權勢，「獨得寵幸，自下莫
得進見。」〔註82〕自身受寵，防備其他妃妾，手段更是狠毒，「每宮人孕育，
鮮得全者。」〔註83〕自身無子，殘害有孕的妃妾。靈帝的何皇后在王美人生下
皇子後，直接將王美人毒殺。引起靈帝大怒，欲廢黜何皇后，顯然會影響靈帝
處理政務的精力。

　　由此可見，賢德后妃侍奉婆母，相夫教子，照料君主生活等，對當時的後
宮起到益處，令後宮風平浪靜，也使皇家家庭和諧，有助於君主安心處理政務。
缺乏德行的后妃，因爭寵令後宮險象迭生，殘害子嗣等，造成後宮血雨腥風，
或令後世效法，惡性循環。

　　總之，后妃對皇家有直接影響，賢良后妃會對皇家有所貢獻，產生良好影
響，不賢后妃則相反。

〔註76〕《後漢書》卷十上《皇后紀上》，第 409 頁。
〔註77〕《後漢書》卷十上《皇后紀上》，第 408 頁。
〔註78〕《後漢書》卷十上《皇后紀上》，第 409 頁。
〔註79〕《後漢書》卷十上《皇后紀上》，第 409 頁。
〔註80〕《後漢書》卷十上《皇后紀上》，第 409 頁。
〔註81〕《漢書》卷九十七下《外戚傳下》，第 3984 頁。
〔註82〕《後漢書》卷十下《皇后紀下》，第 444 頁。
〔註83〕《後漢書》卷十下《皇后紀下》，第 444 頁。

（二）對政治的影響

兩漢時期家國同構，后妃的君主丈夫是最高統治者，她們可憑藉君主的信任，加之自身的參政欲望及政治才能，參與政事，亦或在皇權特殊時期，臨朝稱制，以確保皇權正常運行。也有后妃因政治才能欠缺，對政事造成不良影響，從而對政局產生不利作用。憑后妃裙帶關係在朝中任職的外戚，因能力、品行參差不齊，也會給朝政帶來不同的影響。

1. 積極影響

「某些情況下后妃干政既是迫不得已的，也確曾在維護專制帝國的政治穩定方面起過積極的、正面的作用。」〔註84〕兩漢后妃臨危受命，在特殊時期確保皇權平穩運轉。新帝即位或皇帝年幼多病時，皇太后臨朝稱制，如呂后在惠帝整日飲酒不聽政的情況下，及未有親政能力的少帝即位後，號令一具呂后出，延續劉邦的黃老之治，執行無為政策，繼續恢復經濟，有利於社會的發展。「天下晏然。刑罰罕用，罪人是希。民務稼穡，衣食滋殖。」〔註85〕順應了歷史的發展潮流，為文景之治及武帝朝的盛世打下基礎。

和熹鄧皇后在和帝崩逝後，幼子繼位，臨朝稱制，「自太后臨朝，水旱十載，四夷外侵，盜賊內起。每聞人饑，或達旦不寐，而躬自減徹，以救災戹，故天下復平。歲還豐穰。」〔註86〕和熹鄧皇后臨朝稱制的十多年間，憑藉自己的政治才幹，處理了災害等棘手問題，使朝政平穩運行，有利於東漢繼續向前發展，為東漢王朝作出貢獻。

漢外戚憑藉自己某方面的突出才能，為漢家王朝作出貢獻。呂后兄弟跟隨劉邦南征北戰，呂后「兄二人皆為列將，從征伐。長兄澤為周呂侯，次兄釋之為建成侯，逮高祖而侯者三人。」〔註87〕呂后家人因軍功封侯。衛子夫家人衛青、霍去病，立有軍功，在對匈奴作戰上獲勝，穩定邊境，使邊境獲得安寧，有利於邊境地區的建設和西漢王朝的發展。「漢使將軍衛青將三萬騎出雁門，李息出代郡，擊胡，得首虜數千。其明年，衛青復出雲中以西至隴西，擊胡之樓煩、白羊王於河南，得胡首虜數千，羊百餘萬。於是漢遂取河南地，築朔方，復繕故秦時蒙恬所為塞，因河而為固。」〔註88〕「漢使票騎將軍去病將萬騎出

〔註84〕張星久：《母權與帝制中國的后妃政治》，《武漢大學學報》，2003 年第 1 期。
〔註85〕《史記》卷九《呂太后本紀》，第 412 頁。
〔註86〕《後漢書》卷十上《皇后紀上》，第 425 頁。
〔註87〕《漢書》卷九十七上《外戚傳上》，第 3937 頁。
〔註88〕《漢書》卷九十七上《外戚傳上》，第 3766 頁。

隴西，過焉耆山千餘里，得胡首虜八千餘級，得休屠王祭天金人，其夏，票騎
將軍復與合騎侯數萬出隴西、北地二千里，過居延，攻祁連山，得胡首虜三萬
餘級，裨小王以下十餘人。」〔註89〕可見衛子夫的家人為西漢王朝的穩定做出
貢獻。

　　這是兩漢后妃及外戚對政治有良好影響的一面，然而也有一些后妃憑藉
手中權力胡作非為，擾亂朝政，外戚擅權，嚴重阻礙皇權的運行，影響王朝發
展。

2. 消極影響

　　兩漢有后妃政治能力欠缺，掌權後干擾朝政的發展之事。安帝閻皇后，
陰謀使安帝廢太子為濟陰王，安帝崩逝，閻皇后掌權，「太后欲久專國政，貪
立幼年，」〔註90〕為了長久把持朝政，選立幼子為繼承人，同時閻家在朝廷
專門排除異己，消除影響自己利益的勢力，此時閻家「兄弟權要，威福自由」
〔註91〕。閻家彷彿將朝廷據為己有，嚴重擾亂朝政的正常運行。順烈梁皇后
臨朝稱制一段時期後，偏聽偏信，「（梁冀）數以邪說誤太后，遂立桓帝而誅
李固。太后又溺於宦官，多所封寵，以此天下失望。」〔註92〕

　　同時兩漢多有不遵法度、驕橫跋扈的外戚，他們憑藉裙帶關係享有高官厚
祿，本身並無太大能力，心知自家女若在宮中犯錯會牽連母家，「一朝天子一
朝臣」，外戚的榮華富貴具有短暫性等特點，他們往往在能夠享受榮華富貴的
時候，窮奢極欲，擅權時恨不能一手遮天。如章德竇皇后臨朝稱制時，竇家「競
修第宅，窮極工匠。」〔註93〕對住宅的修建極盡奢靡。連竇家奴僕也仗勢欺
人，「奴客緹騎依倚形勢，侵陵小人，強奪財貨，篡取罪人，妻略婦女。商賈
閉塞，如避寇讎。有司畏懦，莫敢舉奏。」〔註94〕竇家奴僕的行為嚴重影響社
會秩序，卻無人敢管。可見當時竇家的驕橫程度。梁冀掌權時更是飛揚跋扈，
鴆殺質帝，「其四方調發，歲時貢獻，皆先輸上第於冀，乘輿乃其次焉。吏人
齎貨求官請罪者，道路相望。」〔註95〕梁冀手中的權力炙手可熱，隨心干預政

〔註89〕《漢書》卷九十七上《外戚傳上》，第 3768 頁。
〔註90〕《後漢書》卷十下《皇后紀下》，第 436 頁。
〔註91〕《後漢書》卷十下《皇后紀下》，第 437 頁。
〔註92〕《後漢書》卷十下《皇后紀下》，第 440 頁。
〔註93〕《後漢書》卷二十三《竇融列傳》，第 818 頁。
〔註94〕《後漢書》卷二十三《竇融列傳》，第 818 頁。
〔註95〕《後漢書》卷三十四《梁統列傳》，第 1181 頁。

事，嚴重影響皇權的運行，影響東漢王朝的正常發展。

由此可見，兩漢后妃及外戚，對王朝政治產生影響，有政治頭腦的后妃，有能力的外戚，有貢獻於朝政，對王朝起到良好的影響；政治能力欠缺的后妃，能力一般又驕縱的外戚，對朝廷來說不是災難也是劫難。

（三）對社會的影響

后妃雖生活在深宮中，但是在皇家這個為天下作表率的家庭中，后妃的一舉一動都會受到注視。前文中提及的《城中謠》，能看出漢后妃的衣著髮飾，會被普天之下的婦女傚仿，因而漢后妃的一些行為也會在社會上產生影響。

漢文帝詔書中稱「朕親率天下農耕以供粢盛，皇后親桑以奉祭服，其具禮儀。」〔註96〕文帝做天下男人的表率，進行農耕，皇后為天下女人表率，摘桑養蠶織布，為祭祀出力。帝后作表率，以促進農業的發展，從而發展經濟。東漢時規定在春天時，「皇后帥公卿諸侯夫人蠶。祠先蠶。禮以少牢。」〔註97〕春天時皇后會親自率領王公大臣的夫人祭祀蠶神，此項儀式提醒天下婦人不誤時機養蠶織布，推動農業的發展。上述后妃的活動，會促進社會上婦女的農作。

東漢明德馬皇后帶頭樸素，「宮闈服御，雖微而關於風化，則甚大。皇后安於儉素，六宮誰敢紛華？宮闈不為紛華，民間誰敢侈靡？由是綺麗之物無所用，奇巧之工不敢作，天下物力有餘，風俗歸厚矣」〔註98〕。身為中宮之主的馬皇后以身作則，在後宮倡導節儉，嬪妃多不敢奢侈，從而也會對社會風氣起到良好的導向作用。

漢代后妃的貞節觀念，也會對婦女的貞節觀念產生影響。西漢后妃有再醮之婦的現象，如薄姬，原是魏王豹的妃妾，後來進入劉邦的後宮，孝景王皇后進宮前曾在民間嫁與金王孫。西漢時期對女性的貞節問題不甚注重，改嫁再嫁容易，陳平的妻子嫁與陳平前曾嫁過五次，張耳的妻子先前「庸奴其夫」，看不上自己的丈夫，主動求去，嫁與前途有為的張耳。女子改嫁、再嫁之事容易，男性娶再嫁之妻也未有何限制，沒有明清時期「娶失節者如己失節」的說法，兩漢時再嫁和初嫁並未有何不同。孝元王皇后的生母因妒性遭離棄，再嫁他人，「母，適妻，魏郡李氏女也。后以妒去，更嫁為河內苟

〔註96〕《漢書》卷四《文帝紀》，第125頁。
〔註97〕《後漢書》志四《禮儀上》，第3110頁。
〔註98〕（明）馮琦：《宗伯集》卷三十九，明萬曆刻本。

賓妻。」〔註99〕孝元傅昭儀的母親，因其父去世，再嫁他人。「父蚤卒，母更嫁為魏郡鄭翁妻。」〔註100〕可見西漢一朝，后妃有再醮之婦，社會上改嫁、再嫁之事較為普遍。

東漢一朝，選妃途徑嚴格規範，后妃出身高貴，基本上都為豪族之女，沒有再嫁之婦的現象。范曄的《後漢書・列女傳》，雖不是全部收錄貞節婦女，「余但饜次才行尤高秀者，不必專在一操而已。」〔註101〕但其中對守節婦女進行了詳細記載。如沛郡劉長卿的妻子為守節明志，不惜自殘的行為，在別人不認同她的做法時，為此她說道「昔我先君五更，學為儒宗，尊為帝師。五更已來，歷代不替，男以忠孝顯，女以貞順稱。」〔註102〕當時的貞節觀念雖未如後世完全深入人心，但已為部分人所接受，同時看出儒家思想有一定的普及。

東漢末，在廢帝弘農王被迫飲酖酒時，無奈與身邊人訣別。臨終前對其妻唐姬說道「卿王者妃，勢不復為吏民妻。自愛，從此長辭！」〔註103〕弘農王不願唐姬再嫁，唐姬自身也做到了這點。唐姬拒絕其父提出的再嫁，即便被李傕略去，也執意不從，「（獻）帝聞感愴，乃下詔迎姬，置園中，使侍中持節拜為弘農王妃。」〔註104〕獻帝聽聞後同情唐姬的遭遇，特意下詔將唐姬接來，冊封為弘農王妃。可見統治階層已有貞節觀念，后妃自身對再嫁一事有所牴觸。唐姬生活在東漢末年，當時弘農王對她的要求及自身的做法，並不是一瞬間形成的，是有歲月積累的成果。東漢后妃未有再嫁之事，東漢公主再嫁之事也比西漢少，當時社會上有節婦出現，其中有東漢后妃的影響。

東漢開國皇帝劉秀「退功臣進文吏」，重視儒學，崇儒之風盛行，東漢后妃基本出身豪族，受文化薰陶，從小飽讀詩書，推動社會上婦女文化素養的提高。樂羊子的妻子在樂羊子撿回金餅後，認為不是好事，「妾聞志士不飲盜泉之水，廉者不受嗟來之食，況拾遺求利，以污其行乎！」〔註105〕最後樂羊子「捐金於野。」樂羊子在外求學一年，因想家回來後，妻子勸道「夫子積

〔註99〕　《漢書》卷九十八《元后傳》，第4015頁。
〔註100〕《漢書》卷九十七下《外戚傳下》，第3999頁。
〔註101〕《後漢書》卷八十四《列女傳》，第2781頁。
〔註102〕《後漢書》卷八十四《列女傳》，第2797頁。
〔註103〕《後漢書》卷十下《皇后紀下》，第451頁。
〔註104〕《後漢書》卷十下《皇后紀下》，第451頁。
〔註105〕《後漢書》卷八十四《列女傳》，第2792頁。

學，當日知其所亡，以就懿德。若中道而歸，何異斷斯織乎？」〔註106〕做學問日積月累才能有所成就，若半途而廢，猶如織布從中間斷開，最終什麼也得不到。「羊子感其言，復還終業，遂七年不反。妻常躬勤養姑，又遠饋羊子。」〔註107〕樂羊子取得的成就，與妻子一路上的陪伴與規勸分不開，樂羊子的妻子能夠做到這些，自身也有一定文化素養。程文矩的妻子穆姜，臨終前告誡諸子「吾弟伯度，智達士也。所論薄葬，其義至矣。又臨亡遺令，賢聖法也。今汝曹遵承，勿與俗同，增吾之累。」〔註108〕穆姜贊同其弟的薄葬觀，認為是賢聖之人的法令，希望自己身後也可以薄葬。穆姜對自己葬禮的安排，可見她自身的學識與素養。東漢婦女相對來說有一定的儒家思想和儒學素養。東漢首次出現了第一位女儒者班昭，「博學高才，有節行法度。」〔註109〕「兄固著漢書，其八表及天文志未及竟而卒，和帝詔昭就東觀臧書閣踵而成之。」〔註110〕其兄班固著漢書，其中的八表和天文志未完成便去世了，和帝令班昭繼續完成。同時，「（和）帝數召入宮，令皇后貴人師事焉，號曰大家。」〔註111〕和帝令班昭入宮，教導后妃儒家知識，可見統治階層重視后妃的素養，有意培養后妃的素養，受后妃的影響，東漢婦女的素養有所提高。

　　由此可見，后妃雖生活在深宮中，但因是皇家這個特殊家庭，后妃行為如節儉與否，貞節觀念，后妃自身素養等方方面面，都會對婦女產生影響，從而對社會產生影響。

二、對後世的影響

　　兩漢王朝是第一個大一統持久的封建王朝，關於后妃的相關制度有史以來記載較為完備，對後世產生了深遠影響。如三國時期，「魏因漢法，母后之號，皆如舊制，自夫人以下，世有增損。」〔註112〕三國時魏國君主的祖母、母親、嫡妻的稱號不變，妃妾的稱號做了改動。大體上參考漢朝妃妾等級，之後的朝代即便妃妾稱號及相關等級制度有所變動，但尊卑等級及享受的規格待遇，標準明確，更能體現出嫡庶尊卑的不等。雖說《周禮》中已有嬪妃等級

〔註106〕《後漢書》卷八十四《列女傳》，第 2793 頁。
〔註107〕《後漢書》卷八十四《列女傳》，第 2793 頁。
〔註108〕《後漢書》卷八十四《列女傳》，第 2794 頁。
〔註109〕《後漢書》卷八十四《列女傳》，第 2784 頁。
〔註110〕《後漢書》卷八十四《列女傳》，第 2784～2785 頁。
〔註111〕《後漢書》卷八十四《列女傳》，第 2785 頁。
〔註112〕《三國志》卷四《魏書‧后妃傳》，第 155 頁。

與官吏級別相對應的記載，但有史記載以來真正付諸實行的是西漢武帝時期。唐代也將嬪妃與前朝官員等級相對應，「皇后以下，有貴妃、淑妃、德妃、賢妃各一人，為夫人，正一品；昭儀、昭容、昭媛、修儀、修容、修媛、充容、充儀、充媛各一人，為九嬪，正二品；婕妤九人，正三品；美人九人，正四品；才人九人，正五品；寶林二十七人，正六品；御女二十七人，正七品；采女二十七人，正八品；其餘六尚諸司，分典乘輿服御。」〔註113〕雖然妃位名稱有所變化，但其制定的后妃等級制度等，緣自漢武帝朝對妃妾等級的具體制定，及之後漢朝統治者的不斷完善。

　　東漢制定的選妃方式，後世雖有變動，但在東漢的基礎上進行。如清朝的選妃制度規定，「每三歲選八旗秀女，戶部主之；每歲選內務府屬旗秀女，內務府主之。秀女入宮，妃、嬪、貴人惟上命。選宮女子，貴人以上，得選世家女；貴人以下，但選拜唐阿以下女。宮女子侍上，自常在、答應漸進至妃、嬪，后妃諸姑、姊妹不赴選。」〔註114〕清朝是封建社會的最後一個王朝，選妃即選秀女制度更加完善，不僅對時間及選妃人員的範圍有明確規定，同時妃嬪不同等級選擇範圍也不同，且對等級低下的女子晉封有明確規定，必須漸進，不准一躍為高等級。同時規定后妃姑、姊妹不得參選，以使選妃範圍更廣，同時防止有血緣的后妃團結起來在後宮興風作浪。

　　兩漢后妃制度對後世產生了深遠影響，後世王朝在漢后妃制度的基礎上逐步完善后妃制度。兩漢后妃對後世王朝提供的較為重要的經驗教訓，是漢后妃參與政治的問題。為此，後世王朝進行防範，其中宋、明、清三朝做得較好。

　　「宋三百餘年，外無漢王氏之患，內無唐武、韋之禍，豈不卓然而可尚哉。」〔註115〕「明興，追崇外氏，廟貌之隆，而苗裔無考，未及授官。高后外家不奉朝請，家法之嚴有自來矣。自文皇后而外，率由儒族單門，入儷宸極。后父初秩不過指揮，侯伯保傅以漸而進。優者厚田宅，列僮奴。雖擁侈富之資，曾無憑藉之勢，制防之微意寓焉。肅宗申明功令，裁抑世封，戚畹周親不得與汗馬餘勳為齒。雖稱肺腑，事劣封君。上視漢、唐，殆相懸絕。」

〔註113〕（後晉）劉昫等：《舊唐書》卷五十一《后妃上》，北京：中華書局，1975年，第2161～2162頁。

〔註114〕趙爾巽等：《清史稿》卷二百十四《后妃》，北京：中華書局，1977年，第8897頁。

〔註115〕（元）脫脫等：《宋史》卷二百四十二《后妃上》，北京：中華書局，1977年，第8606頁。

〔註116〕清朝「二百數十年，壺化肅雍，詖謁蓋寡，內鮮燕溺匹嫡之嫌，外絕
權威蠱國之釁，彬彬盛矣。」〔註117〕之後的統治者吸取兩漢時期的教訓，防
範后妃及外戚參政一事。

　　由此可知，兩漢后妃在當世，對皇家有直接影響，此時因家國一體，有機
會接觸政治，對政治有所影響，生活在上層社會，對社會上婦女起到影響。兩
漢后妃的所作所為，或為典範或為教訓，對後世王朝產生深遠影響。

〔註116〕（清）張廷玉等：《明史》卷一百八《外戚恩澤侯表》，北京：中華書局，1974
　　　　年，第 3269 頁。

〔註117〕趙爾巽等：《清史稿》卷二百十四《后妃》，北京：中華書局，1977 年，第 8898
　　　　頁。

結　語

　　本文重在關注兩漢后妃群體自身，試圖以兩漢后妃群體為中心，圍繞與兩漢后妃密切相關的人事進行研究，以期有助於對漢代婦女史及政治史有所深入瞭解。

　　從兩漢后妃群體的構成情況來看，其出身有明顯的差異。西漢后妃不重出身，東漢后妃均出自豪族之家，尤其是皇后，多為功臣之後。兩漢后妃的出身差異，與統治者出身密切相關。西漢一朝十六位皇后，根據與君主丈夫的關係，得寵與否，有無子嗣，最後的命運等可分為五種類型。東漢十五位皇后，根據母家的權勢，自身的品格，在后位的特點等分為六類。作為中宮之主的皇后雖風光無限，但自身需小心謹慎，很有可能因政局、自身或家族等問題而使個人的命運變得不可把握。東漢皇后的人選，基本從政治角度進行考慮，因而東漢皇帝對皇后的寵幸，或許並不是發自內心，帶有濃厚政治色彩。兩漢嬪妃相比，各有特點，西漢嬪妃擅長歌舞技能者多，東漢嬪妃文化素養高。

　　后妃與君主是夫妻，夫妻間首要的是情感上的關係，由於君主擁有眾多嬪妃，雨露之恩無法均澤，多數后妃與君主的感情以悲劇告終。要麼是情分消逝，從最初的情真意切，走向最終的形同陌路；要麼是清淡如水，從未與君主間產生過感情，入宮後便孤苦淒涼至終身。能夠與君主情深意篤，感情始終保持最初情深者少之又少，此種類型的感情多是帝、妃之間，因為帝、妃間相對來說摻雜的政治因素較少，但嬪妃得到的恩寵，在君主丈夫去世後，往往招致禍患。后妃與君主間的家事，涉及后妃在皇家與婆母、子嗣、妃妾的關係，帝、后間家事問題會多一些，若妃妾之子是為繼承人人選，帝、妃在家事上會變得錯綜

複雜。個別皇后憑藉君主的信任和能力參政議政，成為君主的賢內助，有助於自己地位的鞏固；君主信任后族，給予要職，宮中皇后之位也會做得安穩；君主對權盛的后族充滿忌憚與防備，最終皇后及母家的下場唯有淒慘。

后妃與母家，在相對平衡的狀態下是一體的，榮辱與共的關係。但在漢代還存在兩種較為特殊的狀況。后妃對母家進行提升的類型，母家沒有熾熱的權勢，朝中也無重要的話語權，因自家女入主中宮，成為皇后，母家成為君主的妻黨，封侯任官，新帝即位，皇后成為皇太后，母家成為新君主的母黨，因之得到更多的任官封爵。此種類型顯著體現在孝元王皇后和明德馬皇后身上。母家對后妃起到庇護作用，此時的皇權日暮西山，皇帝手無實權，后妃母家掌有絕對性的大權，身在中宮，穩坐后位，沒有任何憂慮，因母家的庇護，一切順風順水，最鮮明的體現在孝平王皇后和獻穆曹皇后身上。

參與政治是兩漢后妃群體的突出特點。從先秦到清朝，后妃參政之事，兩漢時期最為頻繁，這與兩漢社會大背景密切相關。從漢代思想發展的情況來看，西漢初不甚重儒家，實行黃老之治，黃老思想中有重視女性的一面，東漢時儒家思想雖在逐步實行，但重視女性的習慣依然會有所延續。兩漢社會觀念中有尊母、孝母等重視母親的觀念，認為母后、外戚在特殊時期，會守護皇權，給予皇權以幫助。從兩漢社會風氣來看，女性可以從事經濟領域的活動，自食其力，法律保障女性權力，女性在婚姻方面有一定的自由等。這些都能看出兩漢女性所受束縛較少，地位較高，后妃在政治上的活躍度較高，后妃臨朝稱制和參政議政之事自然多有發生。七位女主臨朝稱制，政績或好或壞，即使自身保全，但母家均難避免傾覆的結局，這是因為女主處於權力巔峰，與政治太過密切，卻又缺乏掌權的合法性等導致。后妃參政，多是在母后時期，憑藉自己的意願參與朝政，多影響皇權的正常運轉，像明德馬皇后參政議政，對政事有補益者較少。

本文最後分析了兩漢后妃的地位與影響。兩漢后妃貫穿兩漢王朝始終，因生活在君主身邊，有一定的政治地位和社會地位。隨著王朝的發展，后妃的政治地位，其等級、尊卑愈發鮮明，規格待遇有嚴格規定。后妃的社會地位，進宮後也有所提高。兩漢后妃群體是有史以來第一個記載明確的后妃群體，在當世及後世都有深遠的影響。在當世，后妃的品行與子嗣等，對皇家有直接的影響，后妃在特殊時期參與政事，有政治才能的后妃，會對政治起到一定的助力作用，才能欠缺的后妃，對朝廷來說或是災難或是劫難。同時兩漢后妃的行為

對社會有所影響。兩漢后妃制度對後世王朝有深遠影響，後世王朝的后妃制度
是在兩漢的基礎上逐步完善的。兩漢后妃參政問題突出，更是使後世統治者吸
取經驗教訓，為此制定相關政策，多角度進行嚴格防範。

參考文獻

一、古籍類

1. （漢）司馬遷，《史記》〔M〕，北京：中華書局，1982。

2. （漢）班固，《漢書》〔M〕，北京：中華書局，1962。

3. （宋）范曄，《後漢書》〔M〕，北京：中華書局，1965。

4. （晉）陳壽，《三國志》〔M〕，北京：中華書局，2018。

5. （東漢）劉珍等，《東觀漢記校注》〔M〕，北京：中華書局，2018。

6. （宋）司馬光編，《資治通鑒》〔M〕，北京：中華書局，2018。

7. （東漢）荀悅、（東晉）袁宏，《兩漢紀》〔M〕，北京：中華書局，2017。

8. （南宋）徐天麟，《西漢會要》〔M〕，上海：上海人民出版社，1977。

9. （南宋）徐天麟，《東漢會要》〔M〕，上海：上海古籍出版社，1978。

10. （清）王先謙，《漢書補注》〔M〕，北京：中華書局，1983。

11. （清）王先謙，《後漢書集解》〔M〕，北京：中華書局，1984。

12. （東漢）應劭撰，王利器校注《風俗通義校注》〔M〕，北京：中華書局，2010。

13. （清）陳立撰，《白虎通疏證》〔M〕，北京：中華書局，1994。

14. （東晉）常璩撰，劉琳校注《華陽國志校注》〔M〕，成都：巴蜀書社，1984。

15. （清）朱彬，《禮記訓纂》〔M〕，北京：中華書局，1996。

16. （西漢）賈誼，閻振益、鍾夏校注《新書校注》〔M〕，北京：中華書局，2000。

17. （清）趙翼，王樹民校證《廿二史劄記校證》〔M〕，北京：中華書局，2013。

18.（明）王夫之，《讀通鑒論》〔M〕，北京：中華書局，1975。

19.（西漢）劉歆等，王根林校點《西京雜記》〔M〕，上海：上海古籍出版社，2018。

20.（北宋）李昉等編，《太平御覽》〔M〕，北京：中華書局，1960。

21.（南宋）洪邁，孔凡禮點校《容齋隨筆》〔M〕，北京：中華書局，2015。

22.（宋）歐陽修、宋祁，新唐書〔M〕，北京：中華書局，1975。

23.（清）趙爾巽、柯劭忞，清史稿〔M〕，北京：中華書局，1977。

二、今人著作

1. 安作璋、熊鐵基，《秦漢官制史稿》〔M〕，濟南：齊魯書社，2007。

2. 蔡尚思，《中國禮教思想史》〔M〕，上海：上海古籍出版社，2006。

3. 陳顧遠，《中國婚姻史》〔M〕，上海：上海書店，1984。

4. 陳鵬，《中國婚姻史稿》〔M〕，北京：中華書局，1990。

5. 馮友蘭，《中國哲學史》〔M〕，上海：華東師範大學出版社，2017。

6. 高世瑜，《中國古代婦女生活》〔M〕，北京：商務印書館，1997。

7. 顧頡剛，《秦漢的方士與儒生》〔M〕，上海：上海世紀出版集團，2006。

8. 顧麗華，《漢代婦女生活情態》〔M〕，北京：社會科學文獻出版社，2012。

9. 郭興文，《中國傳統婚姻風俗》〔M〕，西安：陝西人民出版社，2002。

10. 金春峰，《漢代思想史》〔M〕，北京：中國社會科學出版社，2006。

11. 李銀河，《女性主義》〔M〕，上海：上海文化出版社，2020。

12. 李禹階、秦學頎，《中國古代外戚政治》〔M〕，北京：商務印書館，2017。

13. 林劍鳴，《秦漢史》〔M〕，上海：上海人民出版社，2003。

14. 劉士聖、劉揚，《中國婦女通史》〔M〕，青島：青島出版社，1999。

15. 劉澤華，《中國的王權主義》〔M〕，上海：上海人民出版社，2000。

16. 劉增貴，《漢代婚姻制度》〔M〕，臺北：華世出版社，1980。

17. 魯惟一，《漢帝國的日常生活》〔M〕，南京：江蘇人民出版社，2019。

18. 羅慧蘭、王向梅，《中國婦女史》〔M〕，北京：當代中國出版社，2016。

19. 羅友枝，《清代宮廷社會史》〔M〕，北京：中國人民大學出版社，2009。

20. 呂思勉，《中國婚姻制度小史》〔M〕，北京：知識產權出版社，2018。

21. 門巋，《專制變奏曲：從呂后到慈禧》〔M〕，濟南：濟南出版社，2008。

22. 彭衛、楊振紅，《中國風俗通史‧秦漢卷》〔M〕，上海：上海文藝出版社，2002。

23. 彭衛、楊振紅，《中國婦女通史·秦漢卷》〔M〕，杭州：杭州出版社，2010。

24. 彭衛，《漢代婚姻形態》〔M〕，北京：中國人民大學出版社，2010。

25. 任寅虎，《中國古代的婚姻》〔M〕，北京：商務印書館，1997。

26. 王煥然，《漢代士風與賦風研究》〔M〕，北京：中國社會科學出版社，2006。

27. 王子今，《秦漢文化風景》〔M〕，北京：中國人民大學出版社，2012。

28. 向斯，《皇宮紅檔——中國歷代後宮女人的愛恨情仇》〔M〕，北京：東方出版社，2015。

29. 謝國楨，《兩漢社會生活概述》〔M〕，北京：北京出版社，2014。

30. 熊鐵基，《漢代學術史論》〔M〕，北京：高等教育出版社，2013。

31. 徐沖，《中古時代的歷史書寫與皇帝權力起源》〔M〕，上海：上海古籍出版社，2017。

32. 余華林，《女性的重塑：民國城市婦女婚姻問題研究》〔M〕，北京：商務印書館，2009。

33. 岳慶平，《漢代家庭與家族》〔M〕，鄭州：大象出版社，1997。

34. 張宏偉，《中國后妃全傳》〔M〕，北京：中國華僑出版社，2018。

35. 張豈之，《中國思想史》〔M〕，西安：西北大學出版社，2016。

36. 張家山二四七號漢墓竹簡整理小組，《張家山漢簡》〔M〕，北京：文物出版社，2006。

37. 張小鋒，《西漢中後期政局演變探微》〔M〕，天津：天津古籍出版社，2007。

38. 趙化成，《秦漢考古》〔M〕，北京：文物出版社，2002。

39. 趙敏俐，《兩漢詩歌研究》〔M〕，北京：商務印書館，2011。

40. 趙浴沛，《兩漢家庭內部關係及相關問題研究》〔M〕，武漢：湖北人民出版社，2006。

41. 朱子彥，《帝國九重天——中國後宮制度變遷》〔M〕，北京：中國人民大學出版社，2006。

42. 中國國家博物館，《文物秦漢史》〔M〕，北京：中華書局，2009。

43. 〔法〕西蒙娜·德·波伏瓦，《第二性》〔M〕，上海：上海譯文出版社，2018。

44. 〔美〕瑪麗·克勞福德、羅達·昂格爾，《婦女與女性——一本女性主義心理學著作》〔M〕，北京：中華書局，2009。

45. 〔美〕伊沛霞，《內閨：宋代婦女的婚姻和生活》〔M〕，南京：江蘇人民
出版社，2019。

三、期刊論文

1. 安作璋，《論呂后》〔J〕，山東師範學院學報，1962（1）。

2. 卞直甫，《漢代后妃的歷史作用》〔J〕，歷史教學，1990（10）。

3. 陳傳勝，《小議「怨深文綺」的班婕妤》〔J〕，江西社會科學，2002（4）。

4. 陳恩虎，《兩漢外戚特點比較研究》〔J〕，淮北煤師院學報，1997（1）。

5. 陳恩虎，《中國封建社會皇帝后妃問題初探》〔J〕，安徽大學學報，1996
（3）。

6. 陳金花，《漢武帝和后妃的情感悲歌》〔J〕，渭南師範學院學報，2011（3）。

7. 陳金花，《西漢后妃的悲劇色彩》〔J〕，南都學壇，2009（2）。

8. 陳蘇鎮，《論東漢外戚政治》〔J〕，北大史學，2010。

9. 陳志，《論巫蠱之禍》〔J〕，福建論壇，1988（6）。

10. 陳志，《西漢婚姻散論》〔J〕，福建論壇，1989（12）。

11. 丁毅華，《呂后與戚姬》〔J〕，華中師範大學學報，1999（3）。

12. 方芳、俞凌欣，《東漢皇后形象淺析》〔J〕，齊齊哈爾大學學報，2017（10）。

13. 范文華，《馬氏家風研究——以東漢明帝馬皇后為例》〔J〕，文教資料，
2019（9）。

14. 高暢，《從君主婚姻看先秦兩漢上層社會對貴族女性的價值評判》〔J〕，咸
陽師範學院學報，2015（1）。

15. 杭蘇紅，《帝室與外家：西漢政治中的家族倫理》〔J〕，社會，2012（4）。

16. 胡春麗、閆海文，《兩漢后妃特點比較研究》〔J〕，史志學刊，2009（3）。

17. 黃召鳳、朱柏靜，《淺析王政君與西漢後期外戚專權》〔J〕，綏化學院學報，
2017（2）。

18. 金鐵純，《眾女師範　母后表儀——東漢明帝馬皇后一生》〔J〕，南都學
壇，1993（4）。

19. 康清蓮，《從邊緣到中心——論兩漢皇室女性的地位及外戚專政》〔J〕，西
南民族大學學報，2004（12）。

20. 盧東兵，《中國古代第一位女史家——明德馬皇后》〔J〕，黃山學院學報，
2004（1）。

21. 李芽、陳東傑,《漢代后妃形貌考》〔J〕,南都學壇,2010（6）。

22. 劉筱紅,《后妃與政治》〔J〕,江漢論壇,1995（6）。

23. 馬固鋼,《「憂死」當為「幽死」義》〔J〕,文獻,1997（3）。

24. 毛佩琦,《中國后妃制度述論》〔J〕,中國人民大學學報,1990（6）。

25. 孟華,《淺議兩漢皇室婚姻的變遷》〔J〕,西北大學學報,2001（1）。

26. 彭衛,《漢代婚律初探》〔J〕,西北大學學報,1985（1）。

27. 彭衛,《漢代婚姻關係中婦女地位考察》〔J〕,求索,1988（3）。

28. 秦學頎,《漢初政治格局與諸呂之亂》〔J〕,《重慶師院學報》,1992（4）。

29. 秦學頎,《漢武帝與外戚政治》〔J〕,西南師範大學學報,1993（3）。

30. 秦學頎,《西漢外戚何以出身微賤》〔J〕,西南師範大學學報,1993（1）。

31. 沈宏,《東漢「干政」皇后作用初探》〔J〕,首都師範大學學報,1996（1）。

32. 宋傑,《漢代的秘密處決與政治暗殺——「隱誅」》〔J〕,史學月刊,2013（7）。

33. 宋傑,《漢代后妃「就館」與「外舍產子」風俗》〔J〕,歷史研究,2009（6）。

34. 宋傑,《漢代後宮的監獄》〔J〕,中國史研究,2007（2）。

35. 孫家洲,《漢代巫術巫風探幽》〔J〕,社會科學戰線,1994（10）。

36. 唐會霞,《漢代后妃面貌考察》〔J〕,安康學院學報,2012（4）。

37. 萬靜,《論中國古代帝王后妃制度的確立》〔J〕,成都大學學報,2004（1）。

38. 王春燕,《論明德馬皇后對明章之治的影響》〔J〕,理論界,2014（5）。

39. 王鑫義,《女政治家：東漢和帝皇后鄧綏》〔J〕,安徽史學,1995（2）。

40. 王貞、郭玉峰,《社會階層視閾下兩漢寡婦再嫁現象論析》〔J〕,洛陽師範學院學報,2011（9）。

41. 衛廣來,《漢宮夫人疏證》〔J〕,晉陽學刊,1991（5）。

42. 衛廣來,《論西漢的宮闈政治》〔J〕,文史哲,1995（1）。

43. 衛廣來,《論西漢納妃制度》〔J〕,山西大學學報,1990（3）。

44. 衛廣來,《西漢出宮人制度考實》〔J〕,文史哲,2002（2）。

45. 文愚,《西漢后妃干政問題淺析》〔J〕,史學月刊,2002（12）。

46. 邢春華,《中國第一個〈周易〉思想的女實踐者——明德馬皇后》〔J〕,長春理工大學學報,2009（9）。

47. 蕭平漢,《論西漢的三次外戚專權及其歷史地位》〔J〕,大連大學學報,2001（3）。

48. 謝元魯，《漢唐掖庭制度與宮廷政治》〔J〕，天府新論，1999（3）。

49. 徐衛民、劉江偉，《西漢巫蠱之禍發生的原因及其影響》〔J〕，長安大學學報，2011 年（2）。

50. 葉秋菊，《論秦漢時期皇后制度之確立》〔J〕，鄭州大學學報，2019（3）。

51. 張小鋒，《薄太后「配食」高廟與光武晚年政局》〔J〕，清華大學學報，2010（1）。

52. 張小鋒，《呂后出宮人與代王劉恒「獨幸竇姬」發微》〔J〕，晉陽學刊，2009（1）。

53. 張星久，《母權與帝制中國的后妃政治》〔J〕，武漢大學學報，2003（1）。

54. 鄭先興，《東漢桓靈時期的外戚及其政治》〔J〕，南都學壇，2017（3）。

55. 朱子彥，《漢代外戚集團的形成與擅權》〔J〕，天津師院學報，1981（3）。

56. 朱子彥，《略論中國封建社會的后妃干政》〔J〕，上海大學學報，1994（1）。

57. 朱子彥，《略論中國皇后制度》〔J〕，上海大學學報，1997（4）。

58. 朱子彥，《秦漢後宮制度述論》〔J〕，學術月刊，2000（6）。

59. 朱子彥，《中國封建社會后妃制度初探》〔J〕，學術月刊，1993（11）。

60. （日）保科季子，《天子の好逑──漢代の儒教的皇后論》〔J〕，東洋史研究》，61（2）。

61. （日）平松明日香，《後漢時代の太后臨朝とその側近勢力》〔J〕，東洋史研究，72（2）。

四、碩博論文

1. 陳大志，《東漢豪族婚姻與門閥制度的形成》〔D〕，東北師範大學碩士論文，2009 年。

2. 崔婧，《明朝后妃研究》〔D〕，南開大學博士學位論文，2014。

3. 程思宇，《東漢扶風馬氏家族研究》〔D〕，湖南師範大學碩士論文，2013 年。

4. 陳曉倩，《東漢中後期統治階層衍變及社會變遷研究》〔D〕，重慶師範大學碩士論文，2013 年。

5. 董宏義，《從簡牘材料看秦漢婚姻家庭問題》〔D〕，鄭州大學碩士論文，2010 年。

6. 馮豔秋，《呂雉人際關係研究》〔D〕，湘潭大學碩士論文，2018 年。

7. 高榮茹，《兩漢后妃選拔、教育及后妃與政治關係問題考述》〔D〕，吉林大學碩士學位論文，2006 年。

8. 高穎飛，《兩漢帝室婚姻述論》〔D〕，鄭州大學碩士論文，2002 年。

9. 高彥君，《漢代政治婚姻研究》〔D〕，陝西師範大學碩士學位論文，2017。

10. 郭佳，《漢代後宮制度研究》〔D〕，吉林大學碩士學位論文，2004。

11. 顧凱，《東漢外戚政治研究》〔D〕，江西師範大學碩士論文，2009 年。

12. 范鷲，《東漢西北大族與皇權政治研究》〔D〕，揚州大學碩士論文，2010 年。

13. 江海，《兩漢皇后人生軌跡之管窺》〔D〕，南京師範大學碩士學位論文，2008。

14. 姜紅，《唐代後宮婦女宮廷生活研究》〔D〕，武漢大學博士學位論文，2013。

15. 解濟紅，《〈後漢書〉所載知識女性研究》〔D〕，魯東大學碩士論文，2014 年。

16. 康豔芳，《西漢后妃制度的歷史考察》〔D〕，陝西師範大學碩士學位論文，2016。

17. 李彤，《禮教形成中的漢代婦女生活》〔D〕，浙江大學博士學位論文，2005。

18. 李政富，《中國古代后妃外戚研究——以二十五史「后妃外戚傳」為中心》〔D〕，北京大學博士學位論文，2012。

19. 梁豔麗，《論西漢婦女的政治參與》〔D〕，內蒙古大學碩士學位論文，2008。

20. 劉影影，《兩漢皇后稱謂初探》〔D〕，河北師範大學碩士學位論文，2012。

21. 馬欣，《道德文化與秦漢婦女地位》〔D〕，山東師範大學碩士學位論文，2013。

22. 米莉，《帝制中國的女主與政治——關於女性統治的合法性探析》〔D〕，中國政法大學博士學位論文，2008。

23. 秦安琪，《論婦女與西漢政治——以西漢三后為例》〔D〕，青海師範大學碩士學位論文，2013。

24. 齊繼偉，《藩王太后與東漢外戚政治研究》〔D〕，湖南師範大學碩士論文，2015 年。

25. 孫晗，《東漢馬皇后與馬氏家族相互影響研究》〔D〕，河南師範大學碩士學位論文，2016。

26. 薛志清，《秦漢社會流動研究——以官員為中心》〔D〕，河北師範大學博士論文，2013 年。

27. 王丹，《東漢竇氏家族研究》〔D〕，東北師範大學碩士論文，2006 年。

28. 王曉芳，《〈漢書〉、〈後漢書〉中的后妃形象研究》〔D〕，福建師範大學碩士學位論文，2011。

29. 楊菲，《兩漢女性食封制度研究》〔D〕，蘭州大學碩士學位論文，2015。

30. 楊柳，《〈後漢書〉女性形象研究》〔D〕，吉林大學碩士學位論文，2012。

31. 楊舒眉，《漢代宮廷女性生活探微》〔D〕，曲阜師範大學碩士論文，2005 年。

32. 姚曉菡，《秦漢後宮制度及后妃概況述論》〔D〕，西北大學碩士學位論文，2006。

33. 張宏，《金代後宮制度研究》〔D〕，吉林大學博士學位論文，2010。

34. 莊小芳，《東漢臨朝太后初探》〔D〕，廈門大學碩士學位論文，2006。

35. 朱豔芹，《西漢帝王的家庭婚姻生活》〔D〕，山東師範大學碩士論文，2016 年。

附錄　兩漢后妃一覽表

尊號	姓名	籍貫	丈夫	家庭成員	封侯情況	子　嗣	命　運	特　長
呂皇后	呂雉	單父	漢高祖劉邦	父：呂公 母：呂媼	呂公，臨泗侯 長兄呂澤，周呂侯 次兄呂釋之，建成侯	女：魯元公主 子：惠帝劉盈	終老	
戚姬		定陶	漢高祖劉邦			子：趙王劉如意	人彘	歌舞
薄姬		吳	漢高祖劉邦	母：魏王宗家女	追尊父，靈文侯 弟薄昭，軹侯	子：文帝劉恒	終老	
石美人		趙	漢高祖劉邦	母：失明 弟：萬石君石奮				琴／瑟
趙姬		趙	漢高祖劉邦	弟：趙兼		子：淮南厲王劉長	自殺	
曹夫人 （微時外婦）			漢高祖劉邦			子：齊悼惠王劉肥		
管夫人								
趙子兒								
唐山夫人								音樂，作《房中祠樂》
傅夫人								

張皇后	張嫣	大梁	漢惠帝劉盈	父：宣平侯 　　張敖 母：魯元公 　　主	兄弟 張偃，魯元王 張壽，樂昌侯 張侈，信都侯			北宮度餘生	
代王后			漢文帝劉恒				生四子，均夭折	早卒	
竇皇后	竇猗房	趙之清河觀津	漢文帝劉恒	兄：竇長君 弟：竇廣國	追尊父，安成侯 兄子竇彭祖，南皮侯 弟竇廣國，章武侯 從昆弟子，竇嬰魏其侯	女：館陶公主 子：景帝劉啟 子：梁孝王劉武		終老	
慎夫人		邯鄲	漢文帝劉恒						鼓、瑟
尹姬			漢文帝劉恒						
薄皇后		吳	漢景帝劉啟					廢黜	
王皇后	王娡	槐里	漢景帝劉啟	父：王仲 母：臧兒	追尊父，共侯 兄王信，蓋侯 弟田蚡，武安侯 　田勝，周陽侯	女：平陽公主 　南宮公主 　隆慮公主 子：武帝劉徹		終老	
栗姬		齊	漢景帝劉啟			子 臨江閔王劉榮 河間獻王劉德 臨江哀王劉閼		憂死	
王夫人	王兒姁	槐里	漢景帝劉啟			子 廣川惠王劉越 膠東康王劉寄 清河哀王劉乘 常山憲王劉舜		早卒	
程姬			漢景帝劉啟			子 魯共王劉餘 江都易王劉非 膠西於王劉端			
賈夫人 （賈姬）			漢景帝劉啟			子 趙敬肅王 劉彭祖 中山靖王劉勝			

唐姬			漢景帝劉啟			子長沙定王劉發	
陳皇后	陳阿嬌	東陽	漢武帝劉徹	父：堂邑侯陳午 母：館陶公主	兄弟 陳須，堂邑侯 陳蟜，隆慮侯		廢黜
衛皇后	衛子夫		漢武帝劉徹	母：衛媼 兄：衛長君 長姊：衛君孺 次姊：衛少兒 弟：衛青	衛青，長平侯 衛青長子，侯世子 子：陰安侯 　　發干侯 　　宜春侯 霍去病，冠軍侯	女：衛長公主 　　諸邑公主 　　石邑公主 子：衛太子劉據	自殺	歌舞
李夫人		中山	漢武帝劉徹	兄弟 李延年 李廣利 李季	李廣利，海西侯 李延年，協律都尉	子：昌邑王劉髆	病逝	妙麗善舞
王夫人		趙	漢武帝劉徹			子：齊王劉閎	病逝
趙婕妤		河間	漢武帝劉徹		追尊父，順成侯	子：昭帝劉弗之	憂死
尹婕妤			漢武帝劉徹				
邢夫人娙娥			漢武帝劉徹				
李姬			漢武帝劉徹			子：燕剌王劉旦 　　廣陵厲王劉胥	憂死
上官皇后		隴西上邽	漢昭帝劉弗之	祖父：上官桀 父：上官安 母：霍家女 外祖：霍光	上官桀，安陽侯 上官安，桑樂侯		終老
許皇后	許平君	昌邑	漢宣帝劉詢	父：許廣漢	許廣漢，平恩侯 叔父 許舜，博望侯 許延壽，樂成侯	子：元帝劉奭	遭毒害
霍皇后	霍成君	河東平陽	漢宣帝劉詢	父：霍光 母：霍顯 姊：敬夫人	霍光，博陸侯 兄弟 霍禹，嗣侯		廢黜

王皇后		長陵	漢宣帝劉詢	父：王奉光	王奉光，邛成侯 兄王舜，安平侯 弟王駿，關內侯		終老	
華婕妤			漢宣帝劉詢			女：館陶公主		
張婕妤			漢宣帝劉詢			子：淮陽憲王劉欽		
衛婕妤	中山盧奴		漢宣帝劉詢	兄：衛子豪	衛子豪，衛尉	子：楚孝王劉囂		
公孫婕妤			漢宣帝劉詢			子：東平思王劉宇		
戎婕妤			漢宣帝劉詢			子：中山哀王劉竟	子薨邸，葬杜陵歸居外家戎氏	
梁美人			漢宣帝劉詢					
王皇后	王政君	東平陵	漢元帝劉奭	父：王禁 母：李氏	王禁，陽平侯 叔父 王弘，長樂衛尉 兄王鳳，嗣侯 弟 王崇，安成侯 王譚等人，關內侯	子：成帝劉驁	終老	
司馬良娣			漢元帝劉奭				病逝	
傅昭儀		河內溫	漢元帝劉奭	父：早卒 母：更嫁魏郡鄭翁妻	追尊父，汝昌哀侯 同產弟子： 傅喜，高武侯 傅晏，孔鄉侯 傅商，汝昌侯 同母弟子： 追尊鄭惲，陽信節侯 鄭惲子鄭業，陽信節侯	子：定陶恭王劉康 女：平都公主	死後遭殃	
馮昭儀	馮媛	上黨潞	漢元帝劉奭	父：馮奉世 兄弟 馮野王	馮奉世，右將軍光祿勳 馮野王，左馮翊	子：中山孝王劉興	遭誣陷至死	

衛婕妤		中山盧奴	漢元帝劉奭	父：衛子豪		女：平陽公主	
許皇后		昌邑	漢成帝劉驁	父：許嘉	許嘉，平恩侯	一子一女，夭折	廢黜
趙皇后	趙飛燕	長安宮人	漢成帝劉驁	父：趙臨 弟：趙欽 妹：趙合德	趙臨，成陽侯 趙欽，忻城侯		王莽廢為庶人，自殺
班婕妤		楚	漢成帝劉驁	父：班況		子：夭折	守陵終老	作辭賦
趙昭儀	趙合德	陽阿主家	漢成帝劉驁	趙皇后之妹			自殺
衛婕妤	李平		漢成帝劉驁				
許美人			漢成帝劉驁			產子，遭趙氏毒殺	
馬婕妤			漢成帝劉驁				
馬婕妤			漢成帝劉驁				
王美人			漢成帝劉驁				
張美人			漢成帝劉驁				
傅皇后			漢哀帝劉欣	父：傅晏	傅晏，孔鄉侯		王莽廢為庶人，自殺
董昭儀		雲陽	漢哀帝劉欣	兄：董賢	董賢，高安侯		
王皇后			漢平帝劉衎	父：王莽	王莽，新都侯 兄弟 王安，襃新侯 王臨，賞都侯		投身火海
郭皇后	郭聖通	真定槀人	光武帝劉秀	父：郭昌 母：真定恭王女 弟：郭況	追贈郭昌，陽安侯 郭況，縣蠻侯 從兄郭竟，新郪侯 郭竟弟郭匡，發干侯	子 東海恭王劉疆 沛獻王劉輔 濟南安王劉康 阜陵質王劉延 中山簡王劉焉	廢為中山王太后

光烈陰皇后	陰麗華	南陽新野人	光武帝劉秀	母：鄧氏 兄：陰識 弟：陰訢 　　陰就 　　陰興	追尊父陰陸，宣恩哀侯 陰訢，宣義恭侯 陰就，嗣哀侯后 陰識，原鹿侯 陰興，關內侯	子 明帝劉莊 東平憲王劉蒼 廣陵思王劉荊 臨淮懷公劉衡 琅邪孝王劉京	終老	
許美人			光武帝劉秀		兄弟子許昌，龍舒侯	子：楚王劉英	終老	
明德馬皇后		扶風茂陵人	明帝劉莊	父：馬援 母：藺夫人 兄：馬廖 　　馬防 　　馬光 從兄弟 　　馬嚴 　　馬敦	追尊馬援，忠成侯 馬廖、馬防、馬光，均為列侯 馬嚴，陳留太守 馬敦，虎賁中郎將	養子：章帝劉炟	終老	能誦易，好讀春秋、楚辭，尤善周官、董仲舒書
賈貴人		南陽人	明帝劉莊			子：章帝劉炟		
陰貴人			明帝劉莊	兄弟：陰棠	陰棠，西陵侯	子：梁節王劉暢		
閻貴人		河南榮陽人	明帝劉莊	兄：閻章	閻章，尚書			
閻貴人		河南榮陽人	明帝劉莊	兄：閻章	閻章，尚書			
章德竇皇后		扶風平陵人	章帝劉炟	祖：竇穆 父：竇勳 母：沘陽公主 兄：竇憲 弟：竇篤 　　竇景	母，長公主 追謚父，安成思侯 竇憲，冠軍侯 竇篤，郾侯 竇景，汝陽侯	養子：和帝劉肇	終老	
竇貴人		扶風平陵人	章帝劉炟	竇后妹				
宋貴人大		扶風平陵人	章帝劉炟	父：宋楊	宋楊，議郎，追封謚當陽穆侯	子：清河孝王劉慶	飲藥自殺	長於人事
宋貴人小		扶風平陵人	章帝劉炟	宋貴人之妹			飲藥自殺	

梁貴人大		安定烏氏人	章帝劉炟	父：梁竦	追贈梁竦，襃親愍侯		憂死	
梁貴人小		安定烏氏人	章帝劉炟	大貴人為小貴人中姊	梁竦子梁棠，樂平侯 梁棠弟梁雍，乘氏侯 梁雍弟梁翟，單父侯	子：和帝劉肇	憂死追尊恭懷皇后	
申貴人		潁川人	章帝劉炟	兄弟：申轉	申轉，新亭侯	子 濟北惠王劉壽 河間孝王劉開		
陰皇后		南陽新野人	和帝劉肇	父：陰綱 弟　陰軼 　　陰輔 　　陰敞	陰綱，吳房侯		憂死	
和熹鄧皇后	鄧綏	南陽新野人	和帝劉肇	父：鄧訓 母：陰氏 兄弟 鄧騭、鄧京 鄧悝、鄧弘 鄧閶	祖父鄧禹，高密侯 鄧訓，平壽敬侯 母陰氏，新野君 鄧騭，上蔡侯 鄧悝，葉侯 鄧弘，西平侯 鄧閶，西華侯		終老	
周貴人			和帝劉肇					
馮貴人			和帝劉肇					
安思閻皇后	閻姬	河南滎陽人	安帝劉祜	祖父：閻章 父：閻暢 母：宗 兄弟 閻顯、閻景 閻耀、閻宴	閻暢，北宜春侯 追尊宗，滎陽君 閻顯，長社侯		遷於離宮次年崩	
宮人	李氏		安帝劉祜			子：順帝劉保	遭鴆殺，追尊恭愍皇后	

順烈梁皇后	梁妠	安定烏氏人	順帝劉保	父：梁商 母：陰氏 兄弟 　梁冀 　梁不疑 　梁蒙	梁商襲父，封乘氏侯 陰氏，追號開封君 梁冀，襄邑侯 梁不疑，穎陽侯 梁蒙，西平侯		終老	
梁貴人		安定烏氏人	順帝劉保	順烈梁后之姑				
竇貴人		扶風平陵人	順帝劉保	父：竇章（竇融玄孫）	竇章，大鴻臚		早卒	能屬文
虞美人			順帝劉保			子：沖帝劉炳 女：舞陽長公主	終老	
伏貴人			順帝劉保					
懿獻梁皇后	梁女瑩	安定烏氏人	桓帝劉志	順烈梁后之妹			憂死	
鄧皇后	鄧猛女	南陽新野人	桓帝劉志	父：鄧香 兄：鄧演 母：宣	追贈鄧香，安陽侯 宣，昆陽君 鄧演，南頓侯 鄧演子鄧康，沘陽侯 鄧康弟鄧統，昆陽侯 鄧統弟鄧秉，清陽侯 鄧統從兄鄧會，安陽侯		憂死	
郭貴人			桓帝劉志					
桓思竇皇后	竇妙	扶風平陵人	桓帝劉志	父：竇武 兄弟：竇機 從兄弟 　竇紹 　竇靖	竇武，槐里侯 竇機，渭陽侯 竇紹，鄠侯 竇靖，西鄉侯		遷於南宮雲臺感疾而崩	
田貴人	田聖		桓帝劉志				遭竇后殺害	

馮貴人			桓帝劉志					
宋皇后		扶風平陵人	靈帝劉宏	父：宋酆	宋酆，不其鄉侯		以憂死	
靈思何皇后		南陽宛人	靈帝劉宏	父：何真母：興兄：何進	追號何真，舞陽宣德侯興，舞陽君何進，慎侯	子：少帝劉辯	鴆殺	
王美人		趙國人	靈帝劉宏	兄：王斌	王斌，都亭侯	子：獻帝劉協	鴆殺追尊靈懷皇后	能書會計
伏皇后	伏壽	琅邪東武人	獻帝劉協	父：伏完母：陽安公主（桓帝女）	伏完，不其侯	生兩皇子	以幽崩	
獻穆曹皇后	曹節二	沛國譙人	獻帝劉協	父：曹操	曹操，武平侯，之後冊封為魏王			
曹貴人	曹憲大	沛國譙人	獻帝劉協					
曹貴人	曹華三	沛國譙人	獻帝劉協					
董貴人		河間人	獻帝劉協	父：董承（獻帝舅，靈帝母太后之侄）	董承，列侯		遭殺害	
宋貴人	宋都		獻帝劉協	父：宋泓	宋泓，常山太守			

後　記

　　本書是在我的博士論文基礎上，歷時兩年修改而成。

　　窗外，晴空朗朗，天藍如洗，坐在書桌前思緒萬千，這些年的念書，讓外表柔弱的自己，內心堅強了許多，對做學問持有明確的信念，真切感受學問的傳承與力量。

　　2015 年，考入河北師範大學攻讀碩士學位，跟隨秦進才教授進入秦漢史領域治學，秦老師對待學術嚴謹認真的精神深深激勵著我，教會了我如何寫論文，如何發現問題，思考問題，身體力行告訴我何為學術，怎樣治學。因為秦老師，令我下定了一生治學的決心。記得讀研時在圖書館四樓，我們歷史學院的文獻室，每日在靠窗邊的位置念書、寫文章，單純而美好的時光。

　　碩士畢業，順利進入華中師範大學繼續攻讀博士學位，從北方多楊樹，植被相對來說較為單一，到江城發現植被種類多樣，樹木一年四季繁茂。華師坐落在桂子山上，想起在桂子山念書的時光，每日一早起來，去食堂吃份熱乾麵，爬個陡坡去圖書館看書，中午在桂香園吃飯，飯後步行二十分鐘回宿舍午休。讀博這三年學到的東西，一生受益。今年暮春時節，回了趟江城，從河北到湖北的高鐵，窗外風景快速後退，每每過了幾個較為長的山洞後，一片片稻田映入眼前，快到江城了。見到華師，目之所及，皆是回憶，一切歷歷在目，彷彿是在昨天，又彷彿還在華師念書，一切都非常熟悉。

　　這裡有學術底蘊深厚的教授們，有幸受到已耄耋之年的熊鐵基先生的教誨，熊先生的治學、為人，深深激勵著我，我的博士導師劉固盛教授，學術造詣高，劉老師對待世事樂觀豁達的態度，更是深深影響了我，讓我知道不管遇

到什麼，不是永恆，都會過去。回頭看看那些所謂的障礙、困難，如今有一種「輕舟已過萬重山」般的釋然與輕鬆。也記得向趙國華教授請教學術後，思路變得開闊的時候。還有可愛的同學們，我的室友毛斌菁同學，讀博三年，我們相互鼓勵，共同成長，共同進步，閑暇之餘一同出行，去看祖國的大好河山，去了江蘇、雲南、重慶等地。

漫漫求學路，感謝父母在背後的全力支持，父母與子女一場，是看著子女漸行漸遠的背影，他們唯有在身後默默守護。這些年在家的時光總是非常短暫，兒時朝夕生活的地方，於我，從沒有春秋只有冬夏的假期之地，到工作後，成了只有節假日的地方。自己猶如賓客般，所幸可以為夢想繼續努力。

這一路上，遇到了許多良善之人，讓我看到了人性中的溫暖與善。

感謝歲月，於世間之悲苦與歡愉，許以寬容。願自己成為善良而有智慧的人！

2023 年盛夏
於石家莊